Casamento à prova de bebês

Stacie Cockrell
Cathy O'Neill
e Julia Stone

Casamento à prova de bebês

Como ter uma relação equilibrada, manter a chama acesa e formar uma família feliz

SEXTANTE

Título original: *Babyproofing Your Marriage*

Publicado em acordo com Harper Collins Publishers.

TRADUÇÃO: Juliana Lemos
PREPARO DE ORIGINAIS: Rachel Agavino
REVISÃO: Lara Alves, Maria Beatriz Branquinho e Natalie Lima
PROJETO GRÁFICO E DIAGRAMAÇÃO: Marcia Raed
CAPA E ILUSTRAÇÃO DE CAPA: Silvana Mattievich
IMPRESSÃO E ACABAMENTO: Yangraf Gráfica e Editora Ltda.

CIP-BRASIL. CATALOGAÇÃO-NA-FONTE
SINDICATO NACIONAL DOS EDITORES DE LIVROS, RJ

C596c

Cockrell, Stacie
Casamento à prova de bebês / Stacie Cockrell, Cathy O'Neill e Julia Stone [tradução de Juliana Lemos]. – Rio de Janeiro: Sextante, 2009.

Tradução de: Babyproofing your marriage
ISBN 978-85-7542-490 -2

1. Casamento. 2. Pais e lactente. 3. Comunicação no casamento. I. O'Neill, Cathy. II. Stone, Julia. III. Título.

09-2615 CDD 306.8
CDU 392.3

GMT Editores Ltda.
Rua Voluntários da Pátria, 45 / 1.404 – Botafogo
22270-000 – Rio de Janeiro – RJ
Tel.: (21) 2286-9944 – Fax: (21) 2286-9244
E-mail: atendimento@esextante.com.br
www.sextante.com.br

Para nossos maridos: Ross, Mike e Gordon

Sumário

UM	Como viemos parar aqui? *Ter filhos muda tudo*	9
DOIS	Bum! Chegou o bebê-bomba! *Bem-vindo ao campo de batalha*	21
TRÊS	Quem faz mais pontos? *A batalha dos sexos depois do bebê*	64
QUATRO	A "vida sexual" dos novos pais *Coitus non existus*	117
CINCO	Sogros e vilões *Família em conflito*	163
SEIS	Aumentando a produção e entregando os pontos *Quanto mais filhos, maior é a confusão*	198
SETE	Definindo prioridades *E agora, para onde vamos?*	240
EPÍLOGO	Será que aprendemos alguma coisa?	265
	AGRADECIMENTOS	268
	NOTAS	270

UM

Como viemos parar aqui?

Ter filhos muda tudo

"Eu sabia que teria de acrescentar 'fralda', 'mamadeira' e 'chupeta' ao meu novo vocabulário de mãe, mas não podia imaginar que palavrões se tornariam tão frequentes!"

*– Lisa, casada há 5 anos, 1 filho**

"Das outras mulheres consigo aquilo de que preciso: ajuda. E nem tenho de pedir, elas mesmas se oferecem. E do meu marido, o que eu ganho? Uma pilha de louça para lavar, um monte de roupas sujas espalhadas pela casa e um filho vestido para ir à igreja com o uniforme do futebol."

– Katherine, casada há 8 anos, 2 filhos

"Minha mulher não entende que sexo é muito importante para mim. Não importa aonde eu vá, sexo está em todas as partes. Vejo mulheres gostosas nos anúncios dos outdoors e, sem querer, já começo a pensar na Gina, da contabilidade, fantasiada de enfermeira."

– Thomas, casado há 11 anos, 1 filho

Somos três mulheres loucas por nossos filhos. Também amamos nossos maridos e eles sentem o mesmo por nós. Então por que passamos a brigar tanto depois que os bebês nasceram? Antes disso,

---

* *Mudamos o nome de todas as pessoas que compartilharam suas histórias conosco, mas não seus depoimentos.*

nossos casamentos eram muito bons, excelentes até. Por que não conversamos mais como antes? Por que discutimos tanto? Por que ficamos tão irritadas quando eles não conseguem encontrar as chupetas? Por que eles ficam tão chateados com o fato de nosso entusiasmo por sexo ser igual a nosso entusiasmo por passar roupa? Esse comportamento é normal? Ou será que há algo de errado conosco?

Descobrimos que, sim, somos perfeitamente normais – até demais.

Chegamos a essa conclusão porque começamos a conversar: primeiro entre nós, depois com várias amigas e, então... bem, as coisas fugiram ao nosso controle e decidimos escrever este livro. Àquela altura, ninguém escapava. Falamos com inúmeras mulheres que, assim como nós, odeiam o "tapinha no ombro antes de dormir". Elas queriam saber o que havia acontecido com aquele papo de "divisão igualitária de tarefas" e por que agora estavam fazendo quase tudo sozinhas. Ouvimos diversos homens e descobrimos que, assim como nossos maridos, eles entraram em desespero quando descobriram que suas esposas tinham feito "propaganda enganosa" sobre gostar de sexo. Reclamaram que, por mais que ajudem com as crianças, com a casa e com as contas, "nunca é o suficiente".

Depois de todas essas conversas, ficou claro que, por mais segura e feliz que seja a relação, a maioria dos casais considera os primeiros anos após o nascimento dos filhos um desafio (nos dias bons) e até mesmo uma grande ameaça ao casamento (nos dias ruins).

Na verdade, quando lemos algumas pesquisas, temos a impressão de que existe uma epidemia de pais e mães infelizes. Um famoso estudo de 1994, realizado pela Universidade da Pensilvânia, afirmou que "dois terços dos casais disseram que houve um declínio no relacionamento depois que os filhos nasceram".[1] Onze anos mais tarde, as coisas não tinham melhorado nem um pouco. Em agosto de 2005, um relatório da Universidade de Washington chegou à mesma conclusão.[2] Um estudo com 13 mil pessoas, realizado em dezembro de 2005 e publicado no *Journal of Health and*

Social Behavior, afirmou que os casais que tinham filhos diziam se sentir mais infelizes ("tristes, estressados ou deprimidos") do que aqueles que não tinham.[3]

Como tantas pessoas chegaram a *esse ponto*? E, o mais importante: podemos fazer alguma coisa para não viver os próximos 50 anos *assim*? Ter filhos muda nossa vida de forma muito significativa. Ser pai ou mãe transforma o modo como enxergamos a nós mesmos e ao outro e também muda nossas expectativas com relação ao casamento e nossa disposição de contribuir com ele. Este livro é sobre essas mudanças e a maneira como reagimos a elas. Em essência, ele fala sobre como manter o casamento e até mesmo torná-lo mais equilibrado depois de ter sido "bombardeado" pela chegada do bebê.

O que está acontecendo, afinal?

Durante nossa intrépida jornada de pesquisa, descobrimos – para nosso profundo alívio – que muitos dos problemas que os casais enfrentam após a chegada do bebê não podem ser evitados, como as reviravoltas emocionais, psicológicas e no estilo de vida. *Eles não são culpa de ninguém*. Não estamos necessariamente fazendo nada de errado.

No topo da lista de coisas que não se pode mudar está o nosso DNA ou, como nós três (aspirantes a biólogas evolucionistas) gostamos de dizer, a "programação biológica". Foi preciso ter filhos para que percebêssemos que homens e mulheres são animais completamente diferentes e, por isso, não reagem à nova função de pai e mãe da mesma forma. Os instintos geneticamente programados são a origem de muitas frustrações modernas. Eles afetam nossa vida sexual "pós-bebê" e o modo como cuidamos das crianças e nos relacionamos com a família – e muitas vezes nem temos consciência disso. No segundo lugar desta lista está o inconveniente problema da rotação terrestre. As 16 horas que passamos acordados não são suficientes para darmos conta de tudo o que *precisamos*, que dirá do que *queremos* fazer.

Além disso, não sabemos como agir, o que não ajuda muito. Não temos a menor ideia de como nos sentiremos depois que tivermos filhos. Ninguém, nem mesmo nossos pais, nos diz como as coisas realmente serão. (Você se lembra daqueles conselhos estranhos que as pessoas lhe davam: "Não tenha um bebê até sentir que está pronto para desistir da sua vida"?) Essa "conspiração mundial do silêncio" faz com que a maioria de nós seja incapaz de lidar com a avalanche de mudanças que chega junto com a criança. Ninguém nos prepara para a maratona insana que é cuidar dos filhos.

Junte a isso o fato de que ninguém é muito paciente quando está cansado e de sempre acharmos que poderemos voltar à vida que tínhamos antes de ter filhos e, pronto, logo estamos com sérios problemas conjugais. A maioria dos casais acaba enfrentando algumas – se não todas – das seguintes questões:

1. Nosso comportamento como pais. Aqueles instintos biologicamente programados que acabamos de mencionar e que nem desconfiávamos que existiam se manifestam imediatamente quando o bebê nasce. O "chip materno" da mulher é ativado e ela passa a apresentar um comportamento compulsivo. "Será que esse protetor solar é forte o bastante? Será que compramos bananas suficientes?" Já o primeiro instinto de um homem ao olhar o filho dentro do berço é o "pânico do provedor": "Meu Deus, preciso dar um jeito de ganhar mais dinheiro." Ela acha que ele nunca entende a importância das coisas. Ele fica se perguntando por que ela se transformou numa megera que quer controlar tudo.

2. A vida sexual pós-bebê. O impulso sexual dele não mudou. Ela quer "fechar a fábrica" enquanto cuida da cria. Para falar a verdade, nós três respiramos aliviadas quando descobrimos que não éramos as únicas com problemas de compatibilidade entre "oferta e demanda" no quesito sexo. Foi bom saber que, assim como aconteceu conosco, a libido da maioria das mulheres desapareceu depois que elas tiveram filhos. Para os maridos, entretanto, nada mudou. Ficamos surpresas ao saber como eles se sentem angustiados quando suas esposas os rejeitam várias vezes. Thomas, um dos homens com quem conversamos, disse: "É humilhante e doloroso ser rejeitado em seu momento mais vulnerável, quando você está nu. E se isso acontece três vezes seguidas, acaba com qualquer um." Então, resolvemos perguntar a nossos maridos se era verdade. A resposta deles: "Definitivamente."

3. A divisão das tarefas. Lavar a louça, lavar a roupa, preparar e dar comida para as crianças, trocar fraldas, guardar os brinquedos e ainda por cima não perder o emprego – todo dia é a mesma coisa. Não é surpreendente que os casais acabem brigando para saber quem faz o quê – ou melhor, para saber quem *não* está fazendo o quê. Começamos a fazer uma "contagem de pontos" e, acreditem, nesse jogo ninguém sai ganhando.

> "Será que tenho que me desmanchar em elogios só porque ele tirou os pratos da máquina de lavar louça? O que ele quer, uma medalha?"
>
> *– Leslie, casada há 8 anos, 3 filhos*

4. Pressões da família. Antes de termos filhos, as famílias de origem não interferem muito na vida do casal. Tudo muda depois que o bebê nasce. Nossos pais e sogros fazem de tudo para conseguir um pouquinho de tempo com o neto. Isso também se deve a uma determinação evolutiva: cada casal de avós deseja influenciar mais a criança para a posteridade. E muitas vezes nós mesmos os estimulamos. Queremos que nossa família tenha tanta influência (ou mais) sobre nossos filhos quanto a de nosso parceiro.

Por mais maravilhosos e prestativos que sejam os parentes, é um grande desafio equilibrar o tempo que passamos com eles e sua influência sobre nossos filhos.

5. Quem dorme até mais tarde ou dá uma caminhada no sábado de manhã? Depois que os bebês nascem, passamos a ter bem menos tempo para nós mesmos. Dedicamos a nossos filhos todo o tempo e a atenção que eles merecem, mas isso significa que teremos um dia cheio e, no final, estaremos completamente sem energia. Com muita frequência acabamos brigando para ver quem fica com aqueles preciosos minutinhos livres que restaram.

Quando não encontramos tempo para as atividades que recarregam nossas energias, ficamos estressados e as manias de nosso parceiro – antes tão "bonitinhas" – se tornam insuportáveis. Basta nos descuidarmos de nós mesmos um pouco que seja para que surjam diversos problemas no casamento.

6. O que aconteceu com a gente? Depois que os filhos nascem, ficamos tão ocupados que é fácil negligenciarmos o relacionamento. O casal já não tem mais tempo para "conversas profundas". Em vez disso, é sempre "está na hora de preparar o lanche". Quando o casal não consegue ficar junto, a relação pode acabar entrando no "piloto automático". E o destino dessa viagem todos conhecemos: "Quem é você e o que está fazendo na minha cama?"

> "Conheço muitos casais que negligenciaram seus relacionamentos e agora estão se separando. Esses casamentos são como plantas que ninguém se lembrou de regar."
>
> *– Mark, casado há 11 anos, 2 filhos*

Em última instância, todos queremos o melhor para nossos filhos. Sempre vamos fazer tudo para que eles sejam felizes. Porém, muitas pessoas não percebem que *o relacionamento entre marido e mulher é a base da família. Quando essa base não está firme, o mundo da criança se desestabiliza.* Sabemos que pode parecer absurdo pensar em sair para namorar quando há uma criança pequena agarrada à nossa perna e outra implorando por uma historinha antes de dormir. Mas cultivar a relação conjugal é de extrema importância para que nossos filhos se sintam seguros e felizes. Você não precisa escolher entre ser um bom marido/mulher e ser um bom pai/mãe.

O que podemos fazer?

O enorme abismo que parece nos separar depois que temos filhos pode ser um obstáculo difícil de transpor, mas não é impossível. Aprendemos que *há muitas coisas que podem ser feitas para melhorar o relacionamento e que, na verdade, grande parte delas é bem simples.* Vamos lhe dar centenas de sugestões, mas sempre retornaremos a dois pontos fundamentais: "fazer um pouquinho já ajuda muito" e "a sua atitude é essencial".

Fazer um pouquinho já ajuda muito

Isso é uma ótima notícia, porque geralmente só temos tempo e energia para fazer pouco mesmo. Atitudes pequenas mas estratégicas podem transformar qualquer casamento.

> "Meu primeiro casamento fracassou basicamente porque minha mulher deixou bem claro que nossos filhos tinham me substituído. Ela disse que eles precisavam mais do amor dela que eu."
>
> *–John, casado pela segunda vez há 20 anos, 3 filhos, 4 netos*

Você já deve conhecer algumas das sugestões que daremos (como saírem juntos regularmente ou viajarem sem as crianças), mas nosso objetivo é inspirá-lo a finalmente colocá-las em prática, porque elas de fato fazem diferença. Outras dicas são novas, empolgantes e até mesmo controversas, como o "paliativo de cinco minutos" e o " fim de semana de treinamento". Sua primeira reação a algumas delas pode ser de desconfiança ou até mesmo de completa rejeição. Mas lembre-se de que testamos tudo e os resultados foram bastante benéficos para nossos casamentos.

Sua atitude é essencial

"O que aconteceu com nosso casamento depois que tivemos filhos?" Temos de admitir que, em certos aspectos, uma boa resposta a essa pergunta seria: "Levou um belo chute na bunda." Às vezes, sentíamos pena de nós mesmas, tínhamos saudades dos velhos tempos ou reagíamos a qualquer pedido de nossos maridos dizendo: "E o que *você* tem feito por mim ultimamente?" Essa não é uma atitude positiva e não nos orgulhamos dela.

Enquanto escrevíamos este livro, acabamos percebendo que nossa felicidade como "mulheres casadas e com filhos" depende, em grande parte, de nossa atitude em relação à vida. Assim, resolvemos adotar alguns mantras:

- **São nossos filhos que nos tornam o que somos.** O comprometimento e a abnegação não são fáceis para aqueles que foram criados na cultura do "eu primeiro" ou do "eu posso tudo". Quando temos filhos, descobrimos em nós mesmos uma quantidade de paciência, amor, humildade e (num mundo ideal) bom humor que nem suspeitávamos ter. Eles nos tornam pessoas melhores. São eles que definem quem somos e que dão forma ao casamento.
- **A equação "doar X receber".** São as coisas que fazemos um pelo outro que tornam o casamento mais feliz. Parafraseando o grande presidente americano John F. Kennedy: *Não pergunte o que seu cônjuge pode fazer por você; pergunte o que você pode fazer por seu cônjuge*. Reconhecemos que é mais fácil falar do que fazer, principalmente depois de alguns anos de brigas.
- **Não tente ter a mesma vida de antes.** Ela acabou. Exorcize o fantasma do seu antigo eu. Entregue-se de corpo e alma ao caos e à maravilha de ter filhos.
- **É só uma fase.** Por piores que as coisas estejam nesse momento, não importa que você quase não durma (ou faça sexo): tudo isso vai passar. Muitos pais e mães veteranos nos disseram que a transição para a vida com filhos é uma das fases mais difíceis – se não *a mais* difícil – que um casamento pode enfrentar.

- **Bom o bastante é o *bastante*.** Manter a cozinha, o quarto, o quintal, o armário, etc. na mais perfeita ordem não é possível depois de ter filhos (se é que algum dia foi). Tentar alcançar a perfeição pode nos jogar num ciclo de "nunca é o suficiente" que acaba consumindo nossa felicidade. Houve um tempo em que daríamos um ataque se nossos maridos mandassem as crianças para a escola sem escovar os dentes. A vida ficou muito mais fácil depois que aprendemos a relaxar e diminuímos nossas expectativas.
- **Nossa felicidade depende da felicidade do outro.** Pode parecer óbvio, mas às vezes não agimos de acordo com isso. Quando nos casamos, depositamos no outro a confiança de que ele nos fará feliz. Dessa forma, a felicidade de seu cônjuge depende, em grande parte, de você. Em vez de competirem um com o outro para ver quem consegue o que quer, vocês devem se ajudar para conseguirem tudo o que *os dois* querem.

Mas, afinal, quem são vocês?

Somos três esposas, mães e grandes amigas. Estamos passando juntas pela dificuldade dos primeiros anos de nossos filhos e não conseguimos achar aquele livro prático e bem-humorado de que precisávamos para nos ajudar a entender o que estava acontecendo com nossos casamentos. Então, resolvemos escrevê-lo.

Para falar a verdade, a *última* coisa que esperávamos fazer era escrever um livro de autoajuda. Quando começamos este projeto, não sabíamos de nada. Tudo o que tínhamos eram nossas dúvidas e a vontade de ouvir o que os outros tinham a dizer. Passamos muito tempo questionando as pessoas sobre o impacto dos filhos em seus casamentos e comparando suas histórias e suas percepções às nossas. E, nesse meio-tempo, cada uma de nós teve um segundo (ou terceiro) filho. Nem é preciso dizer que vivenciamos tudo o que está contido neste livro enquanto o escrevíamos.

Uma perspectiva mais equilibrada

A filosofia de que "quando um não quer, dois não brigam" é fundamental para o equilíbrio da relação. Todos nós somos parte do problema e também da solução. Por isso procuramos mostrar os dois lados da história de forma justa. Homens e mulheres veem as coisas de maneira bastante diferente. Ele pensa: "Uau, olhem só para mim: eu sou o máximo, tomo conta do bebê no domingo de manhã e deixo minha mulher dormir até mais tarde!" Ela pensa: "Meu Deus, ele não consegue fazer nada direito! Deixou o DVD do *Baby Einstein* no *repeat* e fica lendo o jornal enquanto nosso filho está com a fralda encharcada!" Ajuda bastante saber quais são as perspectivas dos dois.

Podemos garantir que, seja você homem ou mulher, sem dúvida encontrará aqui alguma declaração que vai deixá-lo(a) indignado(a). Tente abrir sua mente. Percebemos que até os comentários mais enfurecedores nos ensinaram alguma coisa.

Estamos todos no mesmo barco

"Será que somos o único casal que não faz sexo?" "Será que somos os únicos que brigam por causa da louça suja, quais são as tarefas de cada um ou quem pode ir dar uma caminhada no sábado?" "Será que somos o único casal que não consegue dar conta de tudo?"

Conversamos com centenas de pessoas em diferentes etapas da vida e do casamento. Todo mundo passou ou está passando por diferentes versões da mesma coisa. Você não está só.

Saber disso melhorou a dinâmica de nossos relacionamentos e tirou aquele ar excessivamente pessoal de nossas brigas. Nossos maridos viram que não somos loucas e que nosso comportamento maternal compulsivo é normal. Nós, por outro lado, percebemos que os pedidos que eles nos faziam em relação a sexo não eram tão absurdamente frequentes assim. Quando nos demos conta de que

O QUE ESTE LIVRO NÃO É

1. **Adoramos bebês!** Ter filhos é um privilégio e nenhuma de nós pensa que é algo menos que isso. Criá-los é uma tarefa árdua, mas queremos deixar algo bem claro: as crianças nunca são o problema. A questão é como nós, adultos, reagimos ao desafio de sermos pais. Embora nenhuma de nós três tenha sido criada numa família dividida, conhecemos muitas pessoas que foram. Os filhos são muito propensos a acreditar que são responsáveis pelos problemas no relacionamento de seus pais. Nunca pense que estamos dizendo que a culpa é das crianças.
2. **Trabalhe fora. Fique em casa. Faça o que deixa você feliz.** Este livro não trata da escolha da mulher entre trabalhar e ficar em casa com os filhos. Não entramos nesse mérito, pois este é um assunto delicado. Descobrimos que existem algumas diferenças nos casamentos das mães que trabalham fora e das que ficam em casa e lhe contaremos quais são, mas nosso objetivo é informar, não julgar. Depois que nos tornamos mães, duas de nós ficaram em casa e uma voltou a trabalhar, então acreditamos que ambas as opções estão representadas de forma justa.
3. **Não somos terapeutas.** Este livro não substitui a ajuda de um profissional caso você ou o seu casamento precise de um. Nosso único diploma nessa área é da escola da vida. Somos casadas com pessoas basicamente normais e emocionalmente estáveis e supomos que você também seja. Nenhuma de nós estava fazendo terapia ou pensando em divórcio quando começamos a escrever este livro. Apenas nos sentíamos um tanto desapontadas com o andamento de nossa relação depois que tivemos filhos e resolvemos melhorar as coisas. Nosso objetivo é ajudar os casais a falar sobre esses problemas e a pensar no que pode ser feito para melhorar o casamento. Se o seu relacionamento está por um fio, é melhor você buscar a ajuda de um profissional.

estamos todos no mesmo barco, as brigas do tipo "por que você faz isso comigo?" diminuíram e as conversas do tipo "o que podemos fazer para resolver esse problema?" se tornaram mais constantes.

Esperamos que tais relatos sejam úteis para seu casamento. Talvez você até pense: "Ufa! Estou numa situação melhor que essas pessoas!" Mas não vá se animando demais, pois essa sensação de superioridade não vai durar muito. Você vai virar a página, ler outro depoimento e pensar: "Humm, já vi esse filme."

E aqui vai uma dica: a grande questão que todos os casais anseiam resolver mais que todas as outras – sexo – é abordada no capítulo quatro. Portanto, não deixem de ler este capítulo. Mulheres, se vocês acham que seus maridos jamais concordarão em ler este livro todo, insistam pelo menos para que leiam o capítulo sobre sexo. Homens, acreditem: este capítulo poderá mudar radicalmente a sua vida.

Queremos que este livro faça você rir e pensar. E que forneça a base para uma conversa (ou, melhor dizendo, uma negociação constante) entre você e o amor da sua vida. E, principalmente, esperamos que você, assim como nós, encontre algumas respostas para suas dúvidas.

DOIS

Bum! Chegou o bebê-bomba!

Bem-vindo ao campo de batalha

Há quem diga que ter um bebê é como jogar uma bomba no casamento. Por que uma metáfora tão violenta para uma coisinha tão adorável e fofa? Como alguém pode falar mal de bebês tão lindos? Mas é verdade. Os bebês simplesmente explodem bem no meio de nossas vidas e nossos corações.

Você acabou de ter um bebê? Parabéns! Já tem uma ou mais crianças correndo feito loucas à sua volta? Que maravilha. Sua casa agora mais parece uma cratera aberta por uma bomba do que um lugar habitado por seres humanos? Você caminha em meio aos destroços – carrinhos de bebê, mamadeiras, roupas sujas e brinquedinhos musicais – que agora compõem a paisagem da sua casa?

Seja bem-vindo ao campo de batalha.

Conhecemos bem essa sensação. Nós três (ou melhor, seis, com os maridos) passamos por sete bombardeios em cinco anos e sobrevivemos para contar a história. Ter filhos mudou a nós e nossos relacionamentos de maneiras que nem podíamos imaginar. Aquela coisa de "na alegria e na tristeza" na cerimônia de casamento era sobre isso. Ter filhos nos enche de gratidão, humildade e espanto. E também é uma prova de fogo, uma mudança incômoda em nossa vida. Bebês são grandes demolidores. Assim como um sargento que humilha seus novos recrutas até fazê-los chorar para que finalmente se tornem bons soldados, os filhos acabam com a gente para nos transformar em pais. Eles demolem tudo o que encontram pela frente e fazem com que nos tornemos pessoas melhores, mais fortes e, espera-se, mais sábias que antes.

A paradoxal passagem para a vida com filhos

Eis o grande paradoxo da vida: ter um bebê. Este é, ao mesmo tempo, o momento mais feliz e emocionante de nossa vida e a maior confusão em que podemos nos meter.

Assim que pegamos o bebê nos braços, passamos para o outro lado. Tornar-se pai ou mãe é um momento único, o mais belo de todos (mesmo se estivermos ocupados demais vomitando, xingando, desmaiando ou até mesmo dopados para perceber isso imediatamente). Sabemos que nossa vida será mais rica por causa daquela pessoinha. Sentimos isso naquele mesmo instante. E jamais poderemos voltar atrás.

> "É impressionante como a vida que temos antes do bebê desaparece rapidamente. Acho que levou umas duas semanas. E depois eu não conseguia mais imaginar a vida sem ela."
>
> *– Amy, casada há 3 anos, 1 filha*

Ter filhos é maravilhoso, mas, ao mesmo tempo, os novos pais podem se sentir confusos, com medo e, às vezes, completamente tristes. Como é possível ficar ao lado do berço, silenciosamente observando os leves movimentos da respiração do bebê e sentir emoções tão fortes e diametralmente opostas (pura alegria e profundo terror) crescerem dentro de nós? Como é possível compartilhar momentos como esse com seu parceiro e, no intervalo de um segundo, seu pensamento mudar de "Olha só esse milagre que fizemos juntos!" para "Eu te amo, mas você está me deixando *louco(a)!*"?

Nós nos sentimos atordoados, confusos e até meio malucos. Ficamos em estado de choque. Estamos completamente despreparados para enfrentar a situação. Não importa a quantidade de cursos que tenhamos feito e quantos livros lemos. Simplesmente não estamos prontos. E nunca estaremos. Nada é capaz de nos preparar para a bomba que é a chegada do bebê.

Estágio um: a fase sombria

É um período curto, mas pode ser bastante traumático.

O medo

Ficamos admirados que nos deixem sair do hospital com nada além de uma cadeirinha de bebê no carro como prova de nossa aptidão para sermos pais. Não recebemos nenhum certificado. *Será que eles não percebem que não temos a menor ideia do que fazer?* Inexplicavelmente, conseguimos chegar em casa sem grandes ferimentos, mas, assim que deixamos o hospital e nos vemos sem a equipe de médicos e enfermeiras, o *medo* toma conta de nós. Olhamos apavorados um para o outro e sussurramos: "Acho que não vamos conseguir."

Começamos uma longa vigília "só para ver se o bebê está respirando". Nossas apreensões vão desde a mais lógica até o limite do irracional. Stacie, preocupada que seus gatos sufocassem o bebê, cercou o berço com uma tela de proteção contra insetos (que, aliás, foi comprada por Cathy... o medo é contagioso). Julia anotava cada mamada e cada evacuação, pois temia que seu filho não estivesse se alimentando direito. Durante certo tempo, teve pavor até de sair de casa. Quando vizinhos atenciosos perguntavam a seu marido, Gordon, como ela estava, ele respondia: "Difícil dizer..." Os homens se sentem tão apreensivos quanto as mulheres. O marido de Cathy, Mike, admitiu que alimentava o medo secreto de que seu filho fosse sequestrado.

O DESFILE

Para muitas pessoas, a transição para a vida de pais é mais suave, já que amigos e avós fazem uma fila para participar da festa. Com fome? Lá vem um desfile de pessoas com comidas quentinhas. Cansados? Passem a coisinha fofa aqui para a titia e vão dormir um pouco. Não têm ideia do que fazer? Não precisam se preocupar, porque a vovó vai cuidar de tudo. Infelizmente, isso não dura muito tempo. A maioria de nós sente verdadeiro pânico quando os "ajudantes" vão embora. Ficamos paralisados ao pensar que teremos de cuidar de um recém-nascido sozinhos.

> "Minha sogra ficou conosco durante duas semanas e, sim, admito que me senti aliviado quando ela foi embora. Mas quando vi seu carro se afastando, pensei: 'Caramba, ninguém aqui jamais cuidou de uma criança antes.'"
>
> – *Gabriel, casado há 5 anos, 2 filhos*

Vocês nunca mais vão dormir

Antes da chegada do bebê, sempre ouvimos histórias sobre a privação de sono, *mas ninguém é capaz de nos preparar para esse tipo de dor e sofrimento*. Como disse Gordon: "Em muitos países, a privação de sono é usada como tortura." Ficar sem dormir por muito tempo pode fazer com que as pessoas mais sãs e equilibradas fiquem irritadas, irracionais ou completamente loucas. É uma ironia cruel que tenhamos de enfrentar um dos maiores desafios de nossa vida cochilando apenas 30 minutos. Será que a natureza não podia ter feito as coisas um pouco mais fáceis?

> "Eu estava tão cansada que certa noite tentei amamentar o braço de Bob."
>
> – *Louise, casada há 4 anos, 1 filho (Bob é o marido dela, não o bebê.)*

Total despreparo

É nosso total despreparo que dá origem ao medo. Não temos a menor ideia do que devemos fazer. E como poderíamos saber?

> "Perguntei à enfermeira na maternidade: 'Como vou saber quando o bebê está com fome?'"
>
> – *Steve, casado há 8 anos, 3 filhos*

> "Eu disse a meu marido: 'Nossa, desde que Nina e Brian tiveram Natalie, eles brigam o tempo todo, até na nossa frente. Tenho certeza de que isso não vai acontecer conosco, meu amor. Afinal, nos comunicamos tão bem...'"
>
> – *Bethany, casada há 6 anos, 2 filhos*

O grande campeão no quesito despreparo é Gordon, que, durante o intervalo de três meses entre um emprego e outro, sugeriu que ele e Julia fizessem uma viagem pela Ásia, no estilo "mochilão", com o filho de 1 ano e 2 meses. "É besteira não aproveitarmos esse tempo. Por que não podemos ser um pouco mais aventureiros?", disse ele à esposa.

E em segundo lugar estão Cathy e Mike, que se esqueceram *momentaneamente* de que tinham um bebê:

> "Numa sexta-feira à noite, duas horas depois de eu ter colocado Kate, nossa filha de dois meses, para dormir Mike me perguntou se eu queria alugar um filme. 'Ótima ideia', respondi. Então, entramos no carro e percorremos o caminho de menos de cinco minutos até a locadora. De repente, entrei em pânico. Como pude deixar Kate sozinha? Mike, no entanto, ainda achava que podíamos alugar o filme. 'Afinal, ela não vai conseguir sair do berço e nós já estamos aqui...' Eu o deixei lá e voltei voando para casa. É claro que ela ainda estava dormindo e nem se deu conta de nosso descuido imperdoável."

O novo emprego

Dê as boas-vindas a seu novo chefe: o déspota tirânico (embora muito fofo) cujas exigências são incessantes e muitas vezes indecifráveis. Você acaba de perder sua liberdade. Se tentamos comer alguma coisa ou dormir um pouco, aquele pequeno autocrata onisciente começa a berrar. E pode até nos fazer berrar junto.

E quanto às atribuições desse novo cargo? Somos seus escravos pessoais, 24 horas por dia. Todos sabemos, ou logo aprendemos, que é preciso um esforço absurdo para manter viva aquela pessoinha de menos de 4 quilos. Bebês são impressionantes máquinas de chorar, mamar e evacuar. Tudo o que podemos fazer é trocar mais uma fralda, esterilizar mais uma mamadeira e tentar não perder a sequência da linha de produção.

Novas e diferentes maneiras de se comunicar

Brigas de cachorros grandes

Lembram-se de quando suas maiores brigas eram sobre quem iria escolher o restaurante ou quem tinha deixado a roupa largada no chão do banheiro? Isso era coisa de criança. Tomar conta de um recém-nascido dá início às brigas de cachorros grandes. Na melhor das hipóteses, há comentários irritadiços: "Como assim você não comprou mais fraldas ontem?" Mas em geral as coisas ficam bem feias. Alguém sempre bate as portas ou acaba indo dormir no sofá e palavrões podem ser inevitáveis.

> "Meu marido teve a infeliz ideia de me dizer que eu deveria cochilar enquanto o bebê dormia. Eu respondi: 'Ah, vai se f*. Você está no trabalho. Você pode tirar uma soneca.'"
>
> *– Helen, casada há 11 anos, 3 filhos*

Papos fascinantes

Mesmo quando não brigamos, nossas conversas não são mais como antes. A rotina de cuidar de um recém-nascido traz à tona novos e fascinantes assuntos. Agora nós só falamos sobre *o bebê e como cuidar dele – quem vai alimentá-lo, quando e em que quantidade; quem vai lavar as mamadeiras; quem tem que trocar a próxima fralda e quando; o cocô estava com uma cor estranha, ele não fez cocô hoje, temos que anotar quantos cocôs ele faz e qual o aspecto deles; quando o bebê deve dormir ou acordar; que roupa ele deve usar; está muito frio; não, está muito quente; ele precisa de um cobertor; não, não precisa; ele acabou de golfar; por que ele está chorando há três horas?*

Truques que os novos pais usam

Quem acabou de ter um filho recorre a diversos truques para ter uma folga durante essa época tão difícil. Aqui estão alguns dos nossos favoritos:

Fingir que estão dormindo

São 3 horas da manhã. O bebê acordou e está chorando (de novo!). Vocês dois acordaram e estão ouvindo. Mas ninguém se mexe. As mulheres estão tentando bancar as espertas, mas os homens, mestres nesse truque, se fingem de mortos e talvez até simulem um ronco. Quem vai ceder e levantar primeiro? Claro que na maioria das vezes é a mãe.

Nossa amiga Charlotte usava um golpe baixo: "Eu cutucava meu marido e dizia 'Ei, é a sua vez. Eu levantei na última.' Mas não houvera uma última vez." Ela tinha dormido o tempo todo até aquele momento, mas ele não sabia. Portanto, para não cair em golpes como esse, é melhor não ter o sono pesado demais.

Pulando a cerca

John secretamente sai do trabalho uma hora mais cedo para tomar um chope com seu melhor amigo antes de ir para casa.

> "É como ter um caso com meu melhor amigo. Uma vez por semana, tento encontrá-lo. Não contem à minha mulher. Se ela souber, vai insistir para que eu chegue uma hora mais cedo e nunca mais poderei ver Peter. Isso é loucura."

As coisas às vezes ficam tão difíceis que alguns pais recorrem a táticas mais sofisticadas. Ron nos contou o que fazia em momentos de desespero:

> "Quando nossa primeira filha nasceu, eu ficava tão cansado que mal conseguia trabalhar. Achava que meu chefe ia entrar e me encontrar desmaiado sobre o teclado. As coisas ficaram tão difíceis que eu disse à minha mulher que precisaria viajar a trabalho. Era mentira. Mas tirei um dia de folga, me hospedei num hotel e dormi a noite inteira. Foi maravilhoso. Não tenho orgulho do que fiz, mas era uma questão de vida ou morte. Eu não estava aguentando mais."

Sexo

O que é isso? Ninguém faz sexo nesse período (se vocês fazem, isso é bem fora do comum). As mulheres estão de resguardo, ninguém tem energia e, quando sobra tempo, vocês dormem. Próximo tópico, por favor.

Estágio dois: a poeira baixa...

A boa notícia é que todos nós, com um pouco de sorte e de boa vontade, sobrevivemos a essa primeira fase, deixamos de parecer zumbis e conseguimos sair do meio dos destroços. As coisas começam a entrar nos eixos. Passamos a nos ver como uma família e a entender como funciona esse negócio de ter um filho. O bebê é simplesmente maravilhoso. Nem conseguimos nos lembrar de como era a vida sem ele. Ainda não é a coisa mais fácil do mundo, mas já é um começo.

A má notícia é que, enquanto estamos nos recompondo, lentamente nos damos conta de que as coisas mudaram, às vezes drasticamente, na nossa cabeça, em nosso coração e também no casamento. Para algumas pessoas, a transição para a vida de pais é apenas uma sucessão de pequenos tremores. Para outras, é um grande abalo sísmico, que pode abrir fendas enormes. Escapamos do campo de batalha e descobrimos que fomos parar num cenário novo, um lugar que ainda está passando por mudanças e é praticamente irreconhecível.

O novo cenário

"Depois que Jack nasceu, me senti diferente. Agora penso e ajo de outra maneira por causa de minhas novas responsabilidades. É como se eu tivesse precisado mudar completamente a ideia que tinha de mim mesma. E isso definitivamente mudou o que espero de Matthew. Antes do bebê eu ficava tranquila se ele trabalhava até tarde. De repente passei a querer que ele esteja em casa *agora*. E fico chateada ao ver que ele não parece tão interessado em Jack quanto eu."

– Erica, casada há 4 anos, 1 filho

"Sim, o bebê é uma gracinha. Mas quando é que as coisas vão voltar ao normal? Quando minha mulher vai parar com essa loucura de querer controlar cada detalhe? Quando ela vai se lembrar de que eu existo e voltar a ser gentil comigo? Será que algum dia voltarei a ter uma manhã de sábado só para mim sem que ela faça eu me sentir culpado?"

– Spencer, casado há 6 anos, 2 filhos

Tanto homens quanto mulheres têm problemas para se adaptar a essa nova fase do casamento. Como dissemos antes, essas mudanças são profundas e pode ser que leve algum tempo até nos acostumarmos com elas. Nesse período de transição, muitas vezes acabamos descontando nossos medos, decepções e frustrações uns nos outros.

Ter filhos torna nossa vida mais rica e nosso estilo de vida mais pobre. Estamos acostumados a fazer o que temos vontade. Mas como a caipirinha e a mamadeira não são compatíveis, temos que fazer uma escolha. Escolhemos a mamadeira, mas às vezes fantasiamos nos deitar numa espreguiçadeira no jardim com uma caipirinha na mão.

Além disso, após vivermos grande parte de nossa vida em pé de igualdade com nosso parceiro, é uma surpresa quando, depois que têm filhos, homens e mulheres assumem papéis diferentes e nem sempre complementares. Considerando que saímos das cavernas há cerca de 10 mil anos, o que, em termos evolutivos, é apenas um milésimo de segundo, não é de surpreender que, quando nos tornamos pais, nossos instintos mais básicos aflorem. As mulheres se tornam *protetoras,* enquanto os homens viram *provedores*. De repente nos vemos de volta à Pré-história, quando as mulheres ficavam imaginando se o bebê seria alérgico a pelo de mamute ou se estavam dando a ele frutos silvestres na quantidade certa; e os homens caçavam búfalos e se preocupavam se seriam hábeis o bastante para garantir a sobrevivência da família durante o inverno.

COMO AS MULHERES SE SENTEM

> "É o papel mais importante da minha vida. Se eu não conseguir criar bem meus filhos, nada mais importa. Nem meu sucesso profissional, nem quanto dinheiro eu ganho."
>
> *– Danielle, casada há 6 anos, 2 filhos*

Ficamos radiantes e apavoradas com nossos lindos bebês. Imaginamos se vamos dar conta da tarefa de ser mãe, se conseguiremos manter nossas identidades ou se a maternidade vai nos anular. A maneira como vemos a nós mesmas e a nossos maridos muda completamente.

O chip materno

Gostemos ou não (e, acreditem, muitas vezes não gostamos), quando temos um bebê, nosso gene *protetor* é acionado. É como se um "chip materno" estivesse implantado em nosso cérebro. E não é possível desativá-lo. Esse microchip nos dá audição supersônica (foi o bebê que fez esse barulho?), visão de raio X (essa fralda *está* suja), reflexos rápidos como a luz e um diálogo interno incessante (será que preciso comprar mais leite? Quando é a próxima consulta com o pediatra? Será que visitei creches suficientes?). Ele também vem com o programa "Sempre pensar no pior" instalado, que atualiza automaticamente nossos temores maternos. Como se isso não bastasse, o chip ainda está conectado a um "circuito de culpa" que nos leva a pensar que jamais conseguiremos fazer tudo o que é preciso por nossos filhos, nossos maridos e nós mesmas.

Assim que nos tornamos mães, esse chip passa a funcionar o *tempo todo,* independentemente de ficarmos em casa ou trabalharmos fora em tempo integral ou meio expediente.

A maioria das mulheres com que falamos disseram que a transição para a vida de mãe foi muito emocionante. Ficamos extremamente chocadas e abaladas com toda a responsabilidade intrínseca à maternidade.

Os instintos dominam

Muitas vezes, as mulheres são dominadas pelas reações viscerais que passam a ter quando se tornam mães. Experimentamos um amor incontrolável e um medo exagerado. É hormonal. É biológico. E, quase sempre, inesperado.

"Sempre me achei uma mulher racional e controlada, mas depois que tive um bebê, meus instintos tomaram conta de mim. Nunca imaginei que eu pudesse ser tão maternal. Fiquei surpresa ao perceber como estava me comportando. Eu me sentia à mercê das minhas emoções. Definitivamente, eu não estava mais sob controle", diz Julia.

> "Eu gostava tanto do cheirinho do Alex que levava um de seus cobertores para o trabalho e o cheirava o dia inteiro."
>
> *– Meredith, casada há 5 anos, 1 filho*

Um dos pediatras de nossos filhos disse que as mulheres "se apaixonam" por seus bebês. "As emoções que a nova mãe experimenta são tão poderosas, ou mais, que as que ela sente quando está apaixonada. A criança a absorve e domina todos os seus pensamentos, assim como o marido ocupou um dia, há tempos." Essa fase de paixão não dura para sempre, mas a obsessão pode resistir a vida inteira.

O medo é algo absoluto. As mulheres temem profundamente que algo terrível aconteça ao bebê. Muitas vezes, isso leva à superproteção. Chamamos esse comportamento de "efeito leoa". Julia também o experimentou com bastante intensidade:

> "Eu me sentia como um animal, uma leoa feroz. Arriscaria minha própria vida para garantir o bem-estar do meu bebê. Eu poderia fazer em pedacinhos qualquer pessoa que simplesmente espirrasse na presença dele. E repetia para mim mesma: 'Nada vai acontecer a ele enquanto *eu* estiver aqui!'"

Esse medo comum – e quase sempre infundado – de que alguém machuque o bebê faz com que muitas mães assumam sozinhas todas as tarefas, independentemente de quão cansadas estejam.

Expectativas X realidade

Não parecemos com as mães que aparecem nas revistas

Durante os nove meses de gestação, se não durante toda a vida, sempre nos mostram imagens suaves da maternidade. Não vemos fraldas sujas num chá de bebê. Quando nosso filho nasce, ficamos surpresas com aquela realidade barulhenta, sem descanso e desorganizada. A capa dessas revistas deveria trazer uma mulher com cabelo embaraçado, ombros caídos, uma roupa velha com uma mancha de vômito e uma expressão exausta no rosto.

> "Pensei que poderia estar sempre linda e ao mesmo tempo ser uma mãe perfeita. Isso foi antes de eu me dar conta de que teria que tomar banho em cinco minutos."
>
> – *Kristin, casada há 6 anos, 1 filho*

É mais difícil do que imaginávamos

Não somos reclamonas por natureza. Na verdade, somos até bem duronas. Mas ser mãe é algo implacável. A maratona incessante de amamentar o bebê e não dormir acaba com qualquer mulher, por mais forte que ela seja. Além disso, a maternidade nem sempre chega com toda a naturalidade que esperamos, o que pode nos deixar frustradas. Por exemplo, sabemos que o aleitamento materno é a melhor opção. Além de todos os benefícios para a saúde, possibilita uma incrível ligação entre mãe e filho. Mas ninguém nos avisa que amamentar pode doer. Na verdade, isso é tão difícil que já existem profissionais especializados em ajudar as mães a fazerem o bebê "pegar" o seio. A parafernália que acompanha o aleitamento é impressionante: cremes, protetores de mamilo, bombas tira-leite, almofadas para amamentação e, claro, não podemos esquecer os sutiãs de amamentação.

As dúvidas

À medida que saímos do período nebuloso que compreende os três primeiros meses, sentimos outro tipo de "choque". Passamos a ter dúvidas constantes: Quem sou eu agora? O que devo fazer? Devo voltar a trabalhar? Devo ficar em casa? O que faz mais sentido para mim? O que é melhor para a minha família?

Aquelas que voltam a trabalhar às vezes têm de enfrentar um embate entre os sentimentos de culpa (Será que devo deixar o bebê?), alívio (Graças a Deus, voltei ao mundo dos adultos) e mais culpa (Será que eu deveria me sentir tão aliviada por voltar ao trabalho?). Aquelas que optaram por uma pausa de tempo indeterminado em suas carreiras para cuidar dos filhos às vezes passam a apresentar efeitos colaterais por saírem repentinamente de uma vida intelectualmente exigente em que usam terninhos (ou pelo menos não usam calças de moletom) e entrarem na máquina do tempo que as leva direto para a década de 1950.

As "coisas" não são mais como antes

Milhões de mulheres em todo o mundo se fazem a mesma pergunta: será que meu corpo vai voltar a ser como antes? É como um novo colega de quarto de quem você não gosta muito, mas com quem tem que se entender mesmo assim. "O nascimento de uma criança é um milagre." "É fantástico o que o corpo da mulher é capaz de fazer." Tudo blablablá. (Um lembrete para a Mãe Natureza: fantástico mesmo seria se ter filhos deixasse nossos seios mais firmes e os quadris mais estreitos.)

Como nos sentimos em relação a nossos maridos

> "É impossível colocar o marido em primeiro lugar. Os bebês nos ocupam 24 horas por dia, sete dias por semana."
>
> *– Kimberly, casada há 12 anos, 2 filhos*

> "Finalmente entendi o que significava compromisso. Ninguém jamais amaria aquela criança tanto quanto meu marido. E nenhuma outra pessoa no mundo poderia dividir aquele momento comigo."
>
> *–Jody, casada há 4 anos, 2 filhos*

Quando entramos juntos nessa nova fase, sentimos uma ligação muito forte com nossos maridos. Ficamos maravilhadas por dividir essa experiência tão fantástica com eles. Quando pedimos às mulheres que se lembrassem dos primeiros dias do bebê e explicassem como isso havia modificado seus casamentos, muitas delas ficaram com os olhos cheios d'água. Disseram que quase não controlavam a emoção ao ver seus maridos segurando os bebês pequenininhos em suas mãos enormes. Como disse Allison: "Casar é fácil. Ter um filho juntos é que é o grande desafio."

São os momentos em que pensamos "veja só que coisinha linda nós fizemos" que nos mantêm de pé. Mas à medida que o tempo passa, para a maioria das mulheres os homens *simplesmente não entendem*. Embora eles fiquem felizes por se tornarem pais, estão sempre mais afastados da trabalheira que dá ter um filho e não são tão loucos pelo bebê como gostaríamos que fossem.

A mãe de uma de nós disse: "Por mais que uma mulher ame seu marido, por mais fantástico que ela pense que ele é, assim que eles tiverem um filho, ele irá decepcioná-la."

Terrível, não é?

No começo, achamos que isso, além de desolador, fosse uma grande injustiça, mas muitas mulheres nos disseram que *de fato* se sentiram profundamente decepcionadas com seus maridos depois que tiveram um bebê. Alguns estudos relatam que até 70% das novas mães se dizem menos felizes em seus casamentos no primeiro ano de vida do bebê.[1] Acreditamos que essa decepção tem origem na expectativa das mulheres de que seus maridos tenham os mesmos sentimentos e preocupações que elas em relação ao filho. Nós também esperamos que eles participem igualmente da tarefa de cuidar das crianças. A maioria dos homens não faz nenhuma das duas coisas. E nós não ficamos nada felizes com isso.

"Ele simplesmente não entende!"

Nós mulheres queremos que nossos maridos *entendam* a mudança radical pela qual passamos. Nossa vida fica de cabeça para baixo por causa da maternidade. Nosso emprego e nosso corpo nunca mais serão os mesmos. Em comparação, como disse Denise: "Tenho a sensação de que meu marido tirou uns dias de folga do trabalho e depois as coisas voltaram ao normal para ele. Ou pelo menos ele queria que tudo tivesse voltado ao normal." Sim, os homens também são profundamente modificados pela paternidade, mas sua vida não é tão abalada quanto a delas.

Será que você não vê tudo o que precisa ser feito?

Meus amigos, sabemos que vocês não podem ser mães, mas muitas vezes achamos que vocês não percebem, a não ser que nós deixemos bem claro, que o volume de tarefas aumentou de forma radical. O ideal, é claro, seria que vocês ajudassem. Ficamos extremamente irritadas quando vocês não veem algo que precisa ser feito ou esperam até que a gente peça (ou mande) que vocês façam alguma coisa.

Bebês usam fraldas

A maioria das mulheres se surpreende ao perceber que os homens não sabem quase nada sobre o que é preciso para deixar um bebê limpo, bem-alimentado e feliz, o que, de fato, é decepcionante.

Stacie se lembra de quando eles iam fazer uma viagem de avião com duração de três horas e Ross, seu marido, preparou a bolsa do bebê. "Durante o voo, levei o bebê para o fundo do avião para trocar aquela que com certeza era a fralda mais imunda da História. Mas havia um pequeno problema. Ross tinha se esquecido de colocar fraldas na bolsa. O voo foi um inferno."

Segurança ou superproteção

Os medos instintivos que acometem as mulheres podem gerar uma variante específica da sensação de que "ele não entende". Os homens não são tão superprotetores com os bebês. Sabemos que as mulheres ficam furiosas porque consideram seus maridos muito relaxados quando se trata da saúde e da segurança das crianças. Todos os casais já discutiram se o bebê precisava ou não de um casaco. No caso de Stacie e Ross, eles discutem a respeito de verificar (e verificar de novo e de novo) se os cadeados do portão da piscina estão bem trancados. No caso de Julia e Gordon, a discussão é sobre a necessidade de lambuzar os meninos com repelente antes que eles saiam para brincar no bosque atrás da casa deles. E, no caso de Cathy e Mike, é sobre a quantidade certa de protetor solar a ser aplicada.

Por que você *diz* essas coisas?

Nossos maridos são homens maravilhosos, mas todos os três, no começo desse desafio de cuidar do bebê, voltavam para casa, vindos do mundo do trabalho, dos adultos e dos cafés, com comentários muito úteis, como: "Por que você não tira um cochilo quando o bebê dorme?" ou (melhor ainda) "Minha mãe teve filhos. Sua mãe teve filhos. Por que é tão mais difícil para você?" Na melhor das hipóteses, esses comentários fazem as novas mães chorar. E, na pior, eles poderão ser citados no processo de divórcio num futuro não muito distante. Os homens não entendem o que estamos falando até passarem por isso. Mais adiante, mostraremos um plano para fazê-los compreender. Mas, até lá, é melhor que eles guardem para si seus comentários.

Por que você não fica bobo também?

Os homens não possuem o chip materno. Eles não são como nós. Não se importam se o dentinho do bebê está nascendo. Mas ficamos muito chateadas quando eles não ficam bobos com o bebê como nós ficamos. Um terapeuta que entrevistamos disse que a nova mãe pode perceber a falta de entusiasmo do marido pelo bebê como uma falta de entusiasmo por *ela*:

> "Funciona mais ou menos assim: se você rejeita o bebê de alguma forma, acho que você está me rejeitando. Ou, mais precisamente, acho que você está rejeitando nós dois. Há poucas coisas mais aterrorizantes para uma nova mãe do que o medo de ter que criar seu filho sozinha."

Acreditamos que é por isso que deixamos nossos maridos loucos ao chamar a atenção para os mínimos detalhes do bebê. As mulheres têm um medo secreto de que seus maridos não se sintam totalmente devotados à família e a abandonem. Algumas de nós ficam pensando que eles não estão passando tempo suficiente com os filhos, que não estão criando laços.

A pressão para ser uma supermãe

Nós nos pressionamos e tentamos corresponder às expectativas da sociedade sobre o que uma mãe deve ser e fazer. As expectativas sobre os pais são mais baixas. Como disse nosso amigo Sean: "Eu detestaria ser mulher, porque vocês precisam dar conta de tudo! Eu lavo um garfo e as pessoas já dizem 'Uau, muito bem!'." Consequentemente, é fácil para os homens desprezarem nossos medos de não conseguirmos fazer nada ou de não conseguirmos fazer tudo certo. Sempre nos dizem que estamos exagerando. Sim, admitimos, nós *também* exageramos. Um pouco mais de ajuda e menos conselhos seria muito melhor.

Quando acreditamos que nossos maridos não entendem nenhuma dessas coisas, nos achamos no direito de reclamar. Tudo o que queremos é um pouco mais de ajuda e compreensão. No entanto, às vezes é difícil conseguir deles as duas coisas. É difícil ser uma máquina de leite. É difícil sequer imaginar voltar ao trabalho quando mal conseguimos organizar nossos pensamentos. É difícil imaginar fazer sexo de novo quando estamos maiores e mais flácidas. E aí ficamos pensando: *como* eles não entendem isso?

COMO OS HOMENS SE SENTEM

"Basta um sorriso dela para eu me esquecer do estresse de uma semana inteira."

– Dan, casado há 9 anos, 2 filhos

"Quando o bebê era menor, eu quase não tinha energia para

nada. Um dia alguns amigos apareceram com o café da manhã e me perguntaram como eu estava. Quase caí em prantos, porque mal conseguia ficar de pé."

– Dean, casado há 8 anos, 3 filhos

Em muitos aspectos, depois de se tornarem pais, os homens não se sentem muito diferentes das mulheres. Eles também experimentam um grande amor e um medo terrível. Também se sentem pressionados e exaustos, mas reagem de outra maneira. E às vezes se perguntam se sua vida e sua esposa algum dia voltarão ao normal.

O pânico do provedor

"Eu me debrucei sobre o berço e meu primeiro pensamento foi: preciso ganhar mais dinheiro."

– Jack, casado há 7 anos, 1 filho

Embora os homens não fiquem obcecados com seus bebês, eles precisam lidar com sua própria programação biológica. Mesmo que contribuam com metade da renda da casa, a maioria acredita ser sua a responsabilidade de garantir o bem-estar e a estabilidade da família. Antes que as feministas comecem a reclamar, vamos examinar melhor essa afirmação. Cathy, que sempre trabalhou fora, não gostou nada da ideia de que sustentar a família fosse responsabilidade exclusiva de Mike. Como aconteceu diversas vezes enquanto escrevíamos este livro, ela foi perguntar a ele: "Você realmente se sente assim?" Mike lhe disse que, embora ela fosse capaz de cuidar financeiramente da família e se dispusesse a fazer isso, a responsabilidade, no fim das contas, era dele. E acrescentou: "Se não tivermos dinheiro suficiente para pagar a faculdade dos nossos filhos, verei isso como um fracasso pessoal."

Muitos de nossos amigos sentiram a mesma coisa que Mike. Eles disseram que a paternidade dá origem a uma espécie de "pânico do provedor". Esse fenômeno faz com que os homens desviem toda sua atenção para o trabalho. A carreira e o sucesso financeiro tornam-se mais importantes que nunca. Nos primeiros meses, as mulheres se preocupam com a alimentação do bebê (se ele está comendo o suficiente ou consumindo os alimentos corretos); os homens se preocupam em colocar comida na mesa. (Muitas vezes, esse medo é irracional, assim como o medo das mulheres que acham que o móbile do berço vai cair no meio da noite e matar a criança.) Essa preocupação dos homens de sustentar a família pode comprometer sua capacidade de ver aquilo que precisa ser feito em casa (e às vezes até mesmo sua capacidade de desfrutar o que está acontecendo). Não há espaço em sua mente para perceber as mamadeiras que precisam ser lavadas, já que o cérebro masculino está a todo vapor calculando quanto precisa economizar para mandar os filhos para a faculdade.

Temos de reconhecer que, depois que se tornam pais, os homens assumem essa nova responsabilidade de muitas formas maravilhosas (e às vezes até eles se surpreendem com isso). Muitos passam a sentir que "agora é para valer" – agora são adultos de verdade. Como disse Gordon: "Achei que finalmente poderia me realizar como adulto: o tipo de cara que consegue dar um bom padrão de vida para sua família e também ser um bom pai. Ser capaz disso é uma sensação muito boa." O pânico do provedor também tem suas vantagens.

Os homens também amam...

Assim como as mulheres, os homens também ficam sem palavras diante do amor avassalador que sentem por seus filhos. Alguns surpreendem suas esposas (e a si mesmos) com uma suavidade e uma dedicação de que não se imaginariam capazes. Eles ficam encantados com o novo papel de pai, principalmente quando o bebê se parece com eles (o que quase sempre acontece). Vários homens nos disseram que choraram pela primeira vez em sua vida. Ross se lembra da manhã em que sentiu pela primeira vez uma profunda conexão com sua filha: "Tinha sido uma noite longa, eu não havia dormido e, enquanto eu a ninava, aconteceu. Ela sorriu para mim. Foi um dos melhores momentos da minha vida."

Contudo, o amor que os homens sentem por seus recém-nascidos é do tipo que queima em fogo baixo, ao contrário do furacão de emoções que arrebata suas esposas.

Sem dúvida, eles amam seus bebês, mas talvez os achem um pouco entediantes (perdoem nossa franqueza). Não ouvimos nenhuma história de um homem que tivesse levado o cobertorzinho do filho para o trabalho ou que achasse difícil deixar o bebê durante um grande período. Eles criam laços com os filhos, mas de uma maneira diferente, num ritmo mais lento.

> "Estou tão animado quanto Paula com a nossa pequena Avery. Só que de modo diferente. Paula percebe as pequenas mudanças do dia a dia. Eu prefiro os avanços maiores... Vou gostar de jogar bola com ela e de comprar sua primeira bicicleta. Mas não me identifico com as coisas de bebê."
>
> *– Ben, casado há 5 anos, 1 filho*

... e sentem medo

Uma das consequências do pânico do provedor para muitos homens é o "e se acontecer alguma coisa comigo?". Nosso amigo Jonathan nos contou que, ao sair da maternidade na noite em que seu filho nasceu, decidiu pegar um táxi em vez de ir para casa de ônibus. "Pela primeira vez na vida, tive medo de andar de ônibus. De repente pareceu tão perigoso... Eu não podia deixar que nada acontecesse comigo, já que agora uma pequena vida dependia de mim."

Alguns homens – às vezes de boa vontade, outras nem tanto – abrem mão de suas atividades radicais (como *bungee-jump*, voo livre ou paraquedismo) quando se dão conta de que elas são potencialmente fatais e incompatíveis com a paternidade.

> "Agora que tivemos outro bebê, eu me sinto preso. Se quero fazer algo sozinho, sinto que preciso pedir permissão com antecedência. Mas nem sei por que perco meu tempo – é quase certo que ela já tenha planejado alguma coisa em família."
>
> *– Gabe, casado há 6 anos, 2 filhos*

> "Eu costumava jogar golfe uma vez por semana. Agora, com sorte, jogo umas duas vezes por ano."
>
> *– Doug, casado há 5 anos, 1 filho*

Muitos novos pais temem que a vida que conheciam tenha chegado ao fim. Espera-se que eles passem cada momento livre com o bebê e participem exclusivamente de atividades em família. Sobra pouco tempo para eles mesmos. Por mais que amem seus filhos, alguns têm medo de que a paternidade se resuma a uma existência feita de responsabilidades: no trabalho, em casa e com a família. Isso é bem mais intenso nos primeiros meses, quando passar algum tempo com um bebê que ainda não reage a nada é tão divertido para eles quanto observar a grama crescendo.

Como eles se sentem em relação às esposas

> "O que aconteceu com a mulher com que me casei? Ela se transformou numa controladora obsessiva."
>
> *– Vic, casado há 9 anos, 1 filho*

> "É como se eu fosse o cachorro velho e minha mulher tivesse acabado de comprar um filhotinho."
>
> *– Brent, casado há 7 anos, 1 filho*

Minha mulher é louca

Nessa fase, a maioria dos homens acredita que suas mulheres seriam capazes de caminhar sobre as águas. Eles ficam admirados com a abnegação, a paciência e a total devoção delas. Dizem, com a mais absoluta convicção, que não seriam capazes de nada disso, por mais dedicados que sejam. Ainda assim, todos os homens, em algum momento, acham que suas esposas ficam meio loucas depois que têm um bebê. Existem diversas versões para essa ideia, mas elas se resumem basicamente a:

Ela está obcecada. Ela não consegue parar de pensar no bebê e se preocupa com ele desnecessariamente. É incapaz de conversar por três minutos sem que o assunto volte a ser o bebê.

Ela está sendo irracional. Por mais fantástica que ela seja como mãe, sempre vai questionar suas próprias habilidades. Ela raramente pede ajuda. E, quando o faz, os pedidos são absurdos (por exemplo: ela pede que ele se levante no meio da noite para trocar a fralda quando ela mesma já está acordada, dando de mamar).

> "Minha mulher queria fazer tudo sozinha. Certa noite, ela estava tentando amamentar nosso filho e ele não pegava o seio, só continuava a berrar. Sugeri que ela desse uma mamadeira. Foi como se eu tivesse dito para ela dar arsênico à criança. Ele chorava tanto que eu mesmo preparei a mamadeira e dei para ele, que mamou e depois dormiu. Problema resolvido, certo? Nada disso. Ela entrou em prantos porque se achava uma péssima mãe. E o fato de eu ter conseguido fazer com que ele parasse de chorar só piorou as coisas."
>
> *– Chris, casado há 8 anos, 2 filhos*

> "É aquela velha história de que a tristeza gosta de companhia. É como se minha mulher quisesse que eu ficasse mal porque ela estava mal. Se ela acordava para amamentar a cada duas horas, eu também tinha que acordar. Por que um de nós não poderia

ter uma boa noite de sono? Por que os dois tinham que estar sempre exaustos?"

– Anton, casado há 10 anos, 2 filhos

Ela se esqueceu de mim. Isso está intimamente relacionado ao fato de elas ficarem obcecadas, mas os homens não pensam assim e acham que é outra forma de insanidade.

"Nos meus piores momentos, ficava pensando se no fundo ela não queria apenas um doador de esperma. E, agora que eu já tinha servido a esse propósito, ela estava me dispensando."

– Joel, casado há 10 anos, 4 filhos

Ela fica completamente envolvida com o bebê. Parece que tudo o que quer é um empregado, alguém que vá comprar fraldas e que lave as mamadeiras. Quando ele não faz essas coisas direito, ela fica furiosa. "Eu achava que ela me queria porque eu era bom de papo, sensível e bem-humorado", pensam muitos pais que são recebidos aos gritos por levarem tanto tempo para achar a chupeta.

A amamentação é parte do problema. Poucos homens admitem, mas nenhum deles fica feliz ao ver que os seios de sua mulher, antes área de lazer deles, agora são domínio exclusivo do bebê. A grande maioria dos seios permanece intocável durante o aleitamento. Sexo passa a ser uma memória distante. Para a maioria dos homens, "depressão pós-parto" tem um novo significado.

Cuidado com a guardiã

Muitos homens sentem que suas mulheres agem como guardiãs da casa e das crianças. Os pais ficam relegados a papéis secundários. Alguns disseram se sentir desrespeitados e afastados do dia a dia de seus filhos. Na melhor das hipóteses, eles podiam ser "assistentes".

"Durante três meses, ela não me deixava nem chegar perto da

banheira com a Ashley. Aí, no quarto mês, só faltou me matar porque eu não sabia dar banho na neném."

– *Harry, casado há 11 anos, 2 filhos*

SOLUÇÕES PARA OS DOIS

"Eu me lembro de me sentar no chão do quarto do bebê, chorando, enquanto conversava ao telefone com uma amiga. Ela me prometeu que aquela fase iria passar. Na época, não acreditei nela, pois não conseguia imaginar como aquilo passaria, mas me agarrei às suas palavras, desesperada ao pensar que passaria mais algumas semanas sem dormir. E ela estava certa."

– *Leah, casada há 3 anos, 1 filho*

A fase de recém-nascido é difícil. O nome do jogo é "sobrevivência". Quando estamos passando por ela, parece que nunca vai acabar. Mas só dura os primeiros meses – menos tempo do que um semestre na faculdade – e as coisas realmente melhoram depois. Você não vai precisar se contentar com quatro horas de sono pelo resto da vida. Aqui estão algumas coisas que nós aprendemos (do jeito mais difícil) e que podem ajudar vocês a superarem juntos essa tempestade.

Perspectiva

Não é hora de discutir a relação. Embora os casais briguem muito nos primeiros meses do bebê, a maioria das discussões são consequência dos hormônios, da falta de sono e do choque que a chegada do bebê causa. Algumas pessoas entram em pânico durante esse período. Temos uma amiga que, quando seu primeiro filho tinha cinco semanas, disse ao marido que eles precisavam fazer terapia de casal. Eles precisavam mesmo era de uma boa noite de sono. Nesse período, vocês não são um casal. São duas pessoas tentando sobreviver. Até que vocês consigam dormir oito horas por noite durante dois meses seguidos, não devem nem *pensar* em discutir a relação. Nenhum dos dois está em condições de pensar claramente. Fiquem à vontade para gritar, dizer como se sentem e/ou atirar mamadeiras um no outro, mas lembrem-se de que tudo isso provavelmente vai passar.

Dê uma trégua. Ver as coisas em retrospecto é ótimo. Uma das grandes vantagens de ter mais de um filho é que podemos evitar alguns dos erros que cometemos da primeira vez. Às vésperas do nascimento de seu terceiro filho, Stacie e Ross deram uma trégua de três meses. Eles combinaram o seguinte: "Vamos pedir desculpas antecipadamente por todas as maluquices que diremos um ao outro. Vamos nos dar um tempo, pois sabemos que, depois de três meses, voltaremos ao normal."

Bom humor

O bom humor é a primeira coisa que perdemos quando chegamos ao limite. Mas tudo isso *é* muito engraçado – ou pelo menos será quando acabar. Temos duas opções quando o bebê vomita na nossa última camiseta limpa: rir ou chorar. Como já estamos fartos de tanto choro, por que não tentar rir? As pessoas partilharam conosco alguns de seus momentos favoritos:

- "Algumas semanas depois que o bebê nasceu, saí para comprar uma pizza. Voltei uma hora depois, sem pizza e sem a mínima ideia de por que tinha saído."
- "Certa vez, coloquei algumas mamadeiras para esterilizar e acabei pegando no sono com o fogão ligado. Acordei sei lá quanto tempo depois, com o cheiro de plástico queimado e a casa cheia de fumaça. Peguei o bebê e fui esperar os bombeiros no carro. O mais engraçado é que fiz exatamente a mesma coisa duas semanas depois."
- "Certa noite, sonhei que o bebê estava dormindo na cama com

a gente e de repente caía. Acordei em pânico e comecei a revirar os lençóis procurando por ele, até que meu marido, exausto, lembrou que ele estava dormindo tranquilamente em seu berço, no quarto ao lado."

Peça ajuda

> "Foi preciso ter gêmeos para eu aprender a pedir ajuda a meus amigos."
>
> *– Abby, casada há 5 anos, 3 filhos*

> "Venda a aliança de casamento se for preciso. Faça qualquer coisa para conseguir ajuda."
>
> *– Kimberly, casada há 12 anos, 2 filhos*

Peça apoio a todo mundo! É fundamental ter ajuda nessa fase, seja ela remunerada ou não. Sem dúvida, vocês dois conseguem dar conta de tudo sozinhos, mas por que arriscar ficarem loucos ou se divorciarem se há outras opções? Sabemos que são poucos os homens que recusam ajuda, então, esse conselho é basicamente para as mulheres. Precisamos lutar contra a irresistível vontade (e instinto básico) de fazer tudo sozinhas. Mas isso não é fácil. Não é apenas o fato de que amamos nossos bebês e queremos protegê-los: nós também precisamos provar a nós mesmas (e aos outros) que conseguimos. Mas adivinhem? *Não* conseguimos fazer tudo sozinhas e *não seremos um fracasso se pedirmos ajuda*. Além disso, a maioria das mulheres adora quando uma amiga lhe pede ajuda para cuidar do bebê porque isso é uma prova de confiança. Se pararmos para pensar, perceberemos que *não* pedir ajuda é negar a nossos amigos a oportunidade de mostrar quanto se importam conosco.

Preservem a identidade do casal

Depois que vocês tiverem sobrevivido aos infernais três primeiros meses e gradualmente começarem a recuperar o bom-senso, acabem com a "trégua" que deram no relacionamento e façam um esforço para voltarem a se entender como um casal – como homem e mulher. Afastem-se um pouco do bebê. Nada muito radical: os 3 quilômetros até a pizzaria mais próxima já são suficientes.

A primeira vez que os pais saem sem o bebê costuma ser assustadora. Normalmente, a babá recebe um tratado em três volumes sobre como trocar a fralda, dar a mamadeira e colocar o bebê para arrotar. Além disso, os telefones de emergência são escritos em letras garrafais num papel preso na porta da geladeira. São necessárias pelo menos três tentativas para tirar a mãe de casa, pois ela sempre se lembra de mais uma informação importantíssima: "Ele não gosta da segunda música no CD de canções de ninar, então, pule essa faixa, o.k.?" Quando vocês finalmente chegam ao restaurante, resolvem ligar para casa rapidinho, só para ver se está tudo bem. De acordo com nossas pesquisas, o tempo que o assunto bebê fica fora da conversa é de aproximadamente dois minutos e 36 segundos. O programa em si costuma durar só um pouco mais que isso, já que ambos os pais (ou, na maioria das vezes, só a mãe) ficam aterrorizados com a ideia de que o filho possa estar sentindo falta deles. Então, voltam para casa a toda velocidade e, invariavelmente, encontram a criança dormindo, exatamente do mesmo modo como a deixaram.

Aprendemos que é muito importante dar atenção ao relacionamento, por mais que os filhos nos tomem muito tempo e energia. Tentem reservar alguns dias do mês para *vocês dois*, mesmo que seja só para ir à academia juntos ou dar um passeio. E, se possível, evitem falar sobre o bebê. Se vocês forem como nós, irão se lembrar vagamente de que conversavam sobre muitas coisas antes de terem um filho.

Sejam generosos

Cuidar de um recém-nascido põe à prova até mesmo a paciência de um santo. E nenhuma de nós é casada com um. Você é?

Todos precisamos "dar um desconto" para nossos cônjuges e entender que tudo isso é difícil para os dois. Se seu parceiro parece mais "abatido" que você, ofereça-se para ajudar e deixe-o dormir a noite inteira. Faça o possível para usar palavras de encorajamento, como "Você é um ótimo pai", "Você é uma mãe maravilhosa", "Nós vamos superar isso juntos", em vez de "Você ficou louco(a)? Não acredito que você colocou essa roupa no bebê outra vez. Não está vendo que está suja de vômito?" – pelo menos de vez em quando.

Ajudem-se nos piores momentos

Acordar diversas vezes durante a noite para amamentar é enlouquecedor. Levar o bebê até a mãe, colocá-lo para arrotar e depois levá-lo de volta para o berço são tarefas simples que o pai pode fazer, oferecendo um grande alívio às suas esposas. A vantagem é que, enquanto a mulher amamenta, ainda é possível dar uma "dormidinha".

Quando o bebê deixa o peito e passa a tomar mamadeira, não há mais necessidade de os dois ficarem acordados – vocês podem revezar, respeitando o cansaço de cada um.

O Yin e o Yang nas discussões sobre segurança e superproteção

Se um casal sempre discute se as crianças estão seguras, se estão devidamente agasalhadas ou se já têm idade para andar de patinete, há duas coisas a considerar. A primeira é que esta é uma tensão natural que, na verdade, é boa para os filhos. O lado Yin pensa na "segurança das crianças", enquanto o lado Yang pensa que elas devem "desenvolver certas habilidades para aprender a se virar sozinhas". A segunda é que precisamos decidir quando não vale a pena discutir e o melhor é tolerar, até certo ponto, os instintos do outro. As mulheres raramente cedem se acham que a criança está doente ou pode se machucar. Não mexa com a mãe leoa. Mas ela também deve reconhecer que não pode colocar os filhos numa redoma até eles irem para a faculdade e, portanto, deve tentar controlar seu lado superprotetor.

Fim de semana de treinamento: uma ideia radical

Esta sugestão para mudar a situação no casamento certamente vai fazer com que vocês entendam melhor um ao outro (e também que deem algumas risadas) enquanto se ajustam à vida de pais.

O problema: "Ele não entende!"

Pense em todas aquelas mulheres que nos disseram que seus maridos "não tinham a menor ideia" do que é cuidar de um bebê.

> "Quando ele chega em casa e diz que teve um péssimo dia, acha que não precisa fazer mais nada. Será que ele não sabe que eu também estou exausta e também adoraria me jogar no sofá?"
>
> – *Mary, casada há 5 anos, 2 filhos*

A maioria das mães é que aguenta o tranco dos cuidados com o bebê nos primeiros meses. Alguns pais instintivamente sabem que precisam participar, mas ouvimos muitas histórias sobre homens que não ajudavam em nada:

> "Ray chegava em casa, colocava os pés para cima e perguntava o que tinha para jantar. Ele nunca se ofereceu para segurar o bebê ou preparar a comida."
>
> – *Nicole, casada há 5 anos, 1 filho*

"Meu marido chegou a me perguntar: 'Qual é a grande dificuldade de tomar conta de um bebê? Será que é tão complicado assim?'"

– *Phoebe, casada há 12 anos, 3 filhos*

O que deve fazer uma mulher que está no limite? Não fique com raiva. Simplesmente dê o fora!

A sugestão: dê a ele um fim de semana de treinamento

Viaje e deixe seu marido sozinho com o bebê durante 48 horas. Nada de babá. Nada de avós. Nenhum tipo de ajuda é permitido. A ideia é deixar que ele descubra sozinho como as coisas funcionam. Ele "não entende" porque nunca fez!

Veja os benefícios para os dois

A mãe tem dois dias de folga. Se a mãe não está feliz, ninguém está. Aproveite para passar um tempo com suas amigas ou para ficar sozinha. Todo mundo vai se beneficiar se você estiver descansada e com as energias renovadas.

"Eu não imaginava quanto precisava disso!"

– *Valerie, casada há 7 anos, 2 filhos*

O pai passa a entender. Ao assumir todas as tarefas relacionadas ao filho e à casa durante um fim de semana, o homem entenderá melhor as frustrações e os desafios que sua mulher enfrenta. Se ele não alimentar o bebê de forma adequada ou se deixar um monte de fraldas sujas espalhadas pelo chão, terá que lidar com as consequências. Ele vai aprender, já que não resta alternativa. Essa pequena experiência *nesse* "mundo real" vai melhorar o nível de comunicação entre vocês dois e sua habilidade de trabalhar em equipe dentro de casa.

"Eu tinha uma lista de coisas que queria fazer quando fiquei sozinho com as crianças, mas mal consegui cumprir metade. Não

> tomei banho, não fiz a barba. Mal conseguia manter as coisas sob controle. Passei a ter uma grande admiração pelo que minha mulher faz todos os dias. Isso foi há oito anos e eu lembro como se fosse ontem."
>
> *– George, casado há 13 anos, 2 filhos*

O pai estreita os laços com o bebê. Talvez esta seja a primeira oportunidade que ele tem de se relacionar com o bebê do jeito *dele*. Assim que as mulheres saem, eles têm que se virar sozinhos. Passam a jogar de acordo com suas próprias regras. Saber disso os deixa mais confiantes e os torna mais competentes como pais.

> "Isso nos dá a chance de conhecer melhor nossos filhos, de nos apaixonarmos por eles."
>
> *– Ian, casado há 7 anos, 2 filhos*

Mulheres desconfiadas, soltem as rédeas

Para nossa surpresa, quando sugerimos um fim de semana de treinamento, algumas mulheres nos olham horrorizadas, como se estivéssemos pedindo que elas doassem os rins de seus filhos. Uma delas chegou a perguntar: "Mas isso é *seguro*?" Elas também disseram o seguinte:

- "Meu filho precisa de mim; ele não vai sobreviver se eu não estiver por perto."
- "Meu marido não saberia o que fazer. Ele não faria nada direito."
- "Se eu fosse viajar, ele deixaria nosso filho vendo DVDs do Baby Einstein o dia inteiro."
- "Eu teria que escrever umas 20 folhas de lembretes antes de sair. Não valeria a pena."

O bebê vai sobreviver! Supomos que seu marido seja um adulto em plena função de suas capacidades mentais. (Se ele não for, tudo bem, você realmente tem um problema sério e é melhor não tentar o fim de semana de treinamento.) Ele consegue. Um dia inteiro assistindo aos DVDs do Baby Einstein não mata ninguém. E, se você tiver que escrever 20 folhas de lembretes, que seja.

A única objeção legítima que ouvimos foi a de que é muito difícil organizar uma viagem com as amigas. A maioria das mulheres simplesmente não sai para viajar e deixa a família para trás. Stacie levou *seis meses e mais de 100 e-mails* para organizar uma excursão com suas colegas de faculdade. A primeira tentativa de outra amiga nossa não deu certo porque uma das mulheres queria levar o filho de 1 ano junto. Em comparação, quando os homens veem uma oportunidade de escapar, eles rapidamente se organizam e vão direto para o aeroporto.

Não deixe que dilemas logísticos impeçam a realização do fim de semana de treinamento. Se não conseguir programar a viagem com as amigas, passe dois dias sozinha ou vá para um spa (na verdade, isso parece divino). Sim, é difícil deixar os filhos. Sim, você vai sentir falta deles. Mas também vai estar se sentindo ótima quando voltar. E, o melhor de tudo: um marido grato e disposto a ajudar estará a sua espera na porta de casa.

Homens, não duvidem. Vocês conseguem!

"Eu não sei por que tanto drama. Pelo amor de Deus, eu sou o pai deles."

– Lee, casado há 9 anos, 3 filhos

Você já pensou algo como "Ora! Por que ela reclama tanto? Não pode ser tão difícil assim"? Ou talvez você sinta um pouco de receio e pense: "Não é absurdo, e além disso perigoso, escalar o time reserva para uma final de campeonato?" Bom, é ao mesmo tempo mais difícil e mais fácil do que você imagina. Se você é capaz de trocar a fralda e dar a mamadeira ao bebê enquanto assiste ao seu programa de esportes, então vai conseguir.

HISTÓRIA REAL

Versão dela

Quando nossa filha tinha uns quatro meses, Ross, que me disse que estaria em casa às 19 horas, chegou duas horas depois. Eu fiquei bem chateada. Meu dia tinha sido um inferno. Então ele disse: "Por que é tão difícil para você? Ela dormiu duas vezes, então você teve dois períodos de folga, certo? Qual é o seu problema?" Naquela hora, tive certeza de que não havia alternativa a não ser deixá-lo ver por si mesmo e planejei uma viagem.

Versão dele

Fiquei feliz porque Stacie ia descansar um pouco. Ela realmente estava precisando disso e, para falar a verdade, eu também pensei: "Não deve ser tão difícil assim." Eu achava que ela estava exagerando. Acontece que eu não precisava de um fim de semana de treinamento: a manhã de sábado bastaria. Eu estava morrendo e só rezava para que aquilo acabasse logo. Ela disse que chegaria no domingo às 14 horas. Fiquei contando os minutos. Às 14h05, liguei para o celular dela. Stacie estava presa no trânsito e disse que chegaria uma hora atrasada. Comecei a gritar: "Mas isso é um absurdo! Você disse que estaria em casa às 14 horas!"

Versão dela

Funcionou. Ross mudou completamente de atitude depois daquele fim de semana. Agora ele sempre me diz a que horas vai chegar, não faz mais comentários insensíveis (bem, quase nenhum) e ouço "Você é fantástica. Não sei como consegue fazer tudo isso" (o que, na verdade, é tudo o que uma mãe quer ouvir) com muito mais frequência. Ele assumiu algumas tarefas domésticas também. Sempre chega em casa com uma atitude mais positiva, perguntando o que pode fazer, e isso significa muito para mim.

Versão dele

Sim, agora eu entendo. Nunca vou esquecer de como me senti aliviado ao vê-la entrando em casa. Eu estava acabado. Agora sei que é assim que ela se sente quando me vê chegar. Tenho muito respeito pelo que ela faz. Eu não conseguiria.

SOLUÇÕES PARA AS MULHERES

Ele consegue (e deve ajudar)

"Quando o bebê nasceu, eu não deixava meu marido fazer nada. E, quando ele fazia alguma coisa, eu o criticava. Então, minha mãe disse: 'Deixe-o fazer do jeito dele, ou ele não vai ajudar você.'"

– Eva, casada há 8 anos, 2 filhos

"Talvez eles não comam verduras quando não estou, mas não o critico. Se eu fizer isso, vou prejudicar o relacionamento dele com as crianças."

– Allison, casada há 7 anos, 2 filhos

A maioria dos pais consegue ser bastante hábil com os bebês. Mesmo assim, sempre reclamamos (nós três já fizemos muito isso) que nossos maridos não têm a menor ideia de como fazer as coisas. Será que não contribuímos para isso? Não esperamos deliberadamente que eles falhem, mas também não os incentivamos a se saírem bem. A maioria de nós aprende a ser mãe por tentativa e erro. Aprendemos fazendo. Se ficamos em cima de nossos maridos enquanto eles tentam identificar qual é a parte da frente da fralda, ou se ficamos de olho para ver se eles estão segurando o bebê direito, como vão *aprender* sozinhos?

Muitos homens ficam felizes de usar a tendência que sua mulher tem de querer controlar tudo para escapar de suas responsabilidades. Não dê a ele essa desculpa. Senão, o que você irá dizer, daqui a alguns anos, quando seu filho estiver dando um ataque, esperneando, e seu marido lhe disser que você deve lidar com a situação porque "você é muito melhor que eu nessas coisas"? Se nunca lhes damos a oportunidade de desenvolver suas habilidades de pais, será que podemos culpá-los?

Peça ajuda a outras mulheres

Julia e Gordon se mudaram quando ela estava grávida de oito meses de seu segundo filho. Ela não conhecia ninguém na nova cidade. Mas duas vizinhas resolveram apoiá-la. Elas a ajudaram a encontrar tudo de que precisava: um obstetra para fazer o parto, um pediatra e uma boa escola para seu filho mais velho. Também a ajudaram a manter a sanidade depois que o bebê nasceu. Julia muitas vezes se pergunta como teria sobrevivido sem as duas amigas.

Em algumas culturas, os recém-nascidos são exclusividade do mundo feminino. Depois que o bebê nasce, a mãe fica de repouso e é mimada. O bebê é levado até ela para ser amamentado e depois é buscado para que ela possa dormir e se recuperar. Uma comunidade de mulheres cuida da mãe e do bebê. Apesar de muitas de nós recebermos bastante ajuda de nossas mães, irmãs, sogras e amigas, ninguém que conhecemos passou por esse ajuste à nova fase da maternidade de maneira suave. De qualquer modo, a experiência, a empatia e a gentileza de outras mulheres são essenciais quando acabamos de ter um filho.

Uma das razões por que devemos pedir a ajuda de nossas amigas e parentes é que, como homens, nossos maridos não estão aptos a nos dar tudo aquilo de que precisamos nesse período, não importa quanto sejam dedicados às crianças e às nossas necessidades emocionais. Somente outra mãe pode entender como nos sentimos eufóricas, sobrecarregadas e aterrorizadas. Apenas outra mulher pode conversar conosco sobre a "pega" no bico do peito e sobre protetores de mamilo.

Quando Stacie e Cathy tiveram cada uma seu primeiro bebê, resolveram se ajudar. Dividiram uma babá duas vezes por semana para economizar e deixar que as crianças brincassem juntas. Mesmo depois que a babá ia embora, elas muitas vezes ficavam juntas até o fim da tarde, cuidando das crianças. Às vezes, uma ficava com o bebê da outra durante a noite, para que uma delas tivesse um tempo a sós com o maridão.

O copo está meio cheio ou meio vazio?

"Só voltei para a ioga quando meu médico mandou, porque eu tinha começado a ter enxaquecas."

– Leslie, casada há 8 anos, 3 filhos

"Eu me entreguei completamente ao papel de mãe até perceber que precisava me manter saudável se quisesse cuidar do meu filho. Então, finalmente voltei para a academia."

– Margaret, casada há 5 anos, 1 filho

A maioria de nós fica exultante com o novo papel de mãe, mas toda essa excitação diminui se não nos cuidamos. Assim que saímos da "fase sombria", precisamos voltar a ser nós mesmas. Precisamos reservar um tempo para fazer exercícios e nos dedicar a algo que nos dê prazer, nem que seja apenas sair com as amigas. Se você não se sente motivada a fazer isso por você, faça por seus filhos. Uma mãe exausta e sem energia não é uma boa mãe.

SOLUÇÕES PARA OS HOMENS

Agora é a sua chance de jogar para valer

Depois de conversar com tantos homens durante nossas pesquisas, percebemos uma coisa interessante sobre como eles encaram a paternidade: por um lado, ficam totalmente comprometidos com a família e realmente gostam de assumir esse novo papel. Por outro, cuidar de um recém-nascido não é exatamente a sua praia. Para vocês, aquela coisinha de 4 quilos requer um investimento alto demais (amamentar, colocar para arrotar, trocar as fraldas, dar banho) que não dá muito retorno, pelo menos não no começo (no máximo um sorrisinho de vez em quando, e isso se vocês tiverem sorte). Alguns minutos por dia com o bebê já são suficientes e vocês ficam muito felizes em passar a bola novamente para a mamãe, a vovó ou qualquer pessoa que possa chamar os bombeiros em caso de emergência.

Falamos muito sobre como as mulheres devem estar cientes de seu instinto de tentar controlar tudo quando se tornam mães. E aqui está um desdobramento lógico desta ideia: *os homens devem superar o instinto de permanecer fora de campo até que o jogo fique mais interessante. O seu time precisa de você* – principalmente durante essa fase crítica dos primeiros meses. Encare a paternidade como todo o tempo que os jogadores profissionais passam treinando na chuva. Você não vai ser recompensado se não se esforçar.

Supondo que sua atitude esteja em algum ponto entre "faço tudo menos amamentar" e "nunca troquei uma fralda", apresentaremos a seguir uma lista de atividades nas quais vocês poderão se tornar mestres.

- Trocar fraldas
- Jogar as fraldas fora (no lugar certo)
- Dar mamadeira ao bebê (inclui preparar a mamadeira)
- Colocá-lo para arrotar

- Fazer o bebê dormir
- Vestir o bebê (com roupas apropriadas à ocasião e ao clima)
- Colocar o bebê na cadeirinha do carro
- Colocar o bebê no carrinho e levá-lo para passear no parque
- Habilidades básicas de orientação: saber onde estão as fraldas, os lenços umedecidos, as mamadeiras e o leite (tanto em casa como no supermercado)

Nada de desculpas

O.k. Você não sabe fazer essas coisas, o primeiro bebê que segurou na vida foi o seu, tem medo de machucá-lo sem querer, ele não gosta muito de você, sua mulher é tão melhor que você nessas coisas e não o deixa fazer nada mesmo, blablablá. Já ouvimos tudo isso. Algumas desculpas até têm fundamento, afinal, um recém-nascido pode mesmo ser aterrorizante. Mas sua mulher realmente precisa da sua ajuda, mesmo que às vezes ela pareça não querer. E o que é mais importante: o bebê precisa de você. Ele também precisa do seu amor e da sua atenção.

Sua recompensa virá depois. Não se preocupe, chegaremos lá.

Por que sua participação é importante

Enquanto escrevíamos este livro, vimos muitas mulheres irromperem em lágrimas enquanto se lembravam de como se sentiam "desapontadas" e "abandonadas" durante a fase de recém-nascido. Às vezes, os filhos já estão na quinta série e elas ainda se lembram de quanto ficaram magoadas porque o marido fez uma viagem desnecessária, agiu como se nada tivesse mudado na vida dele ou nunca se ofereceu para cuidar do bebê uma noite inteira.

Ser pai é um sacrifício, mas é também uma grande oportunidade: é sua melhor chance de se tornar um herói. As mulheres cujos maridos foram participativos não têm palavras para dizer como os admiram. "Ele foi fantástico." "Eu tive tanta sorte. Ele esteve ao meu lado durante todas as etapas." Nessa fase, você tem a oportunidade de reforçar os sentimentos de amor, ternura e orgulho que sua mulher tem por você.

Pense como uma equipe

É uma troca. Como pai, você precisa levar em conta as necessidades do seu filho e da sua parceira. Se você quer ir ao jogo no domingo à tarde, coloque a situação da seguinte maneira: "Se não tivermos nenhum compromisso, eu adoraria ir ao jogo." Em seguida, acrescente *rapidamente* (esse detalhe é importante) algo como: "Posso ficar com o bebê amanhã, para você fazer alguma coisa." De certa forma, a ideia da troca nem sempre está presente quando o pai pede para sair. Sem isso, para muitas mulheres pode parecer que você está sempre fugindo. A troca demonstra que você entende e que vê a criação do bebê como uma parceria.

Ver e fazer. Aqui estão algumas sugestões de como você pode ajudar sua esposa e demonstrar sua infinita dedicação à família:

A situação	Como se tornar um herói
Ela acordou cinco vezes na noite passada.	Fique com o bebê para ela dormir um pouco. Ou se ofereça para cuidar dele a noite inteira uma vez por semana.
Todos os dias, quando você chega em casa, ela parece exausta.	Assuma seu lugar na linha de produção e ajude com as mamadeiras, as fraldas e os banhos.
Ela cuidou de todas as tarefas relacionadas ao bebê a semana inteira, sem nenhum descanso.	Ofereça-se para cuidar de tudo durante uma parte do fim de semana, assim ela pode descansar ou fazer algo para si mesma.
Seus amigos resolveram sair para tomar um chope depois do trabalho.	Deixe para a próxima. Ela precisa de você mais que nunca. Talvez ela possa preparar um drinque quando você chegar em casa.

O dia está perfeito para uma pelada.	E algum dia não é? A não ser que haja um terremoto, o campo vai continuar no mesmo lugar por mais algumas semanas.
Está passando um jogo na TV.	Grave e assista depois.
Sua mãe está se intrometendo.	Seja um mediador. Os hormônios de sua mulher podem não se dar muito bem com a sogra.

Empatia... Argh!

Ouvir e *compreender*: duas palavras capazes de deixar qualquer homem completamente desinteressado. As novas mães, entretanto, precisam de grandes doses de empatia. Infelizmente, esse não é o forte dos homens. Parafraseando John Gray, autor de *Homens são de Marte, mulheres são de Vênus*, eles têm o impulso natural de resolver, e não de ouvir, os problemas.[2] Quando sua esposa está sofrendo, sentindo-se sobrecarregada e reclamando que teve um dia horrível, a vontade de resolver o problema sem dúvida é irresistível, mas ela quer apenas que você ouça. (Quando falamos "resolver o problema" não queremos dizer despachar a criança para a casa dos avós até ela ter idade para comer sozinha.)

Sabemos que suas intenções são boas. Mas não ajuda nada quando você sugere que o bebê, que não para de chorar apesar de sua mulher o estar ninando há uma hora, talvez esteja com fome. (Ela certamente já pensou nisso, meu caro Watson.) Também não ajuda quando você diz à sua mulher exausta que ela ficaria menos cansada se não fosse olhar o bebê a cada 30 minutos. (Ela ficaria menos cansada se você assumisse o turno da noite uma vez por semana.) Na cabeça dela, suas sugestões significam que ela não consegue entender o bebê. *E não há nada que deixe uma nova mãe mais chateada do que alguém que questione suas habilidades maternas.* Ela só quer que você escute e seja compreensivo.

Uma breve lição sobre empatia

Sua mulher diz: "Estou exausta. Cuidar do bebê é muito cansativo."

O que você responde? Nada. Olhe nos olhos dela. Concorde com a cabeça. Emita alguns sons para mostrar que você está ouvindo. Murmure, encorajando-a: "Sei que deve ser muito difícil. Você é uma ótima mãe."

É basicamente isso.

O poder do elogio

Outro ato não-natural que vamos sugerir: assumir o papel de torcedor. Ninguém é mais autocrítica que uma nova mãe. Mais do que tudo, ela precisa ouvir "você é fantástica", "você está se saindo muito bem", "(diga o nome do bebê) tem muita sorte de tê-la como mãe". Você precisa ser a torcida organizada particular da sua mulher.

Cathy chegou ao consultório do pediatra para a consulta de sua filha de quatro meses com um dia de atraso – na hora certa, mas no dia seguinte – e ligou para Mike do estacionamento, aos prantos, dizendo que era uma péssima mãe. Ele disse a coisa certa: "Não se preocupe, você está fazendo tudo direitinho." Quando uma nova mãe tem um momento desses, a sensação de "não vou conseguir" pode ser bastante aterradora.

A recompensa

Finalmente! O que você ganha? Achou que esse momento nunca iria chegar, não é?

Número um: Você se torna um herói. E nem precisa se esforçar muito.

Número dois: Seu filho vai sair ganhando.

Número três: Quando você se esforça para ajudar sua esposa e para entender o que ela está enfrentando, ela passa a dar mais valor a você. Isso aumenta as chances de que ela seja mais compreensiva para com as suas necessidades, se é que você nos entende. Talvez isso não aconteça tão rápido quanto você espera, mas antes tarde do que nunca.

Algumas dessas novidades da paternidade nem sempre acontecerão tão naturalmente, mas você vai se surpreender com o fato de que muitas acontecerão. Sentimos muito que você tenha perdido sua antiga vida. (Também perdemos a nossa...) Você vai sentir falta dela? Sem dúvida. Você vai aprender a amar sua nova vida? Certamente. E a maioria dos homens, por mais que reclame, sempre diz que essa foi a melhor coisa que aconteceu a eles.

TRÊS

Quem faz mais pontos?

A batalha dos sexos depois do bebê

"Estou sempre errado. Essa é a norma. Já entro em casa no fim do dia dizendo: 'Oi, meu amor. Cheguei. Me desculpe.'"

– *Chris, casado há 8 anos, 2 filhos*

"Não é difícil adivinhar o placar: 15 a zero para mim."

– *Maggie, casada há 7 anos, 3 filhos*

E então, para quem as coisas são mais difíceis na sua casa? Quem trabalha mais? Quem é que normalmente abre mão das coisas que quer fazer? Quando nos tornamos pais, as responsabilidades domésticas se multiplicam. As pressões financeiras aumentam. O ritmo é implacável. Não é surpreendente, portanto, que comecem as brigas a respeito da divisão das tarefas. A "contagem de pontos" é uma guerra sem fim entre marido e mulher, uma discussão eterna sobre a mais fundamental de todas as questões filosóficas: "Quem vai dar banho no bebê hoje?"

No entanto, este capítulo não é apenas sobre quem faz o quê. É também um retrato da nossa geração, da nossa sociedade e do que pensamos sobre o papel das mulheres e dos homens. Todas as pessoas que entrevistamos se mostraram irritadas ao falar sobre esse assunto. As mulheres fizeram comentários a respeito da estagnação do feminismo. Os homens disseram coisas como: "Mais reclamações. Eu já ouvi tudo isso antes!" Era como mexer numa ferida aberta. Chegamos até a nos perguntar se daríamos conta de escrever sobre isso.

Expectativa X realidade

A "contagem de pontos" é uma evidência da guerra dos sexos no ambiente doméstico. Por que, depois de todo o suposto progresso, ainda estamos discutindo sobre essas coisas? A maioria de nós esperava igualdade no casamento, que nossas carreiras tivessem a mesma importância e que ter filhos fosse um investimento conjunto. Então, por que nenhum dos dois lados parece perceber essa igualdade?

A maioria das mulheres sente-se sobrecarregada por ter de assumir a maior parte das tarefas domésticas depois que tem filhos. Ficamos nos perguntando por que nossos maridos fazem muito menos coisas que nós.

> "Não me lembro de ter assinado um contrato pré-nupcial dizendo que quando tivéssemos filhos eu deveria cuidar deles e também de todas as chatices da casa. Eu achava que nós dois éramos uma equipe."
>
> *– Mary, casada há 5 anos, 2 filhos*

Enquanto isso, muitos homens sentem que sua vida em família e seu pouco tempo livre são tomados pelas exigências de suas esposas de que eles assumam mais tarefas relacionadas aos filhos e à casa. Eles se perguntam por que sua contribuição, tanto em casa quanto no trabalho, nunca é suficiente para elas.

> "A competição é muito dura! Eu me sinto como um amador tentando competir com um profissional. Estou sempre muitos pontos atrás dela e nunca vou conseguir alcançá-la."
>
> *– Jack, casado há 7 anos, 1 filho*

Todos nós alguma vez já pensamos: "É assim mesmo?" Será que nossa vida de casados vai ser uma eterna discussão sobre esse tipo de coisa? Lutamos para conciliar nossas expectativas com a realidade do casamento e da vida com filhos. Essa luta é o pano de fundo para a contagem de pontos sobre a divisão das tarefas e, ao mesmo tempo, é o que põe mais lenha na fogueira.

Como é o jogo

Todos os fins de semana, em milhares de lares pelo mundo, esposas param diante de seus maridos e listam as atitudes egoístas que eles tiveram durante aquela semana: "Eu paguei todas as contas, comprei um presente de aniversário para a *sua* mãe, li cinco vezes a mesma historinha, levei quatro crianças de 6 anos à pizzaria... e ainda nem passei da terça-feira."

Os maridos também não negam fogo: "Ah, me desculpe, mas, se bem me lembro, fui eu que fiz o café da manhã das crianças todos os dias, inclusive naquela manhã em que eu tinha uma apresentação, deveria ter chegado mais cedo, mas acabei me atrasando. E eu *também* peguei as roupas na lavanderia sem você me pedir e *também* dei banho neles três vezes. Que mais você quer?"

Segue-se uma torrente de proezas e sacrifícios, todos imediatamente rebatidos. Não era exatamente esta a vida que esperávamos ter quando trocamos olhares apaixonados anos atrás, não é? Os dois acabam ficando com raiva e adotando uma postura defensiva, cada um convencido de que faz mais. Algumas pessoas sempre recorrem à contagem de pontos. Outras, só ocasionalmente. Mas todos nós fazemos isso.

Às vezes essa troca de farpas vira um combate feroz. Os homens travam uma espécie de guerrilha, na qual acumular pontos positivos é sempre uma questão de sorte. As mulheres recorrem a um arsenal de armas diversas. Nossas bazucas atingem o mesmo alvo diversas vezes, mas parece que nunca conseguimos o que queremos.

Os dois estão convencidos de que têm razão e são capazes de fazer qualquer coisa para provar isso. Eles dizem que as mulheres desencavam uma série de faltas do "passado" para que não reste nenhuma dúvida sobre quem está errado. Os homens muitas vezes não conseguem responder à altura. O marido diz: "Eu levantei junto com as crianças na terça." E a mulher responde: "Bom, eu levantei junto com as crianças todas as manhãs nas últimas três semanas, com exceção dessa terça aí." Diante de um armamento tão superior, os homens resolvem bater em retirada, mas *não* assumem a derrota.

Ou seja: não há vencedores nessa guerra.

As regras

Infelizmente, as regras deste jogo são muito complexas e nem sempre claras para ambas as partes. Vamos fazer um pequeno resumo:

1. Na maioria dos casos, segundo os maridos, são as mulheres que determinam quantos pontos vale cada atividade. "Por que calibrar os pneus do carro dela não conta, mas limpar a cozinha sim?"

> "Sempre achei que fosse ganhar pontos por cuidar do jardim. Passo toda a manhã de sábado aparando os arbustos, cortando a grama, deixando tudo bonito e, quando entro em casa, ela pergunta: 'Onde você se meteu esse tempo todo?'"
>
> *–Jacob, casado há 7 anos, 2 filhos*

2. Os homens muitas vezes acham que conseguiram uma boa pontuação ("Acordei bem cedinho para ficar com as crianças e fiz todas as compras nesse fim de semana"), mas, para suas esposas, "fazer apenas a parte dele" não conta ponto nenhum.
3. Na verdade, um homem pode até *perder* pontos se esperar ser elogiado por simplesmente ter feito a sua parte.
4. Pontos positivos têm data de validade. Eles expiram se não forem usados enquanto ela ainda se lembra do motivo por que os concedeu.

5. Pontos negativos, no entanto, duram indefinidamente. Parece que as mulheres mantêm uma lista mental detalhada de todas as faltas e omissões.

> "Eu ganho créditos pelas boas ações, mas eles só duram cerca de seis meses. Preciso usá-los rapidamente. Mas os pontos negativos duram para sempre."
>
> *– Francisco, casado há 4 anos, 2 filhos*

6. Na verdade, não há uma regra para o prazo de validade dos pontos.

> "Como assim você vai ao jogo? Você só passou uma hora com seus filhos no último fim de semana! E quando seus pais vieram aqui no mês passado, fui eu que fiquei jogando baralho com sua mãe até altas horas..."
>
> *– Tracy, casada há 5 anos, 2 filhos*

Guerreiros de fim de semana

Bem-vindos ao fim de semana, o grande torneio da contagem de pontos.

> "Graças a Deus, é sexta-feira! Até parece! Fico feliz é no início da semana. Beijo minha mesa de trabalho toda segunda de manhã."
>
> *– Dev, casado há 7 anos, 2 filhos*

Lembram-se do sábado e do domingo? Quando vocês tinham 48 horas de descanso e diversão, podiam ficar na cama (juntos) até o meio-dia... ou não. Podiam almoçar em seu restaurante favorito. Alugar um filme. Fazer as unhas. As opções eram infinitas. Ele fazia as coisas dele. Ela fazia as dela. E, então, os dois faziam algumas coisas juntos. Lembram-se de quando o maior problema que vocês tinham era "o que vamos fazer neste fim de semana"? Quando as crianças chegam, essa pergunta se transforma em: "Hein? Você vai fazer *o quê*?" Nesse caso, "o que" costuma ser jogar vôlei na praia, correr, fazer aeróbica, ir à manicure, trabalhar ou qualquer atividade que afaste você das crianças e de seu parceiro por mais de meia hora.

> "Fico indignada porque ele quer sair durante cinco horas para jogar golfe aos sábados, mas aí ele espera que eu me sinta profundamente grata porque ele cuidou das crianças enquanto fico uma hora fora na minha aula de ioga. Como se fosse um grande sacrifício da parte dele."
>
> *–Jane, casada há 9 anos, 2 filhos*

Em nenhum outro momento a transição de casal sem maiores responsabilidades para pais sobrecarregados é mais evidente que no fim de semana. Não existe mais "tempo para mim". Vocês ainda precisam fazer suas coisas e todas as tarefas domésticas, mas agora isso tem de ser feito a toda velocidade e com crianças penduradas nas suas pernas. Um tempinho livre para se dedicar às suas atividades favoritas passa a ser objeto de intensas negociações.

As mulheres que trabalham fora acabam descendo ao inferno doméstico no fim de semana. Nos dias úteis, elas não percebem – ou não têm alternativa senão ignorar – a sujeira debaixo do sofá, a pilha de roupa para lavar e a geladeira quase vazia. Então, chega o sábado e aquelas roupas *precisam* ser lavadas, as coisas espalhadas pela sala *devem* ser guardadas e a geladeira *tem que* ser abastecida. E, claro, seus maridos não ficam nada felizes ao serem requisitados para tantas tarefas: limpar, fazer compras, cuidar das crianças, etc. (Só para constar, nós mulheres também não gostamos nada disso, mas qual é a opção?)

Por que contamos pontos?

Depois que os filhos chegam, as pessoas que costumavam contabilizar de forma amadora se tornam profissionais e mesmo quem nunca se importou se o outro ajudava pouco com as tarefas domésticas começa a contar pontos. Por que fazemos isso?

- **Reconhecimento.** Achamos que nosso parceiro não percebe quanto estamos nos empenhando – ou até percebe, mas não reconhece nosso esforço. Precisamos de um pouco de compreensão e apreço.
- **Cansaço.** Ser pai ou mãe é como estar num mar agitado. As ondas são implacáveis. Já levamos muitos caixotes e comemos muita areia. Esperamos que nosso companheiro deixe nosso fardo mais leve, que ele faça alguma coisa.
- **Injustiça!** Ou achamos que estamos fazendo mais que o outro e ficamos bastante chateados por isso, ou então nos sentimos injustamente acusados de não fazer a nossa parte.
- **Programação biológica.** O instinto materno é poderoso. "Fazer as coisas direito" de repente se torna mais importante para as mulheres. Os homens, no entanto, querem simplesmente que as coisas sejam feitas.
- **Hábito.** Todos entramos numa rotina conjugal e ficamos nela, não é? Quando não há trégua nas discussões, a contagem de pontos simplesmente passa a ser a norma no relacionamento. É assim que passamos a nos comunicar sobre qualquer assunto, trazendo todas aquelas acusações antigas e contra-argumentos de volta a cada nova conversa.
- **Medo?** Sim, medo. Achamos que estamos com raiva, mas, no fundo, estamos com medo. Uma advogada que conhecemos disse:

> "Essas brigas nunca são sobre quem vai colocar o lixo para fora. A raiva é uma emoção secundária. A primária é o medo. Ela tem medo de que ele não dê valor ao que ela faz. Ela quer ter certeza de que não está fazendo tudo sozinha. Ele tem medo de nunca conseguir deixá-la feliz, e de que, não importa quanto se esforce, jamais seja suficiente."

CONFISSÕES DE QUEM JÁ CONTOU PONTOS

Nós três já levamos a contagem de pontos muito a sério. Não nos orgulhamos disso, mas é verdade. Cada uma tinha um estilo e um jeito diferente de dizer a nossos maridos qual era a pontuação. Note que estamos falando no passado. Isso é meio idealista, mas já mudamos bastante e estamos tentando melhorar ainda mais.

A emburrada silenciosa

Julia é do tipo que sempre guarda rancor, mas tenta de todas as formas evitar conflitos, por isso submeteu Gordon àquela que talvez seja a forma mais perigosa de contagem de pontos: uma eterna e altamente secreta avaliação. Para ela, ter um casamento em pé de igualdade significa que ele deveria ver aquilo que precisava ser feito e, claro, tomar a iniciativa sem que ela precisasse pedir. Ter de pedir para que ele fizesse alguma coisa era o mesmo que admitir que as tarefas domésticas e o cuidado com as crianças no fundo eram responsabilidade dela. Sempre que a louça suja se acumulava na pia e o bebê brincava feliz usando uma fralda imunda, Julia anotava mais uma prova da "incompetência" de Gordon em seu caderninho mental. Ela queria que ele fosse capaz de ler sua mente. E também o condenava por não conseguir fazer isso. Mas, em vez de conversar com o marido sobre as coisas que a aborreciam, Julia vestia seu manto de mártir e começava a fazer as tarefas acumuladas com bastante rancor no coração. Gordon reagia da mesma forma, retirando-se para o sofá ou para o jardim chateado, mas em silêncio.

A mulher que explode a cada três meses

Cathy é uma controladora obsessiva assumida. Se alguma coisa deve ser feita, ela prefere fazê-la pessoalmente. E, na maioria das vezes, não vê problema algum nisso. Na maioria das vezes. Ela só percebe que precisa de uma folga e pede ajuda quando está no limite. A cada dois ou três meses, Cathy entra em crise: "Estou cheia disso, você não faz nada, a casa está imunda, o quintal está horrível, meu cabelo precisa de um corte e, se você me perguntar mais uma vez o que tem para jantar, juro que vou enlouquecer." Mike responde: "Você é uma esposa fantástica, impressionante, maravilhosa e uma mãe incrível, não sou digno de que você lave minhas meias." Então, ele pega os dois filhos e passa seis horas fora de casa . Quando ele volta, ela se sente ótima e acha que tem o melhor marido do mundo. (Pois é, Stacie e Julia também não conseguem entender isso.) E tudo fica bem por mais alguns meses, até a próxima explosão.

A analítica

O cérebro de Stacie opera como um programa de computador preciso, com arquivos detalhados, análises pesadas e pelo menos uns 100Gb de memória. De acordo com Ross, durante uma discussão, ela acessa todo e qualquer dado que seja relevante – horários, lugares, nomes, conversas inteiras, o que for – e então começa a analisar cada detalhe.

Assim que seu filho nasceu, a contagem de pontos começou. Ross, o "campeão dos debates", contra Stacie, a "analítica". Durante as discussões sobre as inoportunas saídas do marido para jogar golfe ou sobre ele não ter ajudado na organização de uma festa de aniversário, Stacie, achando que ele ainda não havia "entendido" a situação, recorria à artilharia pesada: todas as infrações cometidas nos últimos seis meses. Ross reagia com refutações detalhadas, com direito a porcentagens estatísticas comparando os argumentos deles. Mas quem pode condená-lo por isso? Ele precisava dar o melhor de si para enfrentar sua esposa "analítica". Ambos tinham culpa por tentarem vencer em vez de procurarem se entender.

O negócio é que não *parece* que ele está com medo quando reclama por ter que ir ao mercado com as crianças. Não *parece* que ela quer reconhecimento quando reclama que você lavou a roupa do bebê junto com a sua calça jeans. O que parece é que vocês dois se sentem sobrecarregados, subestimados e precisam de uma folga. E é verdade.

COMO AS MULHERES SE SENTEM

Por que as mulheres contam pontos?

> "A grande pergunta que nunca foi contestada e à qual nunca pude responder, apesar de meus 30 anos de investigação da alma feminina, é: o que quer uma mulher?"
>
> – *Sigmund Freud*

Freud só precisava passar um dia com uma mãe de duas crianças em idade pré-escolar para ter sua resposta: queremos um parceiro e não um ajudante para as tarefas domésticas. Desejamos a igualdade entre os sexos que sempre esperamos ter em nossos casamentos e na vida com filhos. E, sem querer ser muito exigentes, um pouco mais de reconhecimento por parte de nossos maridos também seria bom.

As expectativas sobre a igualdade

> "Por que sou a única pessoa na casa que sabe onde ficam a chupeta, os lenços umedecidos e as mamadeiras? Onde ele morou nos últimos três anos?"
>
> – *Rachel, casada há 6 anos, 2 filhos*

Enquanto escrevíamos este capítulo, percebemos que as mulheres têm mais tendência a contar pontos que os homens. Há duas boas razões para isso:

1. **Fomos pegas desprevenidas.** Por mais que adoremos ser mães, é difícil conciliar os cerca de 30 anos de nossas vidas que dedicamos à nossa educação, à nossa carreira, a viagens e todo tipo de realização pessoal e profissional com a realidade física e emocional da maternidade e da vida doméstica.
2. **Ficamos pensando no que aconteceu com aquele papo de "divisão igualitária de tarefas".** Esperamos igualdade em nosso casamento, portanto ficamos surpresas e desapontadas (para usar termos suaves) quando, depois que os filhos nascem, a maioria das responsabilidades domésticas e com a criação deles recai sobre nossos ombros, independentemente de trabalharmos fora ou não. Sentimos que nossos maridos fizeram uma "propaganda enganosa doméstica".

Nossa experiência como pessoas que cresceram durante a época em que o feminismo estava no auge não nos preparou para o que aconteceu depois que nos tornamos mães. A maioria de nós cresceu em lares onde, apesar de vermos nossas mães fazendo a maior parte das tarefas domésticas, éramos encorajadas a nos destacar nos estudos e a obter sucesso profissional. A mensagem que recebíamos em casa e da sociedade era que podíamos fazer o que quiséssemos – na escola, nos esportes, no trabalho, na vida familiar. Poucas de nós, ou talvez nenhuma, foram criadas para dar muito valor ao papel de dona de casa. Apesar de muitas mulheres terem esperado ansiosamente pelo dia em que se tornariam mães, em geral elas ficaram surpresas ao perceber que as tarefas domésticas estavam irremediavelmente ligadas aos filhos. "Ah, quer dizer que eu também tenho que cozinhar e limpar a sujeira que eles fazem? Puxa, que droga."

Além disso, agíamos de igual para igual com os homens a maior parte do tempo. Desde muito jovens acreditamos nessa igualdade. Quando estava na segunda série, Stacie bateu num garoto da terceira porque ele lhe disse que meninos eram melhores que meninas e que eles deveriam ter regras diferentes para jogar futebol.

Aos 9 anos, Julia viajou para Washington com sua família e comprou uma camiseta que dizia: "Lugar de mulher é em casa. A Casa Branca." Quando era criança, Cathy sempre pedia (e ganhava) de Natal a biografia de alguma mulher de destaque.

Passamos a vida inteira, até esse momento, partilhando basicamente das mesmas experiências que os homens – tanto na educação quanto na busca pelos desafios e recompensas profissionais. *Estas experiências moldaram nossas expectativas com relação ao casamento e à maternidade*. Quando nós três conhecemos nossos maridos e nos casamos, nos sentíamos como suas iguais e eles também nos viam assim (perguntamos novamente, só para garantir). Eles apreciavam o fato de sermos independentes e termos nossas próprias opiniões. (Será que agora eles se arrependem disso?) Nossos casamentos eram parcerias firmadas entre duas pessoas iguais. Havíamos atingido um ideal.

Mas, quando tivemos filhos, de alguma maneira esse ideal de igualdade desapareceu. A maioria das mulheres com quem conversamos, com exceção de algumas poucas que alcançaram o nirvana de dividir igualmente a responsabilidade pela criação dos filhos, estava terrivelmente desapontada com o fato de que a divisão de tarefas não era mais igual e de que o volume maior de trabalho não era óbvio para seus maridos.

A mãe que trabalha fora: fazendo de tudo

Quando uma mulher continua contribuindo com a renda familiar depois de ter filhos (o que é o caso da maioria), ela se pergunta por que a responsabilidade de cuidar dos filhos e da casa recai sobre ela. A maioria das mães que trabalha fora com quem conversamos sente, com razão ou não, que é responsável por todas as tarefas ligadas aos filhos: escolher a creche, marcar consultas com médicos, pensar na lista de compras.

Essas mães sentem como se tivessem dois empregos de período integral: o trabalho e a maternidade. A parte da maternidade costuma ser chamada de "segundo turno". Turno! Que eufemismo. Na verdade são 24 horas por dia, sete dias na semana.

As mães que trabalham nos disseram que se sentem extremamente sobrecarregadas. Elas não só precisam arcar com todas as suas responsabilidades domésticas e profissionais, como também têm de lidar com a pressão da sociedade (e delas mesmas) para que "façam tudo" perfeitamente.

> "Se saio do trabalho às 16 horas para assistir ao jogo de futebol dos meus filhos, as pessoas começam a desconfiar que a vontade de estar com eles está comprometendo minhas responsabilidades profissionais. Se meu marido sai do trabalho às 16 horas, as pessoas dizem: 'Ah, que pai maravilhoso!'"
>
> *– Holly, casada há 11 anos, 3 filhos*

A mãe que fica em casa: a máquina do tempo

Nossa amiga Janice resumiu o desespero de muitas mulheres que antes desfrutavam a igualdade ao dizer: "É como se o trabalho dele fosse mais importante que o meu. De certa forma, é como se ele estivesse acima de todas as coisas relacionadas à casa. Elas são 'trabalho de mulher' e ele não tem tempo de pensar nessas coisas. Tenho a sensação de que ele não me respeita mais e isso faz com que eu me sinta péssima."

Quando uma mulher decide ficar em casa depois de ter um bebê, muitas vezes sente como se tivesse entrado numa "máquina do tempo" e voltado à década de 1960. Quando seu marido, supostamente seu igual, reclama de ter que ajudar, ou quando ele procura uma forma de escapar todo fim de semana, ocasião em que ela está afundada até as orelhas em crianças e sujeira, parece que ele é quem está controlando a máquina.

A maioria de nós fica atordoada com esse fenômeno da "máquina do tempo". Parece que nossa vida tomou um rumo completamente diferente da de nossos maridos. Sem dúvida apreciamos nosso papel de mães, mas muitas vezes não gostamos da "monotonia emburrecedora" das ninharias domésticas. As mulheres sentem que seus maridos não lhes dão mais o devido valor depois que elas decidem ficar em casa.

Queremos deixar algo bem claro: mesmo depois de termos filhos, ainda somos iguais aos homens, *ainda* somos uma equipe. *As mulheres querem um parceiro, não um ajudante.*

Fazer a sua parte não é nenhum favor

"Ele acha que está me fazendo um grande favor. Fazer a parte dele não significa que ele está me ajudando. Significa apenas que está fazendo a parte dele."

– Abby, casada há 5 anos, 3 filhos

"Meu amigo Jim me disse que precisaria *ficar de babá* das crianças no fim de semana, pois sua mulher ia viajar. Então falei para ele: 'Quando se trata de seus próprios filhos, isso se chama *ser* pai.'"

– Carla, casada há 9 anos, 2 filhos

Muitos homens, independentemente de acreditarem ou não que as tarefas domésticas são responsabilidade de sua mulher, acham que estão fazendo um favor quando ajudam. Rapazes, o que vocês veem como um favor (algo que deveria valer pontos) nós vemos apenas como a sua parte. Quando vocês querem ganhar pontos por "ajudar" com as coisas do dia a dia relativas às crianças, ficamos com muita raiva, pois isso deixa claro que vocês acham que os assuntos domésticos não lhes dizem respeito, e que qualquer ajuda que vocês derem é um presente especial para nós. Perdoem-nos se não ficamos encantadas com tamanha generosidade. Isso é comportamento de um "ajudante", não de um "parceiro". Algumas de nós ficam em casa e talvez até se sintam mais do que felizes em fazer a maior parte das "tarefas", mas a ideia de que vocês não precisam ajudar, a menos que nós peçamos, realmente nos tira do sério.

As responsabilidades dos homens, ou a ausência delas

> "Minha mulher é quem se responsabiliza pelas crianças, não eu. Nós dois pensamos desse jeito. Para mim, isso significa que não preciso me preocupar com nada a menos que ela peça."
>
> *– Ken, casado há 6 anos, 3 filhos*

Muitos homens com quem conversamos reclamaram que suas mulheres controlam o tempo deles. Sem dúvida é um argumento justo e logo falaremos sobre isso, mas talvez existam bons motivos para que "sempre estejamos atrás de vocês para fazer alguma coisa" – e não é só nossa tendência de sermos controladoras obsessivas ou supermães, mas também a realidade da vida doméstica e o que as suas ações (ou, mais precisamente, a falta delas) acabam dizendo sobre sua atitude perante esta vida.

> "Ele não faz nada a menos que eu peça. E, quando peço, ele age como se estivesse sendo *maltratado*, como se eu o estivesse obrigando. Eu nunca saio ganhando."
>
> *– Elizabeth, casada há 4 anos, 1 filho*

Pais do tipo "já fiz demais"

> "Por que ele faz tanto drama? Recentemente, tive que terminar um relatório enorme para o trabalho, então pedi ao Evan que saísse com as crianças no sábado. Como nosso estoque de fraldas estava acabando, pedi que ele passasse rapidinho no supermercado e comprasse mais. Sabe o que ele me disse? 'Obrigado por arruinar a minha vida.'"
>
> *– Sarah, casada há 7 anos, 2 filhos*

Os homens geralmente usam atalhos. Eles procuram a saída mais fácil. Seu marido pode fazer uma tarefa doméstica, mas será que ele faz direito? As crianças não tomam banho. Ninguém come legumes. As roupas estão sujas. Ninguém escova os dentes. Esses atalhos nos deixam loucas porque precisamos consertar as coisas que vocês deixaram para trás, o que significa mais trabalho para nós, e sempre temos que estar "no comando", porque vocês não assumem a total responsabilidade.

Karen, por exemplo, reclama que seu marido usa todas as "atividades curinga" (isto é, todas as atividades fáceis) quando é a vez dele de cuidar das crianças: "Elas passam grande parte da manhã assistindo à TV, almoçam numa lanchonete e, quando chega minha hora de cuidar delas, estão agitadas por terem comido tanto açúcar, com roupas sujas e implorando para ver mais desenhos animados."

A LISTA DAS 10 "ATIVIDADES CURINGA" MAIS USADAS POR NOSSOS MARIDOS

1. TV.
2. DVDs.
3. Deixar as crianças sem banho e sem escovar os dentes porque, afinal, elas podem fazer isso amanhã.
4. Comer na lanchonete.
5. Jujuba de fruta conta como fruta, certo?
6. E suco, não conta?
7. As crianças podem ficar de pijama o dia inteiro. Afinal, não vamos a lugar nenhum mesmo.
8. Será que ela realmente precisa pentear o cabelo? Não pode ficar despenteado só hoje?
9. É a minha vez de cuidar das crianças? Hora de ligar para a vovó.
10. Subornar as crianças com doces ou sorvete para que elas façam coisas que teriam que fazer.

Qual o problema dos atalhos?

O problema é que muitas das coisas que as mulheres acham que precisam ser feitas "corretamente" são fundamentais na educação das crianças. Saúde! Alimentação! Higiene! Segurança! Se os procedimentos-padrão ditassem que comer frutas e legumes, escovar os dentes, tomar banho e ter estímulo mental fossem atividades opcionais, imagine a geração de moleques desdentados, descabelados e usando pijamas que teríamos em alguns anos. Os homens querem que essas coisas sejam feitas, mas não querem ser responsáveis por elas.

> "Sei que meu marido quer ficar com as crianças, mas ele não quer se preocupar com o que elas precisam para se desenvolverem e ficarem bem nutridas. Ou seja, ele quer ser o técnico do time vencedor, mas não quer treinar todos os dias."
>
> *–Jennifer, casada há 9 anos, 3 filhos*

Outra razão por que os atalhos são um problema é que nós *realmente* queremos desligar o modo "mãe" de vez em quando. Mas se vocês nos ligam enquanto estamos fora de casa para perguntar "Será que o bebê não está com a fralda suja?" (história real – uma de nós realmente recebeu essa ligação), então seria melhor termos ficado em casa. Se nós realmente tivermos de nos preocupar com o fato de que a fralda do bebê não será trocada por 10 horas ou com a integridade e o bem-estar físicos de nossos filhos quando eles estiverem sob os seus cuidados (algumas mulheres realmente se preocupam com isso: "Se nosso filho de 2 anos estiver ao alcance da voz, meu marido acha que está de olho nele. Como posso deixá-lo cuidando do menino?", questiona Amy), é claro que vamos ficar chateadas porque vocês não fazem as coisas "do jeito certo".

E, sim, admitimos: às vezes, *às vezes*, estamos apenas sendo controladoras e obsessivas.

Eles são seus filhos também

"Eu sinto como se estivesse sempre o obrigando a passar tempo com a família. Nos fins de semana, ele se interessa mais por fazer as coisas dele do que ficar conosco. Às vezes eu não sei bem qual é o meu lugar em sua vida."

– Maggie, casada há 7 anos, 3 filhos

Rapazes, por que a cara feia durante todo o fim de semana quando estão com a família e ajudando a cuidar das crianças? É simplesmente devastador para uma mulher ver seu marido morrendo de vontade de pular fora quando ela sugere um passeio em família no parque. É profundamente desanimador quando você parece estar de má vontade todo fim de semana. Tammy disse: "Odeio quando ele está fazendo alguma coisa com nossos filhos e dá para ver pelo seu rosto que ele não queria estar ali." Queremos que você veja a família como a coisa mais importante, e não como algo secundário que você encaixa entre o trabalho e o jogo de futebol. Quando você sistematicamente se dedica mais às suas atividades pessoais, está deixando claro quais são as suas prioridades.

Os homens muitas vezes reagem a pedidos para que deem banho no bebê ou façam alguma outra coisa dizendo que é mais difícil para eles cuidar de crianças. Para todos os homens que vêm com o discurso "Ela é muito melhor do que eu nessas coisas", nós respondemos: "Talvez não fosse tão difícil se você passasse mais tempo com eles." Na verdade, suspeitamos que esse discurso é só um eufemismo para "Não quero lidar com nenhuma dessas tarefas domésticas se puder evitá-las".

Nós já sacamos qual é a sua

O "homem passivo", o anti-herói, está escondido dentro de todos os maridos. Muitos homens acham que a passividade vale a pena. Acham que ainda conseguem ganhar pontos por lavarem a louça antes de nós, meio sem vontade, ou por insinuarem muito discretamente se levantar da poltrona quando ouvem o bebê chorando e depois dizerem, tentando parecer desapontados: "Ah, você pegou o bebê dessa vez?" Dessa vez? Quem você quer enganar?

> "Ligo para minha esposa quando estou no carro para perguntar se ela precisa de alguma coisa do supermercado. É uma excelente tática. Ela ainda não percebeu."
>
> *– Dave, casado há 11 anos, 2 filhos*

Eu NÃO sou a sua mãe

"Eu tenho três filhos. Um de 4, um de 2 e um de 36 anos."

– Olga, casada há 9 anos, 2 filhos

Com exceção daqueles que sofrem de complexo de Édipo, sabemos que vocês não queriam se casar com suas mães. Então, por que deixam a cueca no chão para nós pegarmos? Por que, quando damos um chocolate para as crianças, vocês perguntam "Trouxe alguma coisa para mim"? Por que vocês esperam que nós planejemos todos os eventos sociais e feriados com a família? Por que vocês não sabem onde estão os sapatos da sua filha se ela já anda há dois anos? Quando vocês não se envolvem com as tarefas domésticas, nos passam a mensagem de que acham que a "mamãe" vai cuidar de tudo. Já é difícil tomar conta das verdadeiras crianças da família sem ter que cuidar de alguém que simplesmente age como uma criança.

O que acontece quando você fica doente?

"Eu tinha passado a noite vomitando, sofrendo com dores no estômago. Na manhã seguinte, ainda estava pálida e tive medo de desmaiar ao volante quando fosse levar as crianças para a escola. Então, o Brad entrou na cozinha, tomou a vitamina dele, me deu um beijo na testa, disse 'Espero que você esteja se sentindo melhor hoje, querida' e, puf!, sumiu. Simplesmente foi embora. Eu me sentei e chorei. Depois vomitei de novo, coloquei as crianças no carro e as levei para a escola. Ele não tinha a menor ideia do dia horrível que eu estava tendo e nem sequer passou pela sua cabeça que ele poderia me ajudar. Eu não precisava de um beijo na testa. Precisava que ele levasse as crianças."

– Bethany, casada há 6 anos, 2 filhos

Sem um atestado médico, não existe "licença" por estar doente para uma mãe que cuida da casa. Quando a sirene da fábrica toca, ela tem que se organizar para trocar as fraldas, controlar as manhas das crianças, alimentá-las e levá-las para a escola, independentemente de quão alta seja sua febre. Ela nem mesmo pode tomar um remédio para dormir durante algumas horas. No fim do dia, talvez seja o caso de chamar uma ambulância.

Mas quando quem fica doente é o pai, o dia dele é um pouco diferente. Ele toma um remédio, se enfia na cama e vê um pouco de TV antes que a droga faça efeito. Se ele estiver bem disposto ao acordar, pode até assistir aos programas gravados ou jogar videogame enquanto sua esposa lhe dá mais um remedinho.

Não nos entenda mal: não estamos dizendo que um homem doente não merece passar o dia na cama. Apoiamos totalmente a ideia. Só não achamos a situação justa. Afinal, nós também precisamos tomar um remédio e ir para a cama. E parece que os homens não percebem que têm que deixar as coisas nos eixos em casos de emergência.

Um pouco de reconhecimento vale muito

"Para falar a verdade, eu realmente preciso que ele me diga mais vezes que estou fazendo um bom trabalho, que o que faço é importante. Ele tem reconhecimento o tempo todo no escritório. Eu não."

– Denise, casada há 10 anos, 1 filho

Muitas mulheres disseram a mesma coisa: "Eu só queria que ele admirasse o que faço." Nós às vezes nos perguntamos se vocês não percebem ou não apreciam as coisas que fazemos em casa e para a família. Talvez vocês pensem, como nos disse um dos homens com quem conversamos, que as obrigações domésticas não têm valor algum, que os cuidados diários com a casa e a família não são importantes. Mas eles *são* importantes, sim. Sem isso, como seria nossa vida em família?

Por que ela faz o que faz

O problema do volume de tarefas

A maioria das mulheres acredita que seus maridos simplesmente não entendem quanto trabalho há para fazer. Eles veem como opcionais coisas que consideramos obrigatórias.

Vamos deixar de lado o grande número de tarefas "básicas" (cozinhar, fazer compras, faxinar) necessárias para manter a casa funcionando, prevenir doenças e evitar que passemos fome – coisas que geralmente precisamos fazer na pausa para o almoço, com uma criança pendurada em nossas pernas. Também existem muitos problemas de longo prazo que exigem planejamento: saúde (nutrição, médicos, exercícios, segurança), educação (escolas, aulas particulares, metodologias de ensino) e desenvolvimento (socialização, comportamento, valores, interação entre os membros da família).

É por causa do volume de tarefas que ficamos na internet à meia-noite pesquisando qual a cadeirinha de bebê mais segura para o carro. É por isso que nossa amiga Carolyn disse: "Penso em escolas desde que Annie tinha 6 meses. Pesquiso na internet, converso com outras mães, leio tudo o que posso. Joe esperaria até que Annie tivesse 6 anos antes de se dar conta de que ela precisa ir para a escola.

Como funciona o cérebro materno

Já falamos sobre o "chip materno" que fica ligado dia e noite dentro do nosso cérebro. O resultado é que as crianças nunca saem de nossa cabeça:

Estamos sempre pensando em nossos filhos. "Preciso terminar este relatório até as 15 horas. Humm, isso me lembra que Tim tem consulta com o pediatra às 15 horas, na terça." Enquanto dirigimos para o trabalho de manhã, vasculhamos mentalmente a despensa tentando decidir o que fazer para o jantar. Os homens costumam esquecer que são pais quando saem de casa e só voltam a lembrar quando chegam do trabalho.

Sempre queremos fazer o melhor por nossos filhos. Não há dúvida de que nossas intenções são nobres, mas admitimos que podemos exagerar nessa busca pela perfeição. Há uma voz na nossa cabeça que diz: "Se você não fizer com que ela tome a sopa de legumes, ela não vai ser saudável e terá péssimos hábitos alimentares para o resto da vida. Se você não a matricular no melhor jardim de infância, no futuro isso pode comprometer as chances de sucesso dela. Se você não organizar encontros com as crianças, ela vai acabar sendo excluída do círculo social na escola."

Ficamos estressadas por ter que fazer tudo pelas crianças (e por você e por nós mesmas). A resposta dos homens para isso é sempre a mesma: "Relaxe." Mandar uma mãe relaxar é como dizer a um engenheiro nuclear para não se preocupar com o vazamento no reator que ele precisa consertar. Sabemos que vocês querem ser úteis quando nos dizem isso, mas muitas vezes essa sugestão nos deixa furiosas. Ela simplesmente confirma que vocês não entendem.

Os homens não têm um "chip materno" nem um "circuito de culpa", por isso se perguntam por que inventamos tantas tarefas desnecessárias. A questão é que, para nós, elas não são desnecessárias. Tudo isso faz parte do trabalho de mãe.

Freud, aqui está a sua resposta...

Rapazes, existe um motivo para termos falado tudo isso para vocês. Não estamos tentando fazer um sermão. Não estamos querendo dizer que para nós as coisas são mais difíceis.

Apenas estamos dizendo que *é* um trabalho difícil. E que *precisa* ser feito. Muitas vezes sentimos que vocês não dão valor ou tentam sair de fininho para não fazer a sua parte. "O que querem as mulheres?" Ora, o mesmo que os homens! Um pouco mais de reconhecimento e de tempo para descansar no sofá. Raramente ouvimos coisas como "obrigado" e "você é uma ótima mãe". Em vez disso, o que costumamos ouvir é "o café acabou", "onde estão minhas camisas?" e "será que posso jogar basquete no sábado em vez de levar Sammy para aquela festinha de aniversário?". Queremos um parceiro na nossa família e na nossa vida doméstica, não um ajudante. Suas palavras, sua atitude e sua boa vontade de fazer as coisas nos mostram como você de fato vê sua casa e sua família.

UM POUCO DE PESQUISA "CIENTÍFICA" SOBRE ESTE ASSUNTO

Uma pesquisa do canal MSNBC perguntou a homens e mulheres se eles dividiam igualmente as tarefas domésticas. A resposta foi positiva entre 74% dos homens e 51% das mulheres.[1] Está claro que os homens superestimam sua contribuição. Ou melhor, eles se dão crédito por coisas que suas esposas não consideram uma contribuição.

O interessante é que as mulheres tendem a exagerar o número de vezes que fazem sexo. Os homens, por outro lado, sabem exatamente quando foi a última vez.

E já que tocamos no assunto... vocês estão fazendo sexo?

Dr. John Gottman, especialista em casamentos, diz que os maridos que ajudam com as tarefas domésticas de boa vontade têm uma vida sexual mais ativa.[2] É a velha questão do ovo e da galinha. Não sabemos o que vem primeiro, o sexo ou a ajuda em casa. Mas o fundamental é: quanto mais você dá, mais recebe em troca. (Observação para os homens: boa vontade é a ideia central. Esvaziar a máquina de lavar louça de cara feia não vai fazer sua mulher correr para a cama.)

COMO OS HOMENS SE SENTEM

DEZ COISAS QUE SEU MARIDO GOSTARIA DE DIZER A VOCÊ (DURANTE UMA DISCUSSÃO SOBRE "QUEM FEZ O QUÊ")

1. "Na verdade, eu não gosto de brincar com o bebê por mais de 10 minutos."
2. "Não é justo que, depois de eu trabalhar o dia inteiro no escritório, você espere que eu chegue em casa a mil por hora."
3. "Você não pode ter as duas coisas ao mesmo tempo. Ser um Superprovedor e um Superpai não é fácil."
4. "Eu só preciso de um pouco de tempo para mim sem ter que me sentir culpado por isso. Ficarei bem mais feliz se você me soltar da coleira durante algumas horas no fim de semana."
5. "Não sou eu que estou impedindo você. Não tenho culpa se você não vai malhar há três meses."
6. "Fazer tudo 'em casal' ou 'em família' é castrador."
7. "Pare de controlar meu relacionamento com as crianças"
8. "Diga o que você quer que eu faça! Prepare uma lista e pronto, eu farei tudo!"
9. "Por que você só vê o que eu não fiz? E todas as coisas que faço?"
10. "O que aconteceu com a vida que eu tinha? Eu me sinto enjaulado nessa vida doméstica."

Por que os homens contam pontos?

Na maioria dos relacionamentos, são as mulheres que mais recorrem à contagem de pontos. Mas os homens também não deixam por menos. Aqui estão as prováveis razões para eles fazerem isso:

1. **Manter a igualdade na pontuação.** Os homens têm a sensação de que, não importa o que façam, nunca é o bastante.
2. **Continuar no controle de sua vida.** Os homens ficam irritados porque muitas vezes suas mulheres controlam (ou tentam controlar) seu relacionamento com os filhos, o ambiente do lar e, sem querer, seu tempo livre.
3. **Eles precisam de reconhecimento (assim como suas esposas).** Se raramente ouvem "obrigada", "você está se esforçando tanto" ou "você é um ótimo pai", eles começam a pensar que suas esposas não lhes dão o devido valor.

Assim como a maioria das mulheres fica atordoada (e raramente feliz) com as obrigações associadas à maternidade, os homens às vezes se aborrecem com a falta de liberdade que vem junto com os filhos. Alguns ficam desesperados ao verem sua vida fora do trabalho reduzidas a uma infinidade de tarefas domésticas. Esse medo – essa sensação de "é assim mesmo?" – é a principal razão pela qual os homens contam pontos.

Nunca é o suficiente!

> "Eu não ganho nenhum reconhecimento pelo meu trabalho. Não importa quão difícil tenha sido meu dia. Quando chego em casa, tenho de estar pronto para tudo."
>
> *– Phil, casado há 7 anos, 2 filhos*

Bem-vindo ao time dos que nunca conseguem agradar. A maioria dos homens tem a sensação de que, não importa o que eles façam, *nunca é o suficiente*. Eles dizem coisas do tipo "ela nunca reconhece minhas contribuições" ou "nunca correspondo às expectativas e nunca vou corresponder, para o resto da vida". Muitos acreditam que suas mulheres têm expectativas sobre-humanas em relação a eles. Eles acham que suas esposas são totalmente injustas ao criticá-los por não ajudar em casa quando eles fazem esforços hercúleos para se saírem bem no trabalho. Essa sensação é mais forte entre os homens que são a única ou a principal fonte de renda da família.

Lee, um amigo, nos disse: "Eu não conseguirei ter um bom desempenho no trabalho se estiver exausto por ter passado toda a madrugada lavando mamadeiras e colocando o bebê para arrotar." Talvez ele tenha razão. Nós três sentimos, em algum momento, que nossos maridos não faziam o suficiente, embora eles fizessem muitas coisas. Existem várias categorias para o *nunca é o suficiente*. Entre elas, estão:

1. Um homem não recebe crédito pelo que faz, principalmente com relação ao seu trabalho.
2. Quando ele finalmente contribui com alguma coisa em casa, não faz direito.
3. Ele precisa adivinhar o que tem de ser feito.
4. Quando ele não ajudar, ou quando errar, sua mulher vai se lembrar disso para sempre.

O trabalho não conta

"Por que para ela meu trabalho não conta? Será que não deveria haver uma troca de porcentagem nesse caso? Se eu contribuo com 80% da renda da casa, não seria justo ficar responsável por apenas 20% das tarefas domésticas?"

– Vince, casado há 5 anos, 2 filhos

Assim que as crianças chegam, os homens sentem o peso das possíveis consequências que suas decisões terão a longo prazo, seja tentar ser promovido ou fazer um plano de poupança para a faculdade dos filhos. Agora as escolhas têm mais peso do que nunca, principalmente se ele for a única fonte de renda da casa. Ele agora tem 100% da responsabilidade de conseguir dinheiro para a família e passa a ver isso, como disse Vince, como uma troca de porcentagens, perguntando-se por que seu trabalho não está incluído nesse "meio a meio" que sua mulher tanto reivindica. As mulheres nascidas nos últimos 50 anos, no entanto, esperam que a carga de tarefas domésticas de seus maridos continue a ser, se não exatamente igual, pelo menos próxima ao que era antes dos filhos. Muitos homens acham que isso é totalmente injusto.

É uma coincidência irônica (ou então o senso de humor deturpado de alguma divindade onipotente) que tenhamos filhos justamente nos anos em que as coisas no trabalho ficam mais difíceis. Se, como muitas pessoas da nossa geração, você se casou e teve filhos com cerca de 30 anos, sente grande pressão para que essa seja uma época proveitosa no trabalho e, ao mesmo tempo, suas responsabilidades domésticas aumentam loucamente. (As mulheres também sentem essa pressão. Se elas param de trabalhar para se dedicar aos filhos, ficam com medo de não conseguirem mais alcançar o mesmo nível de seus colegas de profissão.)

Nunca está bom

Como já dissemos, os homens tendem a resolver os problemas. Eles querem consertar as coisas, principalmente quando suas amadas estão infelizes. E fazem isso da maneira mais conveniente possível, mas sem grande atenção aos detalhes.

> "Aqui está um exemplo de como as coisas nunca estão boas para as mulheres: na semana passada, depois de acordar cedo e fazer o café da manhã para as crianças, tomei banho e me vesti às pressas para pegar o trem das 8 horas (ou seja, atrasado) para trabalhar. Tirei minha camisa do saco plástico da lavanderia e o joguei no cesto de lixo do nosso banheiro. Quando eu estava saindo,

minha mulher veio atrás de mim, de cara feia: 'Sem querer ser chata, será que você não pode jogar o saco da lavanderia na lixeira da cozinha, e não na do nosso banheiro?' Caramba! Agora tem uma lata de lixo certa para isso? Chegamos a esse ponto?"

– Robert, casado há 12 anos, 2 filhos

"Então eu peguei nossos dois filhos e fui fazer compras. Exatamente como eu achava que ela queria. Você acha que recebi ao menos um 'obrigada' quando voltei? Não. Em vez disso, ela conferiu a lista de compras, suspirou e disse que eu tinha esquecido o detergente e os copos plásticos."

– Frank, casado há 7 anos, 2 filhos

Os homens nos perguntaram (talvez por sermos mulheres): por que ela quer controlar tudo nos mínimos detalhes? Por que será tão terrível se eu fizer do meu jeito? Qual o problema de eu levar Matt e Andy para passar um tempo com os meus pais se ela vai ficar a manhã toda na academia? Eles se perguntam por que não ganham nem mesmo um crédito parcial por tentar ajudar.

Por que os homens não *veem* o que tem que ser feito?

A resposta é simples: eles não veem simplesmente porque não se importam. Lembra-se do apartamento dele na época em que vocês namoravam? Você teria coragem de tomar banho lá? Ou, Deus nos proteja, de usar aquelas toalhas cheias de mofo que ficavam meses sem ser lavadas? O marido de hoje em dia não é um machista enrustido. Ele não tem nenhum interesse em ver sua esposa de quatro, esfregando o chão. Talvez nem se sinta ameaçado por sua autossuficiência e sua capacidade de ganhar dinheiro. Ele se sente totalmente disposto a ajudar, mas não gosta da rotina necessária para manter uma casa nos eixos e nunca vai gostar. Na cabeça dele, essas coisas não têm valor e devem ser evitadas. Se não puderem ser evitadas, então que sejam minimizadas. Se possível, deve-se usar um atalho. Ele se preocupa em fazer as coisas, mas não com o modo *como* elas são feitas.

OS CINCO ATALHOS QUE OS HOMENS MAIS USAM

1. Trocar a fralda. Colocar a fralda suja no chão ou em cima do cesto de lixo, mas nunca dentro dele.
2. Levar o lixo para fora e não colocar outro saco na lixeira da cozinha.
3. Nunca trocar o rolo de papel higiênico.
4. Colocar as roupas em cima do cesto de roupa suja.
5. Vestir a criança com a primeira roupa que vir na gaveta. Não importa se ela é "apropriada" ou não.

O alvo mutante

"Quando minha mulher está chateada com alguma coisa, não adianta eu dizer nada – ela só vai ficar ainda mais irritada. Eu nunca consigo melhorar a situação. Cada dia ela fica chateada com uma coisa diferente. Então, todos os dias, preciso descobrir qual o 'problema da vez' e evitá-lo."

–John, casado há 11 anos, 2 filhos

Todos os homens com quem conversamos disseram coisas como: "Parece que a coisa mais difícil para as mulheres é dizer o que querem que seus maridos façam. Nós temos de adivinhar." E, quando um homem não consegue ler os pensamentos de sua esposa, ele fica em maus lençóis.

"Acho que nós ajudaríamos mais se nossas mulheres nos dissessem exatamente o que querem de nós. Por exemplo, no domingo passado a casa estava uma bagunça, então eu disse: 'Quando acabarmos de ver esse programa, precisamos dar um jeito na casa.' E ela respondeu: 'Você quer dizer que eu preciso dar um jeito na casa.' Juro que não foi isso que quis dizer. Eu queria dizer nós dois. Ela ficou muito chateada comigo e então me falou de todas as ocasiões em que eu não a havia ajudado no fim de semana. E eu juro que perguntei diversas vezes: 'Como eu posso ajudar?'"

–José, casado há 7 anos, 2 filhos

Por mais que essa seja a nossa vontade, os homens não sabem ler a nossa mente. Quando eles não têm alvos específicos, ficam frustrados. Se esperarmos que eles "vejam" as coisas que nós vemos, certamente ficaremos desapontadas.

As condenações anteriores e o arquivo de provas incriminatórias

"Se um homem fizer algo de errado e cumprir sua 'penitência', isso já deveria bastar. Não vale jogar na nossa cara seis meses depois, quando mal conseguimos nos lembrar do que se tratava. Cada incidente em particular deve ser resolvido separadamente. Ela não deveria mencionar as condenações anteriores."

–James, casado há 9 anos, 3 filhos

Os homens nos disseram que têm a impressão de que não há uma regra que restrinja o tempo de validade de suas infrações. E o que podemos dizer? Isso é a mais pura verdade. Nós mulheres não conseguimos perdoar ou esquecer. Essa sem dúvida não é uma das virtudes femininas mais fortes. (Mas, em nossa defesa, raramente precisamos citar as condenações anteriores, porque nossos maridos são "infratores reincidentes".) Quando trazemos à tona os velhos incidentes, eles, naturalmente, adotam uma postura defensiva e raivosa. Têm menos vontade de falar sobre o problema em questão e ficam menos receptivos ao que temos a dizer.

Falta de controle

A maioria dos homens tem a sensação de que possui pouco controle sobre seu próprio ambiente. Raramente são o chefe no local de trabalho e quase nunca são o chefe em casa. São suas esposas que planejam os fins de semana, escolhem os nomes dos bebês e avaliam as opções para as viagens de férias. Em muitos casos, as mulheres simplesmente dizem aos maridos aonde eles precisam ir e quando devem estar lá. Alguns homens gostam que seja assim, mas outros reclamam que suas esposas tentam controlar sua vida e seu jeito de ser pai.

Eles também são meus filhos

> "Meus pais eram divorciados, então nunca passei muito tempo com o meu pai. Não quero isso para os meus filhos nem para mim. Quero estar com eles, vê-los crescer, quero participar dos momentos bons e ruins. E quero ajudar minha esposa. Não espero que ela faça tudo."
>
> *– Omar, casado há 10 anos, 3 filhos*

A esmagadora maioria dos homens quer ser um pai ativo, que arregaça as mangas, mas é difícil para eles (como seria para qualquer pessoa) gostar de desempenhar seu papel de pai se sua mulher administra os mínimos detalhes de seu relacionamento com os filhos.

> "Uma ótima forma de relaxar do estresse do trabalho quando chego em casa é rolar no chão com os meninos. Mas não faço mais isso porque ela grita comigo, dizendo que eles ficam 'completamente agitados' antes de irem para a cama. Mesmo quando é 'permitido', como nas manhãs de domingo, ela fica em cima. Mal posso esperar até eles ficarem mais velhos. Aí talvez ela não vá ficar tão preocupada."
>
> *– Luke, casado há 7 anos, 2 filhos*

Os homens "se apaixonam mais" por seus filhos quando ficam sozinhos com eles. Quando a mãe está por perto, o pai é só é o copiloto.

Esta casa também é minha

Alguns homens nos confidenciaram que às vezes se sentem como hóspedes (indesejados) em suas próprias casas. Tudo tem que ser como suas mulheres querem, ou então "a porta da rua é serventia da casa". Por que eles deveriam tomar iniciativa se sempre serão criticados? Como disse Doug: "Por que eu sempre tenho que aumentar os meus padrões? Por que ela não pode diminuir os dela? Por que quando eu limpo o banheiro – e para mim parece perfeitamente limpo – ela fica com raiva e faz tudo de novo? E nem me agradece pelo que fiz!"

Eu também tenho minha vida (Ou não tenho?)

> "Às vezes eu só quero me trancar no quarto e assistir a um jogo durante algumas horas. É como se eu tivesse que pedir a ela uma autorização por escrito para fazer isso em paz."
>
> *– Jack, casado há 7 anos, 1 filho*

Por que os homens contam pontos? Para trocá-los pela liberdade que desejam. Por mais que amem suas esposas e seus filhos, eles se sentem encoleirados quando a família cresce. Eles contam quanto tempo livre deixaram de ter. Lance colocou a questão da seguinte forma: "Para os homens, o casamento equivale a 'Não posso mais fazer o que quero'." E, segundo Charlie: "Quero que as coisas funcionem na base da troca para conseguir alguma liberdade."

Os homens só querem ficar um pouco livres de suas responsabilidades. "Preciso de um tempo só para mim." "Só preciso de uma folga." "Minha mulher nunca me disse: 'Vá fazer algo que você queira. Nos vemos mais tarde.'"

Por que ela simplesmente não vai?

Há uma questão específica no comportamento das mulheres que deixa os homens confusos e irritados: elas não veem problema algum em dar a eles tempo livre em troca de tempo para si mesmas, mas não aproveitam suas oportunidades e ainda aumentam o problema reclamando que nunca têm tempo livre, fazendo seus maridos se sentirem culpados por aproveitarem o tempo deles. Compreensivelmente confusos, eles perguntam: "Ela diz que quer ter um tempo para si mesma, mas quando digo para ela ir fazer suas coisas, ela não vai. Por que ela simplesmente não vai?"

> "Eu compro para ela uma estadia num spa, com data de validade. Assim ela é obrigada a ir."
>
> *– Paul, casado há 9 anos, 2 filhos*

Pare de reclamar e comece a reconhecer

> "Na semana passada, tive de viajar duas vezes a trabalho. Foi um inferno e ela ainda ficou chateada porque eu não estava em casa para ajudá-la com as crianças. Como se eu tivesse escolha! Será que ela não percebe que estou trabalhando para o bem de toda a família?"
>
> *– Mark, casado há 11 anos, 2 filhos*

Assim como as mulheres, os homens também precisam de reconhecimento. Assim como as mulheres, os homens sentem que seus esforços em casa e no trabalho muitas vezes passam despercebidos. Quando um homem ouve elogios de sua mulher, ele sente como se tivesse ganhado na loteria. Mas diante de tanta reclamação e da postura de mártir que elas adotam, eles acabam perdendo a autoconfiança.

"Eu me casei com uma mártir"

"Muito do estresse das mulheres foi criado por elas mesmas. Elas se sentem obrigadas a 'fazer bonito para os outros'."

– Felix, casado há 6 anos, 1 filho

"Os instintos maternos da minha mulher acabam afetando a família toda. Sinto como se tivesse que passar metade do meu tempo tentando acalmá-la. É demais para mim."

– Toby, casado há 9 anos, 2 filhos

Todas as mulheres já bancaram a mártir. Todas já desempenharam o papel de escrava para que os maridos ficassem livres e sempre fizemos questão de que eles soubessem disso. Mas uma mulher que se irrita ao descobrir que não comprou tudo na lista de compras, ou que dirige 5 quilômetros a mais só para comprar aquele produto especial para limpar tapete, ou que fica até de madrugada fazendo lembrancinhas para uma festa é algo praticamente incompreensível para os homens. E aí, quando ela começa a contar pontos porque ele não é tão meticuloso (alguns diriam "fresco"), ele acha isso desnecessário, irritante e totalmente ridículo – uma postura de "mártir", como muitos disseram.

O passe livre e outros comentários grosseiros

Muitos homens nos disseram que acreditam que suas mulheres têm um "passe livre" quando resolvem parar de trabalhar para ficar em casa com os filhos, mesmo que eles apoiem esta decisão. Eles dizem: "Ela não tem que levantar e ir trabalhar todo dia. Sim, sem dúvida dá trabalho cuidar das crianças, mas ela não sofre a pressão de sempre ter que mostrar um bom desempenho e sabe disso." Juramos não revelar a identidade dos homens que disseram isso, porque todos eles admitiram que este é um comentário bastante grosseiro, capaz de gerar uma reação do tipo "cortem-lhes a cabeça!".

Mas esperem que tem mais:

> "As mulheres fazem isso há milhares de anos. Houve séculos na história da humanidade em que elas tinham mais filhos do que têm hoje e muito mais coisas para fazer, como bater a manteiga e lavar roupa no rio. Então, por que ela reclama o tempo todo?"
>
> – *Bobby, casado há 7 anos, 1 filho*

> "É difícil para a minha esposa porque ela é uma mulher culta e ambiciosa. Mas agora ela também quer ser a mãe perfeita. Não sei como ela vai conseguir ser as duas coisas ao mesmo tempo."
>
> – *Warren, casado há 5 anos, 2 filhos*

Esses comentários rondam as conversas masculinas, então resolvemos incluí-los em nosso debate. Em grande parte, eles mostram o que está por trás da contagem de pontos feita por eles. Os homens acham que suas mulheres reclamam demais de uma escolha que elas mesmas fizeram – uma escolha que eles não têm (ou acham que não têm).

Quando um homem ouve sua mulher reclamar o tempo todo, principalmente quando ela tem escolha, fica imensamente frustrado por não conseguir deixá-la feliz. Ele até pode vir a ser (conscientemente ou não) menos compreensivo, já que se sente muito irritado. Este pode até vir a ser o motivo que ele dá a si mesmo para fazer menos coisas, adotando uma postura passiva e agressiva. Ele simplesmente para de dar ouvidos a ela, já que ela vai reclamar de qualquer jeito.

SOLUÇÕES PARA OS DOIS

A escritora George Eliot certa vez disse: "Qual a razão de viver se não for para tornar a vida menos difícil para os outros?"

Como diminuir a contagem de pontos?

> "Eu adoraria acabar com essa contagem de pontos. A cada ano que passa, a cada filho que temos, nós nos cobramos cada vez mais. Os filhos e a carreira nos levam a um ponto em que nenhum dos dois quer (ou pode) fazer tudo o que tem de ser feito, porque é coisa demais."
>
> – *Sam, casado há 9 anos, 2 filhos*

O que seria preciso para vocês diminuírem a contagem de pontos? Qual é a verdadeira parcela de culpa do *outro*? Qual é a *sua* parcela de culpa? O que você *realmente* espera? Mais ação? Reconhecimento? Igualdade? E a pergunta mais difícil: o que sua mulher/seu marido espera de você? Usamos o termo "diminuir" de propósito. Perceba que não dissemos "acabar completamente". Há uma grande diferença. É importante reconhecer desde já que não podemos eliminar totalmente a contagem de pontos. Somos humanos e de vez em quando ficamos irritados com a louça suja dentro da pia.

Então, como não podemos acabar de vez com essa situação, temos que pensar em maneiras de tentar melhorá-la.

Para começar, devolva seu distintivo de mártir

> "Pois sentir-se um mártir, como todos sabemos, é algo muito agradável."
>
> – *Erskine Childers*

Todos nós nos comportamos como mártires: os homens com seus comentários dramáticos ("Você está arruinando a minha vida") e as mulheres com suas reclamações infinitas ("Você ficaria satisfeito se eu fizesse tudo sozinha, não é?"). Todos nos sentimos sobrecarregados, explorados e sem nenhum reconhecimento. Nossas grandes demonstrações de sofrimento só pioram as coisas e não

CONTADORAS DE PONTOS ANÔNIMAS

Como todas as pessoas em recuperação sabem, é normal ter recaídas. É muito fácil voltar aos hábitos ruins e à velha mania de contar pontos. Então formamos um pequeno grupo de apoio, só nós três, para afastar o vício. Eis os depoimentos do nosso último encontro:

Oi, meu nome é Julia e sou uma contadora de pontos em recuperação. Antes de começar a trabalhar neste livro e de entender como minhas atitudes estavam prejudicando meu casamento, eu vivia comparando meus pontos com os de Gordon. Foi ele que resolveu gritar: "Nunca é suficiente!" E estava certo. Eu não conseguia definir as regras do jogo, nem como alguém poderia ganhar. Parei de contar pontos e começamos a dividir as tarefas. Agora deixamos bem claro quem faz o quê. Também percebi que, se deixamos um tempo livre na nossa programação de fim de semana, nós dois ficamos muito mais felizes. E estou me saindo bem em ignorar as coisas que não são importantes. Se nossos filhos vão para a igreja vestidos com o uniforme do futebol, que seja.

Oi, meu nome é Cathy e eu sou uma contadora de pontos em recuperação. Minhas crises costumavam acontecer depois de meses sem nunca pedir ajuda ou aceitar as ofertas de Mike para pagar as contas, chamar o encanador ou qualquer outra coisa. "Pode deixar que eu faço" era o meu mantra. Eu era uma combinação de perfeccionista e controladora obsessiva. Acreditava que, para que as coisas fossem feitas corretamente, eu mesma teria de fazê-las. (Basicamente, eu achava que o mundo seria melhor se fosse dirigido por mim.) Mas havia uma falha fundamental nesse meu plano: uma mulher que trabalha fora e tem dois filhos não consegue dar conta de tudo. E não era possível tentar fazer tudo sem ficar com raiva do meu marido, embora ele sempre estivesse ao meu lado, disposto a ajudar (ou, para ser mais precisa, disposto a buscar ajuda). Eu parei de contar pontos quando desisti dessa obsessão. Percebi que outra pessoa pode pagar as contas, planejar as férias e achar uma escola de música para os nossos filhos.

Quando eu divido o fardo com Mike, sou uma mãe melhor, uma esposa melhor e, no geral, uma pessoa mais legal.

Oi, meu nome é Stacie e eu sou uma contadora de pontos em recuperação. A última vez que eu e Ross tivemos uma discussão séria por causa da contagem de pontos foi há oito meses, duas semanas e cinco dias, para ser exata. Enquanto escrevíamos este livro, percebi como ele ficava furioso quando eu acessava meu banco de dados de provas incriminatórias – com exatidão. Percebi que eu precisava esquecer todas as suas falhas anteriores e reconhecer que ele estava tentando não ser reincidente. Ele de fato estava dando o melhor de si. O engraçado é que, quando tentamos nos colocar no lugar um do outro, acabamos descobrindo que os dois estão certos, e de um jeito nada exato.

nos levam a lugar nenhum. *Seu parceiro fica chateado por você dar a entender que faz mais do que ele e acaba negando exatamente os elogios e o reconhecimento que você busca.* Ninguém sai ganhando.

Demonstre apreço e reconhecimento

E agora uma boa notícia: todas as pessoas nos disseram que querem mais empatia do que ação. Elas estão totalmente dispostas a fazer *mais* que a sua parte se seu trabalho for reconhecido – ou seja, desde que o outro diga "Obrigado" e "Você está fazendo um excelente trabalho" em vez de "Minha vida é tão mais difícil que a sua" e "Será que você não vê que as coisas são mais difíceis para mim?".

Qual a melhor maneira de motivar alguém? Reforço positivo. Julia e Stacie aprenderam isso na faculdade de administração. Cathy descobriu a mesma coisa trabalhando como advogada. Ressalte os pontos positivos: "Você me ajudou tanto com as crianças hoje de manhã." Elimine os comentários negativos: "Por que você não pôs a roupa para lavar agora à noite?" Isso é muito mais eficaz. É até melhor se você exagerar um pouquinho – mesmo que, no fundo, o outro não mereça o elogio porque simplesmente fez a sua parte. Quando você demonstra que aprecia o que seu parceiro faz, o deixa motivado a fazer novamente. (Obs.: isso também funciona com as crianças.)

> "Fico tão concentrada nas coisas que Kevin não faz que me esqueço completamente do que ele faz. E sei que às vezes não o elogio durante várias semanas. Acabo de me lembrar que o pai dele fez ótimos comentários a seu respeito quando nos falamos ao telefone na semana passada e eu nem sequer pensei em contar a ele."
>
> *–Janet, casada há 8 anos, 3 filhos*

Não sabe muito bem como começar? Está com tanta raiva que mal consegue formular uma frase coerente como: "Será que dá para levantar do sofá e me ajudar a guardar esses brinquedos?" Eis aqui algumas ideias para você começar – elas podem parecer óbvias, mas são pouco utilizadas:

1. *Reforço, apreço e reconhecimento.* Escolha um dos três e siga adiante.
2. Alguns exemplos (reais) de *coisas legais para se dizer*:

- "Nossa, eu me lembro de como é difícil viajar a trabalho. É uma droga. Sim, você foi porque era trabalho. Mas também foi por mim e pelas crianças. Obrigada."
- "Você está trabalhando e também consegue segurar as pontas em casa. Muito obrigado por fazer tudo isso pela nossa família."
- "Outro dia meu marido disse para a nossa filha: 'A sua mãe é maravilhosa. Ela cuida tão bem da gente.' Ele sempre diz coisas desse tipo e isso significa muito para mim."

Assim, por escrito, pode até parecer bobo, mas dizer essas coisas para o seu marido ou para a sua mulher faz uma grande diferença.

3. Pense nas *101 coisas invisíveis* que o seu marido ou a sua mulher fazem sempre e de vez em quando fale sobre elas:

- "Você lavou os pratos."
- "Você teve que aturar aquele chato do trabalho numa reunião que durou o dia inteiro."

- "Você lavou as minhas roupas."
- "Você trocou a fralda do bebê."
- "Você ficou preso no trânsito durante uma hora."
- "Você vestiu e deu café da manhã para os meninos antes que eu acordasse."
- "Você finalmente entendeu..."

A maioria de nós espera até que essas coisas invisíveis *não* sejam feitas para só então fazer um comentário. E todos já sabemos aonde isso nos leva.

4. Agradeça pelo que tem.

Às vezes ficamos tão atarefados que não percebemos a vida ao redor. De vez em quando é bom tirar a cabeça de dentro do cesto de roupa suja, da lista de compras, da torneira que está vazando, do prazo para entregar o trabalho e do estado lamentável da poupança para apreciar as coisas boas que temos.

Estabelecendo as expectativas e fazendo planos

Outra maneira eficiente de diminuir a contagem de pontos é bastante simples, mas nenhuma de nós (e nenhum dos nossos maridos) sequer havia pensado nela até começarmos a trabalhar neste livro. *Vocês precisam estabelecer uma divisão de tarefas. Delimitar áreas de responsabilidade.*

Por exemplo: o marido de Andrea, Daniel, é quem faz a comida. Phil, o marido de Helen, limpa a cozinha depois do jantar enquanto ela dá banho nas crianças e as põe na cama. Tom disse que ele e sua esposa Joanne deixaram bem claro como dividir as tarefas relativas ao filho: ele toma conta do bebê desde a noite de sábado até a manhã de domingo para que ela possa dormir até tarde. (A propósito, Tom é aquele pai dos DVDs do Baby Einstein.)

Allison disse: "Nós estabelecemos o que esperamos um do outro. Duas manhãs por semana, Bill acorda com as crianças.

Antes era eu que fazia isso todos os dias. Ele nunca se ofereceria, mas concordamos que ele levantaria mais cedo duas vezes na semana. Agora, ele faz isso sem reclamar."

Para que dê certo, é preciso fazer uma lista e dividir as tarefas. Sim, sabemos como é. Também não queríamos fazer uma lista porque isso é chato e toma tempo. Mas também traz muitos benefícios e o mais importante deles é que *vocês finalmente poderão parar de discutir sobre quem é responsável pelo quê*. Se isso não for um motivo bom o bastante para você, veja mais alguns benefícios da lista:

- Passamos a priorizar as coisas.
- Reconhecemos nossos hábitos de contar pontos.
- Vemos que os homens não são inúteis e que as mulheres não são controladoras obsessivas ou lunáticas que querem dominar a vida do marido.
- Eliminamos a pressão desnecessária no casamento ao deixar claro o volume de trabalho que os dois têm de enfrentar juntos.

Dividir para conquistar

Certa vez, um casal com cinco filhos nos disse: "Nós dois nos dedicamos 100%, cada um à sua maneira. Temos que nos concentrar no resultado final, nem sempre dividindo tudo meio a meio."

Assim que sua lista estiver pronta, vocês dois conseguirão ver a montanha de trabalho que estará sempre diante de vocês. Só há uma forma de fazer tudo isso: *dividir para conquistar.*

Theresa nos disse: "Temos uma boa divisão de tarefas. Se ele não fizer a sua parte, problema dele. Se não for muito importante, eu não ligo." Concentre-se nos seus pontos fortes. Se você adora cozinhar, fique com a parte da comida. Controle apenas as coisas que forem realmente importantes para você. Se lavar roupas claras e escuras separadamente for imprescindível para a sua felicidade, não deixe essa tarefa de lado, encarregue-se de lavar as

A LISTA COMPLETA

Faça uma lista de tudo, absolutamente tudo o que você acha que precisa ser feito – seja todos os dias, nos fins de semana ou só de vez em quando (como nos feriados e aniversários).

Tarefas diárias: trabalho; crianças (acordar, vestir, alimentar, limpar depois do café da manhã, pentear o cabelo, escovar os dentes, arrumar lancheiras e mochilas, etc.); levar os filhos para a escola/creche; manutenção diária da casa (pratos, roupas, lixo, etc.); cuidados com o jardim e o quintal; preparar refeições; organizar horários de cochilo para as crianças pequenas e os bebês.

Tarefas semanais: atividades em família e planejamento de horários (inclui festas de aniversário); organização da vida social dos adultos (vocês se lembram do que é isso?); fazer compras; planejar refeições; atividades extras depois da aula/organizar horários de brincadeiras e transporte; limpeza semanal/mensal (ou bienal?) da casa (tirar o pó, lavar os banheiros, etc.).

Tarefas especiais: contato com o restante da família (visitas, telefonemas, etc.); organizar fotografias; comprar presentes; festas de aniversário com a família próxima (3 a 6 pessoas); aniversários para toda a família (6 a 20 pessoas); organização da correspondência (cartões de aniversário, notas de agradecimento, e-mails); planejamento de viagens; feriados (cartões, decorações, presentes, atividades, comida); projetos da casa (reforma, manutenção e deixar a casa bonita); ser voluntário na escola das crianças.

Administração contínua: contas; saúde (consultas, plano de saúde, etc.); educação (seleção e avaliação de escolas).

roupas. E depois relaxe, pois seu parceiro vai cuidar da parte dele.

Aqui estão mais alguns exemplos de casais que adotaram a tática de dividir para conquistar:

> "Eu gosto das coisas bem organizadas, ele gosta de tudo bem limpo. Então, eu arrumo a casa e tiro os pratos da máquina de lavar louça e ele lava o banheiro. Há cerca de três anos, ele decidiu que ia aprender a cozinhar e agora quase sempre faz a comida. Eu lavo a maior parte das roupas."
>
> *– Carla, casada há 9 anos, 2 filhos*

Brandon e Lisa têm um acordo parecido: "Nós dois trabalhamos fora, então resolvemos dividir o dia. Eu fico com Parker pela manhã e a Lisa, à noite. É importante que haja uma rotina. Vocês precisam descobrir seus pontos fortes e, de acordo com isso, dividir as tarefas. Eu sou bom com as coisas maiores, como consertar torneiras com vazamento. Ela se sai bem nos detalhes, como pagar as contas em dia. Então dividimos as tarefas assim."

Fim de semana: dividam o cachimbo da paz

Como podemos acabar com as disputas no fim de semana? Você acha que isso é uma utopia? Talvez. Mas com um planejamento adequado podemos revezar as obrigações para que cada um tenha certo nível de realização pessoal (mesmo que seja apenas uma leve sombra do que era antes). Novamente, é uma questão de prioridades. É uma troca pura e simples. Cada um dá um pouquinho para receber um pouquinho. Ninguém pode ficar dizendo como o outro deve fazer as coisas nem fugir de fazer a sua parte. O segredo é planejar com antecedência e priorizar as coisas. Pese as pequenas tarefas, as atividades das crianças, as coisas que precisam ser feitas e o desejo de cada um de vocês de ter um tempo para si mesmos. Ah, claro: não se esqueçam também de reservar um tempinho para o casal.

Você tem uma folguinha dentro de casa?

Muitas pessoas com quem conversamos, tanto homens quanto mulheres, disseram que, de vez em quando, gostariam de ter um

COMPARAÇÕES: OUTRA GRANDE POLÊMICA

Descobrimos que, quando marido e mulher trabalham fora, ambos recorrem menos à contagem de pontos.

Comparando coisas iguais

Em geral, quando as mulheres trabalham fora, seus maridos acabam sendo mais prestativos. Consequentemente, os dois apelam menos para a contagem de pontos. Nossa tese é que esses homens ajudam mais porque precisam, pois suas esposas não têm tempo durante o dia para tomar conta da casa. Como os dois ficam fora o dia inteiro ou parte dele, os maridos entendem o quanto suas mulheres se sentem cansadas e estressadas no fim do dia, afinal eles também se sentem assim (comparação entre coisas iguais).

Comparando coisas diferentes

Por outro lado, parece haver mais contagem de pontos quando as mães são donas de casa. Seus maridos desconhecem o tanto de tarefas que elas têm, por isso não entendem quanto elas se sentem cansadas (comparação entre coisas diferentes). Dessa forma, eles se sentem menos dispostos a ajudar e acham que sua contribuição financeira reduz drasticamente (ou elimina por completo) suas obrigações domésticas. Diante disso, o que resta para a esposa senão passar a contar pontos? Nota: a maneira mais eficaz de fazer esse marido entender é o "fim de semana de treinamento".

tempo para simplesmente ficar em casa, sem fazer nada. Parece que, se você está *lá*, tem que estar trabalhando. Está errado! Todos merecem um tempinho livre dentro de casa, uma folga. Durante esse tempo, um não pode dizer ao outro o que fazer. Ela quer ler uma revista. Ele ler o jornal ou assistir à TV. Os dois podem tirar um cochilo.

Como e quando medir

Um pouco de contagem de pontos é inevitável em qualquer discussão sobre a divisão de tarefas. Sempre há uma troca saudável. Assim que dividimos o trabalho, as coisas ficam bem mais fáceis. No entanto, se começamos a sentir que a balança não está equilibrada, é importante conversar sobre o assunto. Não seja um "Emburrado Silencioso". Seja um "Solucionador de Problemas".

Exemplo:

- **Discurso improdutivo:** "Estou acordada com as crianças desde às 6h38. E ontem acordei às 6h17. E anteontem, às 6h20."
- **Discursos produtivos:** "Eu adoraria se revezássemos quem vai acordar cedo com as crianças" ou "Eu gostaria que você acordasse dois dias por semana para preparar o café da manhã das crianças".

Penalidades para faltas graves

E se, depois de vocês terem chegado a um acordo, um dos dois voltar aos velhos hábitos? Por exemplo, se ele ou ela não tocar numa panela ou numa vassoura durante uma semana ou fizer algum comentário irritante, do tipo "acordar às 8 horas não é exatamente dormir até tarde" quando *você* está acordado desde as 5h30 (outra história real), o que você deve fazer? Simplesmente aplique uma punição previamente combinada (por exemplo, o infrator terá que cuidar das crianças por mais duas horas durante seu "tempo livre"). Esta é uma ótima forma de evitar o mau comportamento. E, caso você precise impor a pena, ela vai deixar uma impressão duradoura sobre quem não cumpriu as regras.

Os doentes pedem socorro

> "Acho que meu marido não perceberia se eu ficasse doente até tropeçar no meu cadáver quando fosse pegar o carro na garagem."
>
> *– Amanda, casada há 9 anos, 3 filhos*

Odiamos ter que dizer isso, mas os homens provavelmente não vão perceber quando suas esposas estão doentes nem vão oferecer ajuda até que elas digam claramente o que está acontecendo. Seja direta quando sua sobrevivência estiver em jogo. Se você pedir ajuda e ele não reagir adequadamente, é hora de um fim de semana de treinamento, de preferência quando ele estiver muito gripado, se enchendo de analgésicos e antitérmicos.

E aqui está mais um exercício de empatia para os homens: da próxima vez que vocês ficarem a noite inteira vomitando, imaginem ter de sair da cama para fazer sanduíches, colocar roupa de banho nas crianças e levá-las de carro para a aula de natação. Dá até para sentir a dor, não é?

> "O que eu devo fazer? Tirar um dia de folga quando minha mulher ficar doente? Tente falar isto para o meu chefe."
>
> – *Nick, casado há 7 anos, 2 filhos*

Da próxima vez que sua mulher estiver passando por um dia de morta-viva, tente fazer alguma (ou todas) as coisas da lista a seguir, dependendo da gravidade da doença (ela vai achar que você vale ouro):

- Antes de sair de casa, vista, alimente e prepare as crianças para a escola.
- Se puder, leve-as até lá.
- Chegue no trabalho mais tarde, saia mais cedo ou passe em casa na hora do almoço.
- Ligue para outro ser humano e peça para vir ajudá-la durante algum tempo.

E se a sua mulher estiver *fisicamente acabada*, talvez *seja* hora de usar uma das suas folgas – em nome do amor e da decência.

SOLUÇÕES PARA AS MULHERES

Você quer mesmo que ele seja uma mulher?

Ao escrever este capítulo, conversamos com muitas mulheres cujos maridos faziam muitas coisas – por exemplo, preparavam o jantar com frequência, davam banho nos filhos, planejavam as férias da família –, mas ainda assim elas continuavam insatisfeitas. Diziam coisas como: "Eu quero que ele se preocupe tanto quanto eu." "Ele deveria perguntar como foi a consulta do bebê com o pediatra." "Eu queria que ele fosse mais sensível." "Por que ele não consegue enxergar o que precisa ser feito?" Nós três também nos sentimos assim de vez em quando. Será então que às vezes queremos que nossos maridos sejam mulheres?

Querer que os homens façam a sua parte (e talvez "que vejam o que precisa ser feito" e façam sem que precisemos pedir) é perfeitamente justo. Por outro lado, querer que eles reajam na hora certa a todas as nossas variações emocionais é insensato. Afinal, eles são homens. Talvez alguns sejam emocionalmente evoluídos a ponto de ser "a melhor amiga" num momento e um "homem viril" logo depois, mas no momento não conseguimos pensar em nenhum. Não nos interprete mal: não estamos dizendo que os homens são incapazes de ser sensíveis, que não são nossos "melhores amigos" ou que não se importam com a consulta do bebê, porque é claro que eles são e é claro que se importam. Só queremos dizer que às vezes nossas expectativas são altas demais ou irreais.

Você age como uma leoa?

Será que não somos nós que fechamos as portas para a igualdade doméstica? Será que não são nossas ações que fazem nossos maridos não terem vontade de oferecer a ajuda que tanto queremos? Reclamamos que eles não fazem o suficiente, mas controlamos suas tentativas e criticamos seu desempenho quando eles não são perfeitos. "Eu me sentia muito chateado quando minha mulher ficava em cima de mim enquanto eu trocava uma fralda. Me deixe em paz. Eu consigo fazer isso", confidenciou Mark.

Nós nos esquecemos que cuidar dos filhos foi um aprendizado difícil para nós também. Poucas mulheres tentariam sabotar deliberadamente as tentativas de seus maridos para ajudá-las com as crianças, mas talvez façamos isso de forma inconsciente. "Você não está segurando a mamadeira direito." "Essa camiseta que você pôs nele é muito pequena." Ele também precisa aprender com os próprios erros. Se dissermos o tempo todo como nossos maridos devem fazer as coisas, eles sempre vão adotar o papel de *ajudante*. Nunca vão assumir igualmente as responsabilidades, nunca serão o parceiro que queremos.

Deixe que ele seja o pai que ele quer ser

Nossos instintos maternos também nos levam a exagerar um pouco – "ninguém sabe cuidar dele como eu". Se queremos que nossos maridos sejam pais mais participativos, precisamos combater esta tendência. Até Gloria Steinem, uma das feministas mais ativas, disse: "Precisamos saber não apenas que as mulheres conseguem fazer o que os homens fazem, *mas que os homens também conseguem fazer o que as mulheres fazem.*"

Eles não farão as coisas do nosso jeito, mas eles *vão conseguir*. Percebemos que as mulheres que se sentem felizes com a forma como seus maridos agem como pais aprenderam a fazer concessões e a deixar que eles mesmos definam seu jeito de lidar com as crianças. Nossa amiga Denise disse: "Eu ainda tremo quando meu marido brinca de forma um pouco mais agressiva e agitada com as crianças, mas esse é o jeito dele se relacionar com elas. Tenho vontade de dizer 'alguém vai acabar se machucando', mas mordo a língua. Alguém sempre acaba chorando, mas eles se divertem mesmo assim."

Talvez você tenha a impressão de que um furacão passou pela sua casa: as coisas ficarão sujas e as crianças vão aparecer com os joelhos ralados enquanto estiverem sob os cuidados dele. Mas isso também pode acontecer quando elas estão conosco. Se quisermos que nossos maridos sejam pais ativos, temos que sair do caminho. Eles não vão agir como parceiros se nós os tratarmos como ajudantes. Os homens se envolvem mais quando conseguem se relacionar com os filhos do jeito deles. E chegamos um pouco mais perto daquele ideal de dividir igualmente a responsabilidade pelas crianças.

Bom o bastante é o *bastante* e os atalhos (às vezes) são permitidos

Muitas discussões a respeito da divisão das tarefas surgem por causa de padrões diferentes. As mulheres querem que tudo saia perfeito. Os homens só querem que as coisas sejam feitas. Eles ficam desesperados porque suas mulheres não lhes dão crédito pelo que fazem, mas quando 75% do trabalho continua inacabado é difícil ficarmos felizes com os 25% que eles fizeram. Nos sentimos chateadas porque temos que resolver tudo o que eles deixaram para trás. O que eles fizeram não foi bom o bastante. Ou foi?

Cuidar dos filhos e da casa não é uma ciência exata. Sem dúvida nós já temos muito estresse em nossa vida sem exigir que a casa esteja perfeita. Será que existe algo por trás desses atalhos que os homens usam? Talvez possamos chegar a um acordo sobre como cada um de nós vê determinada tarefa. Não estamos defendendo o caos doméstico. E, pessoalmente, não achamos que a atitude "bom o bastante é o *bastante*" deva ser adotada em casos importantes, como a alimentação ou a segurança das crianças. Mas e quanto às coisas menores? Será que as crianças realmente precisam arrumar a cama todos os dias? Nós três descobrimos que *diminuir um pouco os padrões é uma sensação maravilhosa*. Às vezes é legal dizer: "Quem liga para isso?"

Fim de semana de treinamento: educação contínua

Se você acha que o seu marido está deixando a desejar nos quesitos elogios e ação, talvez seja hora de continuar a educação dele. Ou se a última vez que ele teve um fim de semana de treinamento foi quando seu filho – que agora já corre, come alimentos sólidos e sabe usar o penico – mal conseguia se sentar sozinho, então seu marido não entende muito bem como é a sua vida agora, certo? (E se ele nunca teve um fim de semana de treinamento, o que você está esperando?)

SOLUÇÕES PARA OS HOMENS

Nós percebemos que a única maneira de os homens pararem de contar pontos e de fazer com que suas esposas sejam "mandonas" é eles compreenderem por que este assunto é tão importante para elas.

Use a cabeça

Vamos pensar na origem da contagem de pontos de maneira lógica. A + B = C (exatamente como vocês gostam):

(A) Expectativas da esposa quanto à igualdade

+

(B) Incapacidade do marido de compreender (empatia) e reagir de acordo (ação)

(C) Esposa infeliz e ressentida que vive contando pontos e pode transformar sua vida num inferno. Lembre-se de que neste esporte ela é uma profissional e você é um amador de meia-tigela.

Você entendeu o que tentamos dizer com "queremos um parceiro, e não um ajudante"? Se não entendeu, leia de novo neste capítulo a seção "Como as mulheres se sentem". Melhor ainda: peça à sua mulher para lhe explicar. Compreenda por que ela fica irritada por ter de assumir a maior parte das responsabilidades domésticas.

Vocês se casaram em algum momento bem depois de 1980 (pelo menos é o que imaginamos). Antes de terem filhos, se tratavam como iguais. Então, por que você deixou a peteca cair assim que seus filhos nasceram? Para as mulheres, isso parece uma "propaganda enganosa doméstica". Sabemos que, no fundo, você ainda acredita que ela é igual a você (isso se não achar que ela é melhor), mas quando age como se as coisas chatas da casa não fossem sua responsabilidade, ou pior, como se estivesse *acima* delas, você manda as seguintes mensagens para sua mulher:

- que ela é inferior a você;
- que o seu trabalho é mais importante que o dela;
- que você não a respeita;
- que você não dá valor para as coisas necessárias ao bom funcionamento da família.

Nenhuma mulher que conhecemos se sente feliz com essas coisas. Sua esposa quer ter certeza de que a família é sua prioridade. Ela precisa sentir que vocês são uma equipe.

É melhor começar a agir

Ter empatia é ótimo, mas só até certo ponto. As ações valem mais que as palavras. Deixe para trás o "homem passivo" – você sabe, aquele cara que sempre dá um jeito de fugir do trabalho – e torne-se um super-herói. É um pássaro? É um avião? Não! É o "homem prestativo"!

Nossa amiga Abby declarou: "Meu marido sempre diz para eu descansar um pouco, deixar a roupa suja para lá, tirar um cochilo. E como fica a roupa? Claro que eu poderia tirar um cochilo, mas depois teria que ficar até as 22 horas cuidando delas. Se *ele* fosse fazer isso, então eu *poderia* dormir um pouco. Aliás, é uma ideia maravilhosa." Encorajar sua esposa a descansar pode parecer apenas um "meio-esforço" de colaborar, a menos que você complemente com: "Pode deixar que eu cuido disso, querida."

Mesmo que sua mulher fique em casa com os filhos, isso não significa que é ela que tem que cuidar de tudo, todas as noites e todos os fins de semana. Quando os dois fizerem um planejamento das tarefas, ela vai entender que você precisa de um tempo para si mesmo e você vai entender que ela precisa da sua ajuda. *E se já faz um tempo desde que sua mulher realmente descansou, diga para ela ir viajar – ofereça-se para fazer todo o trabalho no fim de semana.*

As chatices domésticas: será que elas têm algum valor?

Claro que têm! Imagine como seria a sua casa se ninguém cuidasse dessas "chatices". Além do fato de que fazer a sua parte das obrigações domésticas é a coisa certa, talvez haja valores intangíveis, mas significativos, em cumprir essas pequenas tarefas e alimentar o bebê. O ator colombiano John Leguizamo certa vez disse numa entrevista:

> "Quando não estou trabalhando, preciso ser pai. Tenho de levar e buscar as crianças na escola, levá-las ao banheiro... Mas fazer essas coisas rotineiras com seus filhos gera uma proximidade. É como uma terapia. É um negócio zen. Não preciso ficar fazendo coisas importantes o tempo todo – é legal ser útil para nossos filhos, até certo ponto."[3]

E quais são os outros valores intangíveis? A sua presença deixa as crianças felizes e seguras. Tudo o que elas querem é ficar com você. O tempo dedicado a elas agora vai influenciar quanto tempo *elas* vão querer dedicar a você quando ficarem mais velhas (elas e você também). Seu modo de participar da vida familiar vai influenciar o modo como seus filhos se comportarão como pais (e maridos ou mulheres). E, claro, sua mulher vai achar que você é maravilhoso.

Outras coisinhas importantes para se pensar...

Jamais use o plural "nós". "*Nós* precisamos dar mais verduras e legumes para as crianças. *Nós* deveríamos colocá-las para dormir às 20 horas." Se você quer que algo seja feito, faça. Eles também são seus filhos. Se você sugere alguma coisa e não age, ela vai descontar muitos pontos.

Será que você é um "infrator reincidente"? Você fica irritado (ou até surpreso) quando sua esposa continua a chamar sua atenção por causa de falhas antigas? Uma perguntinha inocente: será que você estava prestando atenção da última vez? Será que um pequeno ajuste no seu comportamento não resolveria o problema? "Humm. Nas últimas férias, ela ficou chateada comigo porque joguei bola todos os dias em vez de passar algum tempo na piscina com as crianças. Talvez este ano eu devesse jogar dia sim, dia não..."

Os super-heróis sempre conquistam a mocinha, certo? O "homem prestativo" faz mais sexo que o "homem passivo". Você ganha muitos pontos. Nossos estudos comprovaram.

QUATRO

A "vida sexual" dos novos pais

Coitus non existus

Uma história, planetas diferentes

Janet e Kevin têm três filhos pequenos. Janet fica em casa com as crianças. O trabalho de Kevin exige que ele viaje algumas vezes por mês. Veja como cada um deles descreveu uma noite recente em casa:

Kevin: "Pensei em Janet durante todo o voo de volta para casa. Tenho viajado bastante e quase não nos vemos. E, claro, fiquei pensando se ela estaria "no clima" mais tarde – afinal de contas, já fazia oito dias, cinco horas e 28 minutos desde a última vez que tínhamos feito sexo. Quando cheguei em casa, ela me deu um abraço bem apertado, então comecei a ficar otimista. Mal tirei a gravata, ela começou a me passar as minhas 'tarefas': 'Você pode dar banho nas crianças? Ligou para o banco? Pegou as roupas na lavanderia?' Ela nem me deu tempo para respirar. Eu devia ter pego o voo direto para Phoenix em vez de ir para casa."

Janet: "Fiquei tão feliz quando Kevin chegou em casa. Finalmente eu teria uma folga. Pensei que, depois que ele pusesse as crianças para dormir, poderíamos nos sentar juntos no sofá e tomar um vinho. Mas o que ele fez? Suspirou e revirou os olhos, impaciente. Eu só precisava de um pouco de ajuda. Mas foi como se eu tivesse pedido para ele trocar a fiação da casa inteira. E, veja bem, eu não me sentei e coloquei os pés para cima – fui limpar a cozinha e lavar mais uma pilha de roupas."

Kevin: "Então fui esperar por ela na cama. Estava tão feliz por vê-la de novo. Aquela sensação de 'Ah, finalmente, minha mulher está aqui'. Eu até podia sentir a tensão daquele dia estressante e da viagem de avião indo embora enquanto sonhava tocá-la."

Janet: "Joey fez xixi na calça assim que o coloquei na cama e o bebê vomitou em mim – de novo – depois de tomar a mamadeira. Quando terminei de limpar toda essa sujeira, não tinha energia nem para trocar de roupa. Finalmente fui para a cama e logo comecei a apagar. Kevin estava com "aquela" cara e então "ela" começou a vir na minha direção... a *mão*! Naquele momento, a única coisa que passou pela minha cabeça foi: 'Será que ele acha que isso me excita? Ele não faz nada para me ajudar e ainda espera que eu esteja a fim? Nós nem sequer conversamos! Ele acha que eu sou uma loja de conveniência, sempre à disposição dele? Mas, se eu disser não, ele vai ficar todo nervosinho. Talvez eu possa descansar só cinco minutinhos, mas, meu Deus, não tenho mais energia para nada. Ei, isso no meu cabelo é vômito?'"

Kevin: "Adivinhe só? Ela bateu a porta na minha cara de novo. Eu sou só um robô que trabalha para ela. Não ganho nada em troca. Estou de saco cheio. É como se eu tivesse uma colega de quarto, não uma esposa. O que preciso fazer? Alugar filmes pornôs e assistir num quarto de motel?"

Parece familiar? Todos nós já passamos por isso.

O capítulo mais importante deste livro

Quantas vezes você já se perguntou: "Como é que isso foi acontecer?" O sexo costumava ser tão natural e satisfatório para vocês dois. Ambos tinham vontade. E conseguiam. Por que, de repente, agora que há bebês em casa, o sexo se transformou em motivo de discórdia e tensão?

Todos nós passamos por isso, mas ninguém assume: a vida sexual da maioria dos casais sofre um declínio radical na frequência e na qualidade durante os primeiros anos dos filhos. O problema é que, quando não há sexo, ou quando um pede desesperadamente e o outro cede de má vontade, o casamento fica reduzido a uma parceria doméstica sem graça. Sexo é o caminho para a verdadeira intimidade. É a cola que une o casamento. Sem ele, passamos a achar, como Ethan Hawke diz no filme *Antes do pôr do sol*, que "agora coordenamos uma pequena creche junto com a pessoa que costumávamos namorar". Quando você divide a casa e seu parceiro com crianças pequenas, o sexo pode ser o último item da sua lista de coisas a fazer (ou coisas que você pode fazer). Mas, na verdade, agora você precisa disso mais que nunca.

Essa questão do sexo pegou nós três (e nossos maridos) totalmente de surpresa e foi a principal razão para escrevermos este livro. Vamos dizer a você o que ouvimos das centenas de homens e mulheres com quem conversamos e dividir algumas ideias do que podemos fazer a respeito desse problema tão complexo.

O grande abismo

É tão ruim assim? Será que homens e mulheres estão mesmo separados por um espaço tão grande, profundo e sinistro? Bom, talvez você esteja entre os felizardos para quem as coisas continuam ótimas. Mas, depois de conversar com tantas pessoas, podemos garantir que isso, definitivamente, *não* é normal. Depois de ter filhos, o sexo deixa de ter tanta importância para as mulheres. Seu desejo e disposição sofrem um grande abalo. Os homens, no entanto, continuam querendo sexo e a ligação emocional que ele proporciona com a maior frequência possível. A oferta da esposa não corresponde à demanda do marido. Para a maioria dos casais, esta é uma equação impossível de resolver, por mais que se refaçam os cálculos.

> "Em certos aspectos, esse negócio de casamento é um paliativo. Sua vida sexual literalmente acaba depois de ter filhos. Sinto que minha mulher me atraiu com uma propaganda enganosa –

como se ela tivesse fingido durante todo aquele tempo que gostava de sexo só para me fazer casar com ela. Desde que tivemos filhos, fazemos sexo uma vez a cada três meses e mesmo assim parece que ela está me fazendo um favor. Já tentei dizer a ela várias vezes como isso me magoa, mas ela sempre distorce tudo e me faz parecer um tarado. Sou apenas um homem normal. Só quero fazer sexo com ela. Eu preciso disso. O que há de tão horrível nisso? Até já procuramos um terapeuta para falar sobre esse assunto. Ela disse que me entendia, mas não entende de verdade. Eu já desisti. Não quero traí-la, mas às vezes fico pensando: como será que eu ia agir se surgisse uma oportunidade?"

– George, casado há 13 anos, 2 filhos

"Não é que eu não queira ficar com meu marido. De jeito nenhum. E também não quero magoá-lo. Esta seria a última coisa que eu ia desejar. Mas a verdade é que ultimamente não ligo nem um pouco para sexo. Não me sinto sexy. Eu me sinto gorda. Estou cansada demais. Passar o dia cuidando de crianças pequenas é a coisa menos sensual que existe. No fundo eu sei que devia dar mais atenção a isso, mas no fim do dia eu me sinto física e emocionalmente esgotada. O desejo dele parece quase infantil porque dá a impressão de que ele não se importa com as minhas necessidades. Se estou ali, tenho que estar disponível, certo? Queria que inventassem um Viagra para mulheres. Seria só tomar um comprimido e entrar no clima."

– Alicia, casada há 8 anos, 2 filhos

Ele usa palavras como "paliativo", "propaganda enganosa" e "tarado", sente-se frustrado, magoado e resignado. Ela diz "obrigação" e "última coisa que passa pela minha cabeça". Grande abismo? Chame como quiser. Tudo o que podemos afirmar é que isso aconteceu conosco.

Nós três somos mulheres comuns, com apetites sexuais normais. Antes de nos tornarmos mães, gostávamos de sexo; líamos artigos do tipo "como levar seu homem à loucura" em revistas femininas; queríamos fazer sexo quase com a mesma frequência que nossos maridos e, mesmo quando não estávamos com tanta vontade assim, nos sentíamos dispostas a agradá-los. Mas, como mães de crianças pequenas, o sexo deixou de ser prioridade para nós. Mesmo depois do primeiro ano de nossos bebês, sexo, que antes acontecia uma vez por semana, ainda parecia uma obrigação mensal, exatamente como arrumar a gaveta de meias. Nós nos dedicamos tanto aos filhos que não restou nada para os maridos. Não foi uma decisão deliberada. Simplesmente aconteceu.

Depois que passamos para o outro lado do abismo, deixamos nossos maridos para trás, ainda querendo aquela conexão física e emocional conosco e sentindo-se profundamente magoados com nossas constantes rejeições. Só quando começamos a trabalhar neste livro e a conversar com outros homens (ou seja, homens que não tinham nenhum interesse no resultado da discussão) percebemos que essa crescente falta de intimidade era o motivo de grande parte dos problemas de nossos casamentos.

Será que era *mesmo* tão grave deixar de fazer sexo uma ou duas vezes por semana para fazer uma ou duas vezes por mês? Segundo Larry: "Assim como para a valorização de um imóvel as três coisas mais importantes são a localização, a localização e a localização; no casamento, as três coisas mais importantes para um homem são sexo, sexo e sexo." No começo, achamos que ele estivesse exagerando, mas depois descobrimos que não.

Para ampliar a perspectiva desse comentário, perguntamos a outros amigos o que suas esposas faziam por eles e que os deixava tão felizes quanto sexo. A resposta foi: "Nada nos deixa mais felizes do que isso." Nem um jantar especial, com quatro pratos diferentes? "Não." A resposta foi unânime: "Essa é a questão número um. Está mil vezes à frente de todas as outras."

Por que essa diferença?

Principalmente num assunto tão fundamental, que nos define como seres humanos que querem se comprometer com uma pessoa para toda a vida? Será que a Mãe Natureza está nos pregando uma peça de mau gosto? Não seria melhor se homens e mulheres tivessem o mesmo impulso sexual a vida inteira? Bom, aparentemente há uma boa razão para isso: é a questão da propagação da espécie. A biologia faz com que sejamos imagens contrárias um do outro, como polos opostos, para promover a continuidade da espécie (*ele* quer espalhar suas sementes) e para aumentar as chances de sobrevivência da prole (*ela* se concentra no bebê). Robert Wright resume essa ideia nos primeiros capítulos do seu best-seller de 1994, *O animal moral*. Wright, usando termos do biólogo George Williams, descreve os interesses genéticos do homem e da mulher em termos do sacrifício necessário para a reprodução:

> "Para o mamífero do sexo masculino, o sacrifício necessário para se reproduzir é quase nulo. [Isso] requer um gasto de energia insignificante (...) de sua parte e somente um lapso de atenção momentâneo às coisas que dizem respeito diretamente a sua segurança e bem-estar. No entanto, para a fêmea, a cópula pode significar um compromisso com um fardo prolongado (gravidez, parto e muitos anos de cuidados com a prole dependente) e a pressão e os perigos relacionados a ele. Assim, é interesse genético dela assumir o fardo da reprodução somente quando as circunstâncias parecem propícias."[1]

Então é isso. O corpo e a vida dos homens não são afetados pela chegada dos filhos da mesma forma que acontece com as mulheres. Eles proliferam seus genes por meio do sexo. As mulheres, por sua vez, são compelidas pela natureza a cuidar da prole e a excluir todo o resto. Elas garantem sua herança genética cuidando de seus filhos.

Quando paramos para pensar que nossos comportamentos são, no fundo, derivados de milhões de anos de biologia evolutiva, isso tira *um pouco* do peso dos nossos ombros, não é? Então podemos todos relaxar. A origem do conflito é o ímpeto biológico diferente. Nossas frustrações modernas são, mais do que imaginamos, biologicamente pré-programados.

Rapazes, tentamos ao máximo entender o seu lado da história e esperamos fazer justiça ao que vocês sentem nas páginas seguintes. Perdoem-nos se não conseguirmos entender perfeitamente todas as perspectivas do problema. Como prova do nosso desejo de sermos corretas e justas, vamos deixar vocês terem a palavra primeiro...

COMO OS HOMENS SE SENTEM

> "Você se casa porque existem tantas coisas que você ama naquela pessoa. Sexo é uma delas. Ninguém imagina que isso um dia vá desaparecer. Espera-se que ela esteja disponível para transar. Isso era parte do acordo, não era?"
>
> *– Larry, casado há 3 anos, 1 filho*

Por que sexo é tão importante para ele

Quando perguntamos aos homens casados o que sexo com suas esposas significava para eles, a resposta universal era "tudo". Mas por quê? Não conseguíamos entender de jeito algum. Quer dizer, nós, mulheres, sempre gostamos de sexo também. Mas por que todo esse drama?

> "Não é só o ato sexual em si – o que importa é o contato íntimo. Eu me conecto num nível totalmente diferente com a minha esposa."
>
> *– Brian, casado há 6 anos, 2 filhos*

> "Quando minha mulher faz sexo comigo, é como se ela dissesse que gosta de mim, que sou uma boa pessoa, que ela quer ficar comigo."
>
> *– Larry, casado há 3 anos, 1 filho*

Um amigo, Paul, até brincou: "Somos criaturas bem simples, na verdade. Eu sei que as mulheres querem que sejamos um quebra-cabeça emocional complicado, fascinante, mas não somos. Na verdade, somos bem matemáticos." Mas, como vocês veem nas declarações de Brian e Larry, os motivos para que os homens precisem tanto de sexo estão longe de ser simples. Se realmente fosse só um ato físico, um alívio necessário e nada mais, eles poderiam literalmente cuidar do assunto com suas próprias mãos. A necessidade física, no entanto, é só a ponta do iceberg. Os homens nos disseram que, assim como as mulheres, também precisam se conectar emocionalmente, só que fazem isso de um jeito diferente, por meio do sexo. Quando eles dizem que "precisam de sexo", estão dizendo, na verdade, que precisam ser tranquilizados, reconhecidos e ter contato emocional – necessidades humanas fundamentais. Não podemos criticá-los por isso.

Em abril de 2005, um artigo na *Psychology Today* falava sobre como as mulheres modernas esperam um nível maior de intimidade emocional com seus maridos para considerar seus casamentos "gratificantes":

> "O sexo é extremamente subestimado como um elemento que leva à comunicação que muitas esposas querem ter. Embora algumas mulheres pareçam não gostar do fato de que seus maridos as desejem e de que também querem se sentir desejados, o próprio ato (diferentemente das conversas) permite que muitos homens fiquem mais disponíveis emocionalmente. Eles se tornam vulneráveis quando estão sexualmente envolvidos. Talvez... as mulheres pudessem pensar no sexo mais como uma forma

de comunicação. Muitas mulheres veem a coisa como mais trabalho – mas não é isso o que elas querem de seus homens?"[2]

O impacto da abstinência e da rejeição

"Como minha mulher reagiu à maternidade? Posso resumir numa frase: 'Querido, esqueci que você existe.'"

– *Gabe, casado há 6 anos, 2 filhos*

A maioria dos homens com quem falamos ficaram muito surpresos com o fato de suas mulheres de repente terem perdido o interesse por sexo e ansiavam retomar a intimidade emocional que tinham antes. Eles expressaram sentimentos de solidão, frustração, raiva e até resignação que nós três achamos bastante reveladores.

Disseram que muitas vezes se sentiam abandonados e negligenciados. Eles veem que suas esposas encontram uma força sobre-humana para cuidar dos filhos. Por mais exausta que ela esteja, ela sempre tem energia para ler uma historinha para as crianças antes de dormir. Ela levanta, não uma vez, mas 10 vezes durante a noite se o bebê chora e chama por ela. Jamais ouvimos uma mãe dizer: "Estou cansada demais para alimentar essa criança. Deixe que ela durma com fome." Mas os homens acham que, depois que tiveram filhos, suas mulheres os deixam dormir com fome todas as noites. "Hoje não" se torna uma resposta recorrente.

Como disse Steve: "Nada deixa mais claro que não sou importante do que ver as costas da minha mulher viradas para mim noite após noite. Essa mesma pessoa pula num instante sempre que nosso filho chora de madrugada. Eu teria que tocar fogo na cama para conseguir a mesma atenção." Brian se deu conta de que seu casamento tinha entrado numa nova fase quando sua esposa, que estava de saída para a academia, parou para dar um beijo no bebê que estava no colo dele. "Eu não ganhei nem um beijinho no rosto. Nem um tchau. Ela nem mesmo olhou para mim. Não é que eu tenha ciúmes do nosso filho. Eu só quero um pouco de atenção." Se você pensar por um instante, é fácil entender o ressentimento deles. Talvez eles não saibam comunicar essa mágoa, mas a dor está lá.

Rejeição: por que "não" significa muito mais que não

"Sexo está ligado à autoestima masculina. Quando um homem não faz sexo, sua autoestima fica abalada. Eu fico chateado com minha mulher quando ficamos semanas sem fazer sexo. Começo a sentir raiva dela e a pensar que ela não me acha atraente ou que não gosta mais de mim."

– Peter, casado há 8 anos, 3 filhos

"Certa noite, eu estava num restaurante e ouvi um grupo de mulheres numa mesa próxima, rindo e falando sobre como elas se esquivam de seus maridos e não fazem mais sexo. Primeiro aquilo foi como um soco no estômago, porque a situação me pareceu familiar. Depois, passei a me sentir totalmente desiludido. As mulheres realmente pensam assim?"

– Seth, casado há 7 anos, 2 filhos

Os homens nos disseram que seu maior medo era ser rejeitado. O efeito de uma rejeição atrás da outra é "devastador". Uma de suas maneiras de compreender o mundo é contabilizando as coisas. Por isso eles gostam tanto de esportes, é algo que se pode quantificar, é muito fácil saber quem ganhou e quem perdeu. Eles gostam de medir tudo. E o sexo é o parâmetro com o qual eles medem quanto suas mulheres gostam e precisam deles. Quando uma mulher diz não para o sexo, o que os homens realmente ouvem nesse "não" é que suas esposas não os desejam, que não precisam deles e – se isso continuar por muitos meses – que não os amam. Custamos a acreditar, mas os homens de fato contam o número de vezes que são rejeitados por suas mulheres. Se você acha que é mentira, pergunte ao seu marido.

Veja esse comentário do nosso amigo Thomas: "Li num livro que eu não deveria tomar a iniciativa para o sexo e sim esperar que minha mulher fizesse isso. Então eu não tomo a iniciativa e ela também não. Passamos meses sem fazer sexo e eu fico arrasado."

Nossos amigos disseram que as coisas "saem dos eixos" e que "o céu desaba sobre suas cabeças" sempre que suas mulheres os rejeitam. Como mulheres, tivemos dificuldade de entender essa angústia. Não estamos acostumadas a ouvir homens falando desse jeito. Para sermos honestas, muitas de nós não se importariam nem um pouco em deixar de fazer sexo durante vários meses. Mas como nos sentiríamos se nossos maridos não falassem conosco durante um mês? Se não nos perguntassem como estamos nos sentindo? Se simplesmente nos ignorassem? Diríamos que as coisas estão fora dos eixos no casamento e que o céu está desabando sobre nossas cabeças. Também ficaríamos arrasadas.

"Está bem, então" não é melhor que "não"

Um marido pode se sentir rejeitado mesmo quando sua mulher faz sexo com ele. Como isso é mais que um ato físico para os homens, o que eles desejam não é exatamente que suas esposas fiquem deitadas pensando em outras coisas. Eles querem que elas tenham vontade de estar com eles. Como disse Patrick: "Ouvir sua mulher suspirar e dizer 'está bem, então. Se você quer tanto...' é de cortar o clima." Recentemente, uma mulher admitiu no programa da Oprah que fica vendo TV enquanto o marido faz sexo com ela. Isso é terrível. O fato de ele continuar querendo fazer sexo com ela nessas circunstâncias é uma prova incontestável do impulso sexual masculino! Mulheres: imaginem que seus maridos a levem a um restaurante, mas fiquem grudados num livro durante todo o jantar. Vocês não ficariam magoadas?

Uma palavrinha sobre os pequenos gestos de intimidade

"Os homens passam a semana inteira sem tocar ninguém. Sem nenhum contato humano além de um aperto de mão. Então não é absurdo que eles queiram ter contato físico com a pessoa com quem se casaram!"

– Frank, casado há 7 anos, 2 filhos

Eis outra reclamação que ouvimos bastante: quando a frequência do sexo diminui, os "pequenos gestos de intimidade", como beijos e abraços, também diminuem. Por que isso acontece?

Quando uma mulher começa a perder o interesse por sexo, fica relutante em beijar e abraçar seu marido, com medo de que esses gestos sejam interpretados como um sinal de que ela quer transar. Para ela, um beijo e um abraço quando ele chega em casa podem dar a impressão de que elas "estão no clima" para mais tarde.

No caso dos homens, quando a frequência do sexo diminui, eles ficam desesperados em busca de afeição física, então realmente entram em ação diante do menor sinal de interesse. Quando os beijos e abraços não levam ao objetivo esperado, com o tempo eles ficam chateados com a rejeição e também passam a evitar essas pequenas intimidades físicas.

A comunicação – ou a falta dela

"Nunca entendi as mulheres, é claro, porque sou um homem. Mas eu achava que conhecia bem a minha esposa. Afinal, já estávamos casados havia um tempo. No entanto, nunca consigo entender o que ela quer. Ela está sempre mudando o motivo por que não podemos fazer sexo. Numa semana, é porque eu disse algo insensível. Na outra, ela está muito cansada. Na seguinte, ela se sente gorda. E depois, adivinhem só? Fui insensível de novo."

– Marcus, casado há 10 anos, 2 filhos

"Tentar descobrir o que faz minha mulher entrar no clima é como brincar num daqueles jogos em que temos que bater com um martelo na cabeça de um bicho, mas nunca sabemos de que buraco ele vai sair."

– Dan, casado há 9 anos, 2 filhos

Como já dissemos, os homens se orientam por objetivos. O modo como eles se veem é definido por sua capacidade de atingir resultados. Eles estabelecem metas e tentam alcançá-las. Nossos amigos descreveram a imensa frustração que sentem quando o alvo (no caso, mais sexo) é mutante. Em termos mais simples, quando os homens não conseguem atingir seus alvos, sentem-se fracassados. Depois dos filhos, nós, mulheres, começamos a dar as desculpas mais esfarrapadas para evitar fazer sexo. Ou então fazemos uma lista de condições quase impossíveis para qualquer homem cumprir. As mulheres são bem engenhosas quando se trata de ignorar ou se esquivar de ter relações com os maridos. Nós três sabemos disso porque também agimos assim. O que não entendíamos na época era como estávamos ferindo o ego deles.

A plateia não está prestando atenção

"Fiquei surpreso quando o sexo se tornou um problema para nós. Eu achava que todo mundo gostava de transar. Também fiquei surpreso ao ver como era difícil falar sobre isso com minha mulher. Não sou a pessoa mais direta do mundo, mas tentei ser o mais objetivo possível sobre esse assunto e mesmo assim ela não entendeu. Eu me sinto ainda mais vulnerável por ter exposto meus sentimentos dessa maneira."

– Trevor, casado há 9 anos, 2 filhos

A dor da rejeição fica muito pior quando as tentativas de comunicação deles entram por um ouvido e saem pelo outro. Muitos disseram que suas esposas não levam esse assunto a sério. Outros dizem que perderam as esperanças. Sentem-se resignados a uma vida sem sexo, presos a um casamento com o qual se comprometeram antes que alguém mudasse as regras.

VOCÊS ACHAM QUE ESTAMOS EXAGERANDO?

Veja o que os homens dizem sobre suas necessidades frustradas quando estão protegidos pelo anonimato. O texto a seguir foi retirado de um site para supostos "fãs de esporte" a que um dos nossos amigos "traidores" resolveu nos dar acesso:

Tópico: "Homens casados que se masturbam"

Bob: Vocês fazem algum esforço para manter a coisa em segredo? O que quero saber é: vocês fazem quando suas mulheres não estão por perto ou vão em frente e se masturbam no quarto, sabendo muito bem (e sem se importar) que elas podem entrar a qualquer momento?

Phil: Percebi que nunca falta hidratante em casa... Podemos até ficar sem comida, mas há sempre um pote grande de creme hidratante no banheiro. Acho que ela já entendeu.

Carl: Os homens casados, principalmente depois que têm dois filhos, se masturbam mais que os homens solteiros, pois fazem menos sexo. Eu não faço na frente dela, mas também não me importo se ela me pegar – ela sabe que eu faço. Na verdade, até acha bom, pois assim há menos chances de eu tentar alguma coisa com ela.

Brad: Certa vez, minha mulher e eu fizemos sexo oito vezes num final de semana, antes de ir para a igreja. Nós ainda não éramos casados. Agora não consigo sequer vê-la nua oito vezes num mês, quanto mais transar com ela.

Todd: Aqui está um pequeno segredo do casamento sobre o qual ninguém fala: você precisa jurar fidelidade perante Deus e mais um monte de gente, mas ela não precisa se comprometer a assumir a responsabilidade pelos seus desejos naturais masculinos. Depois que ela tem um ou dois filhos, mal lembra que você existe. Acho que nenhuma mulher que nunca se casou imagina que vai precisar se comprometer com isso.

Steve: Bom, além das crianças, tenho outra razão para manter o casamento: dadas as probabilidades, é melhor eu ficar com a mulher que tenho do que correr o risco de encontrar alguém pior. Eu faço sexo pelo menos uma vez por semana, então não é tão ruim...
Carl: Uma vez por semana? Eu daria tudo para fazer uma vez por semana. Sua vida é um sonho, cara.
Clay: Minha mulher sempre diz: "Você só pensa em sexo." Sim, ela tem razão, mas quando um cara normal – no caso, EU – sempre é rejeitado, sem dúvida essa passa a ser a única coisa em que ele pensa! Podem me colocar na lista de homens casados extremamente amargurados que sentem saudades da época em que saíam com várias mulheres e faziam sexo selvagem. Para ser sincero, nem consigo me lembrar da última vez que eu e minha mulher fizemos sexo que não tenha começado com ela dizendo: "Ande logo, estou com pressa!"
Sean: Ando tão frustrado que comecei a flertar com minhas amigas e colegas de trabalho de um modo cada vez mais agressivo. Estou tentando permanecer fiel, mas, me digam: fiel a quê?
Mark: Este tópico é a coisa mais assustadora que já li. Mostra como as coisas são de verdade.

É realmente assustador. Mesmo considerando que há algum exagero provocado pelo excesso de testosterona, ainda podemos perceber como esses homens se sentem frustrados. Eles não têm ninguém a quem recorrer a não ser estranhos. Afinal, eles não vão sair para tomar um chope com os amigos e começar a conversa dizendo: "Ei, eu e minha mulher não fazemos sexo há dois meses. Essa coisa de casamento é uma droga. Pelo menos eu posso fazer justiça com minhas próprias mãos assim que ela começa a roncar. Vai um chopinho aí? E o seu casamento, a quantas anda?"

COMO AS MULHERES SE SENTEM

"Eu gostaria que meu marido soubesse o quanto me sinto cansada depois de cuidar das crianças o dia todo. Sexo, definitivamente, é a última coisa que passa pela minha cabeça. Tomar conta das crianças suga as minhas energias: amamentá-las, carregá-las, segui-las pela casa para que não se matem enquanto aprendem a andar, lidar com as manhas, etc. Queria que ele soubesse como é ser acordado no meio da noite, todos os dias, durante meses. Eu me sinto como um zumbi. Fico tão cansada que tenho medo de me esquecer de ir buscar uma das crianças na escola. Mal consigo ficar em pé e, no fim do dia, lá vem ele cheio de cobranças, batendo o pezinho no chão e olhando para o relógio."

–Jennifer, casada há 9 anos, 3 filhos

Por que tanto drama?
Por que sexo *não* é importante para ela

Nós três já conversamos muito sobre nosso desinteresse por sexo. Houve um tempo em que gostávamos de transar. Tivemos um bom motivo para comprar aquela lingerie de renda preta que agora está largada dentro do armário, juntando poeira. Ainda achamos nossos maridos muito atraentes, mas não temos vontade de rasgar suas roupas assim que eles chegam em casa. Desde que nos tornamos mães, nenhuma de nós disse para o marido: "Querido, as crianças me deixaram exausta hoje. Tudo de que preciso agora é que você faça amor comigo até eu desmaiar."

Para onde foi todo aquele apetite sexual? Para falar a verdade, não temos a menor ideia. *Como uma mulher volta a ter esse desejo?* Humm. Para começar, que tal contratar uma babá em tempo integral, um personal trainer, uma cozinheira, um administrador financeiro e, quem sabe, um cirurgião plástico? Sinceramente, nunca tínhamos pensado nisso até começar a escrever este livro. Ouvir os homens falarem sobre o que sexo significa para eles finalmente nos fez perguntar a nós mesmas e às nossas amigas: *O que aconteceu?*

Depois de muitas discussões, concluímos que os motivos *por que* não queremos mais fazer sexo como antes se dividem em duas categorias:

- a "nova realidade" da maternidade (que não podemos controlar); e
- "é culpa do marido" (não se preocupem, não é tão ruim quanto parece).

A "nova realidade" da maternidade

Nossa natureza é cuidar das crianças

Rapazes, vocês já se perguntaram se suas mulheres não fizeram propaganda enganosa? Quando vocês eram namorados e antes de terem filhos, ela gostava de sexo, não gostava? Agora que ela é mãe, no entanto, parece se importar menos com isso e até fica irritada por você ainda querer, certo?

Queremos que vocês entendam que suas esposas não estão rejeitando *vocês*. Como já dissemos, a maternidade muda profundamente as mulheres. Os bebês as consomem de uma forma que elas jamais imaginariam que seria possível. Sabemos que o impulso sexual dos homens é biológico, mas nós também somos dominadas pela natureza – será que algum de vocês ainda duvida disso, mesmo com nossas crises hormonais e instintos imprevisíveis? Nossos impulsos biológicos nos dizem para *não* procriar quando estamos cuidando de uma criança pequena. A prioridade para as mulheres não é o sexo, mas proteger os filhos e atender às suas necessidades. Um impulso sexual exacerbado poderia deixá-la novamente grávida antes mesmo que o bebê anterior estivesse preparado para sobreviver sem sua ajuda.

zzzzzzzzz...

"Sim, eu me sinto exausta para fazer sexo. Depois que coloco as crianças na cama, estou cansada demais até mesmo para lavar o rosto. E os livros que eu costumava ler? E eu, como é que fico?!"

– *Carla, casada há 9 anos, 2 filhos*

O que nossas amigas dizem com mais frequência é que se sentem cansadas demais para fazer sexo. Não é só uma desculpa. É simplesmente a realidade de cuidar de crianças pequenas dia após dia, noite após noite. Quando você é responsável pelos filhos, não para o dia inteiro: pega o bebê no colo, prende a cadeirinha do carro, monta e desmonta o carrinho, carrega as compras. Ou então, se você trabalha fora, tem que levar as compras para casa, fazer o jantar, dar banho nas crianças, vestir os pijamas nelas e ler historinhas antes de colocá-las para dormir. Julia frequentemente pega no sono na cama de seu filho de 5 anos enquanto espera ele dormir. E *vocês sabem* que isso é verdade. Vocês ficam arrasados depois de passar uma tarde inteira com eles. Ross comparou a experiência de lidar com três crianças pequenas a ter suas unhas arrancadas. Cathy muitas vezes encontra Mike desmaiado na poltrona quando ele toma conta das filhas. Gordon também pega no sono frequentemente na cama do filho quando o põe para dormir.

Modo mamãe

No entanto, o cansaço não é o único problema. Para as mulheres, entrar no clima para o sexo não é só uma questão de trocar de marcha, mas de trocar de identidade. Não se pode passar do "modo mamãe" para o "modo amante" apenas apertando um botão. É difícil se sentir sexy com uma criança pequena agarrada à sua perna e aquela terrível musiquinha do Barney martelando na sua cabeça. Não gostamos de sexo quando estamos no "modo mamãe". Nossas mentes estão tão ocupadas com obrigações do trabalho, horários, acordos sobre quem vai usar o carro, uma criança com tosse e as opções para a colônia de férias que simplesmente não há *espaço* para sexo. Ficamos pensando no lanche das crianças enquanto nossos maridos pensam em outras coisas. E nada é mais eficaz para cortar o clima que aquela vozinha na porta do quarto: "Mamãe, cadê o meu ursinho?"

O contato físico com os filhos

Além das constantes preocupações, também existem os aspectos físicos que não nos deixam esquecer nossa condição de mães. Desde a concepção e ainda mais durante o aleitamento e a fase em que o bebê está aprendendo a andar, o corpo da mulher não pertence mais a ela. É preciso um certo tempo para se acostumar a esta realidade e ela pode ser um grande empecilho para o desejo sexual. Depois que temos filhos, não somos mais donas de nossos corpos até que as crianças completem 4 anos, mais ou menos. Como nos disse Marianne: "O chuveiro é o meu paraíso. É o único lugar onde não há ninguém me tocando." E Stacie comentou: "Meu corpo é o parquinho da família – meus filhos e meu marido sempre querem ficar em cima de mim." Fazendo uma careta, nossa amiga Anne nos disse:

> "O.k., vou dizer a verdade. Sei que posso parecer grosseira, mas a ideia é essa mesmo. Um dos meus filhos fica pendurado nos meus seios. O outro, que pesa 15kg, pede colo sempre que me vê. Tenho uma cicatriz de 25cm na barriga, resultado de duas cesarianas, e ela lateja quando me sinto cansada – o que quer dizer sempre. E aí meu marido, que pesa 100kg, também quer ficar pendurado nos meus seios e ser abraçado a noite inteira. Meu corpo nunca é meu."

Muitas mulheres também disseram que o toque de seus filhos já satisfazia suas necessidades básicas de contato físico, então não sentiam vontade de fazer sexo. Quando seus filhos ficam tocando você sempre que podem, à noite, seu único desejo é que seu marido mantenha as mãos dele longe.

O fator nojeira

Existe mais uma coisa que as mulheres gostariam de explicar aos homens. Como não há um jeito educado de falar sobre isso, vamos arregaçar as mangas e sujar as mãos.

A maternidade é um trabalho bem nojento. Enquanto as crianças são pequenas, as mulheres ficam imersas num mar de fluidos corporais e papinhas de bebê. Somos expostas, diariamente, aos truques mais nojentos da natureza: vômito, baba, cocô, leite materno, meleca, xixi e tudo mais que você possa imaginar. É difícil se sentir sexy depois de passar uma hora que seja no "Pântano da Meleca". E fica ainda mais difícil entrar no clima quando sabemos que fazer sexo hoje à noite pode nos colocar novamente nessa situação em nove meses.

Você quer fazer sexo COMIGO?

> "Eu não tenho só um queixo duplo. Agora tenho uma bunda dupla também!"
>
> *– Vicki, casada há 5 anos, 2 filhos*

> "O que aconteceu com meus seios? Eles agora têm tamanhos diferentes, estão murchos e caídos e cada um aponta para uma direção!"
>
> *– Sally, casada há 4 anos, 1 filho*

Apesar de todos os esforços dos publicitários para tentar vender a ideia de que a maternidade é sexy, sabemos que isso é uma grande bobagem. Muitas de nós jamais recuperam o corpo que tinham antes de ter filhos e, consequentemente, nos sentimos menos atraentes. Para as mulheres, a imagem é muito importante. Quando não nos sentimos atraentes, não queremos ficar nuas. E, para ser honestas, às vezes ficamos bastante surpresas por vocês ainda terem vontade de fazer sexo conosco.

É culpa dele: o que o marido não entende

Não é que as mulheres decidam deliberadamente diminuir ou até cortar o sexo de sua vida. Ele simplesmente some da nossa cabeça. Nós estamos sempre ocupadas ou cansadas demais para pensar nisso.

O dever de esposa

A verdade é que sexo muitas vezes parece mais uma tarefa doméstica. Não é algo que fazemos para nós mesmas. Fazemos por vocês. Se fôssemos fazer algo por nós mesmas, marcaríamos uma massagem, veríamos um filme ou tomaríamos um banho quente bem demorado. Sexo não está na nossa lista de desejos. Na verdade, na maioria das vezes não aparece nem na nossa lista de coisas a fazer.

Quando passamos o dia inteiro trabalhando e cuidando das necessidades de outras pessoas, a última coisa que queremos é atender às "necessidades" de alguém que já é bem grandinho para cuidar de si mesmo. Para Cathy, sexo se tornou mais uma obrigação a cumprir antes que possa ter um tempo para ela. Julia pensava: "Por que ele é tão infantil com relação a isso?" E Stacie argumentava: "Você reclama de não fazer sexo o suficiente enquanto eu não *durmo* há três meses!" Os "especialistas" dizem que não devemos levar ressentimentos para dentro do quarto. Fácil falar.

Quando a ideia que um homem faz de "contribuir" é anunciar, de seu trono no sofá da sala, que é preciso trocar a fralda do bebê, não temos vontade *nenhuma* de cumprir nosso "dever de esposa". É mais ou menos assim: vocês chegam em casa do trabalho, passam uns 15 minutos com as crianças e, então, vão ver TV no quarto, enquanto nós estamos de quatro no chão catando brinquedos e lavando os pratos. Vocês (às vezes) conversam conosco durante uns 10 minutinhos e, quando é hora de apagar a luz, querem saber se estamos no clima. Se ainda tivemos que pegar a sua cueca do chão quando estávamos indo para a cama, além daquela fralda suja que estava no corredor, vocês acham que estamos no clima? Claro que não!

Esposas em fuga!

As mães de crianças pequenas, independentemente de trabalharem fora ou não, muitas vezes sentem que sua vida se resume a cozinhar, dirigir, arrumar a casa e distrair os filhos. Quando sexo entra na lista de coisas que os outros querem de nós, começamos a ficar irritadas com o assunto. Quando a ideia de preliminares do marido é falar coisas como "Ei, faz tempo que a gente..." ou não dizer nada e só dar aquele "tapinha no ombro antes de dormir", nós só pensamos em fugir. Sabemos que os homens se sentem mais próximos e ligados às suas esposas *depois* que fazem sexo, mas, para as mulheres, a conexão precisa vir *antes*. Quando o marido não busca nenhuma intimidade, como conversar ou abraçar e fazer carinho, mas simplesmente espera fazer sexo, isso faz com que a mulher se sinta como um animal.

> "Sabe o que sinto quando aquela mão boba pega na minha coxa sem uma palavra, um abraço, nem o mínimo de reconhecimento de que sou mais que simplesmente conveniente? Sei que ele acha que isso é um ato silencioso de intimidade, mas não é o que parece para mim. O que sinto é que ele está me ligando num anúncio de néon que fica piscando com a mensagem: 'Má esposa. Má esposa. Má esposa.' A mão grita para mim que ele se sente menosprezado. Mas quando ele me aborda para fazer sexo dessa maneira, também me sinto menosprezada."
>
> *– Ellen, casada há 9 anos, 2 filhos*

O efeito ampulheta

Muitas mulheres descreveram um fenômeno que chamamos de "efeito ampulheta". Se uma esposa diz não a um pedido de sexo, seu marido deixa claro que ela precisa "compensar" dentro de um período de tempo (geralmente 24 horas) para evitar que ele fique magoado e mal-humorado. Como descreveu Katherine: "É como se a ampulheta fosse virada logo depois de eu dizer não. Durante todo o dia seguinte, posso ouvir o tique-taque do relógio. Fico com uma sensação de *obrigação*. De que é um destino do qual não posso escapar. Então não fico ansiosa para que a coisa aconteça, como vocês podem imaginar. Tomo uma taça de vinho para ver se consigo relaxar antes de ele chegar em casa." Ou seja, não é exatamente uma estratégia eficaz para deixar a sua mulher no clima para uma noite de sexo. Em vez disso, o resultado é que ela fica ainda mais fria que antes.

Quero ser seduzida: a propaganda enganosa masculina

Quando um homem e uma mulher começam a namorar, e mesmo depois de se casarem, eles fazem o melhor que podem para agradar um ao outro. A mulher se preocupa em estar sempre bonita e ouve maravilhada tudo o que ele diz. O homem é atencioso, ouve com atenção, telefona com frequência e planeja os programas a dois para que ela se divirta com ele. Mas, assim que os filhos surgem, pode acontecer a "propaganda enganosa masculina".

Nós, mulheres, sabemos que não nos empenhamos como antigamente – mas, rapazes, vocês também não se empenham mais como antes. Houve uma época em que vocês jamais ousariam tentar algum avanço sem antes levar sua esposa para jantar e fazê-la rir. Quando vocês começam a achar que para conseguir sexo basta beliscar a bunda dela ou dar um tapinha em seu ombro, as mulheres começam a se sentir como uma loja de conveniência, abertas 24 horas por dia.

Queremos ser cortejadas. Queremos que vocês nos conquistem. Aquele desejo de se sentir atraente não vai embora só porque agora finalmente conseguimos fisgar um marido. Precisamos que vocês provem que nos amam antes de tentarem fazer sexo – temos que saber que vocês querem algo mais que nosso corpo. Queremos um pouco de romance, não uma pata no nosso ombro.

SOLUÇÕES PARA OS DOIS

Construindo uma ponte

Por mais que o abismo sexual pareça intransponível – e todos sabemos que essa pode ser a sensação, tanto para os homens que se preocupam com a possibilidade de sua vida sexual ter acabado quanto para as mulheres que secretamente desejam isso – *é possível sobreviver ao desafio dos primeiros anos das crianças com a vida sexual mais ou menos intacta*. Para as mulheres, isso significa fazer um esforço consciente para melhorar sua disposição. Para os homens, significa ajudar mais nas tarefas domésticas, deixando suas mulheres descansarem um pouco, e também voltar ao clima de "sedução".

> "Se vocês estão me dizendo que preciso fazer sexo para manter meu casamento, então tudo bem. Amo meu marido, quero que ele seja feliz e também que nosso relacionamento seja melhor. Mas é preciso que seja algo além da ideia antiquada do 'dever de esposa', ou ele rolando para o meu lado da cama só porque estou lá. Quero voltar a ter vontade de fazer sexo, mas não só por ele, por mim também."
>
> *– Laurie, casada há 9 anos, 3 filhos*

> "Me digam o que eu devo fazer, por favor! Não sei mais como falar com ela, como fazê-la ouvir. Me deem uma lista de tarefas! Eu imploro. Farei qualquer coisa."
>
> *– Anthony, casado há 8 anos, 2 filhos*

Quando e como conversar

Um dos objetivos deste livro é fazer vocês dois conversarem. Quando e como fazer isso é tão importante quanto o assunto a ser discutido. Será que existe um momento apropriado para um marido dizer à sua esposa que ele não está satisfeito com a vida sexual dos dois, ou para uma esposa dizer ao marido que ele não está ajudando o suficiente? Sem dúvida existe o momento errado: às 23 horas de terça-feira, quando vocês acabaram de discutir sobre quem deve levar o lixo para fora, ou logo depois, às 23h10, quando você faz seu marido tirar a "pata" de cima do seu ombro. A esta altura, já deveria ser óbvio que uma conversa dessas deve começar num programa a dois, como um jantar ou uma viagem de fim de semana, quando vocês estão carinhosos um com o outro e não se sentem pressionados pelas coisas do dia a dia.

Uma advertência: se a comunicação, ou a falta dela, já estiver muito ruim, deixe a conversa de lado e *parta imediatamente para a ação*. Rapazes, revejam seu conceito de preliminares. Moças, experimentem o "paliativo de cinco minutos". Depois de algumas semanas, você vai perceber que sua cara-metade está bem mais receptiva ao que você tem a dizer.

Soluções simples – testadas e aprovadas

Também há várias coisinhas que, na verdade, fazem uma grande diferença. Algumas delas são gratuitas; outras exigem uma babá e um quarto de hotel (não a babá *no* quarto de hotel, claro).

1. Sejam carinhosos: redescobrindo os pequenos gestos de intimidade

Tanto homens quanto mulheres nos disseram que sentem falta dos pequenos gestos de intimidade, como abraços e beijos, que desapareceram junto com o sexo. Assim que conversamos sobre isso com nossos maridos e compreendemos os motivos por que essas coisas haviam desaparecido de nossos relacionamentos, simplesmente decidimos voltar a dar beijos e abraços todos os dias. De preferência, na frente das crianças. Esses carinhos são trocados sem nenhuma expectativa de sexo depois.

> "Existe algum homem minimamente inteligente que não goste de beijar? Então, por que paramos? E agora descubro que beijar minha mulher sem nenhuma expectativa de sexo pode me conseguir muitos pontos extras e deixá-la com vontade de fazer sexo com mais frequência. É fácil demais!"
>
> – *Randy, casado há 8 anos, 3 filhos*

2. Reservem uma noite só para vocês

Quantas vezes vocês já ouviram esse conselho? E quantas vezes o seguiram? Vocês precisam fazer isso! Os casais que se mostraram mais satisfeitos com sua vida sexual depois do nascimento dos filhos foram unânimes: ter algumas noites só para os dois os deixava mais ligados de um jeito íntimo e adulto. Como nos disse Kimberly: "Não importa qual seja o filme ou o restaurante. O importante é que vocês passem um tempo sozinhos." Se não der para arcar com o custo de contratar uma babá, combine com um casal de amigos para que, de vez em quando, uns cuidem dos filhos dos outros. Os "encontros" podem até acontecer na sua própria casa. Duas velas, uma toalha de mesa, uma garrafa de vinho, todos os aparelhos eletrônicos desligados e nenhuma criança acordada: isso já é um encontro romântico (a comida pode ser encomendada).

3. Sempre que possível, deem uma escapada

Quanto maior a distância (física e mental) entre vocês e seus filhos, melhor é o sexo. Viajar nem sempre é fácil, mas vale a pena. Viajem juntos no fim de semana, só vocês dois, umas duas vezes por ano. Reservem um quarto de hotel durante uma noite de vez em quando. É a melhor maneira de uma mulher sair do "modo mamãe" e se lembrar do seu "outro eu".

4. Marquem na agenda

É preciso admitir: a época de sexo espontâneo, do tipo "agora mesmo, na mesa da cozinha" acabou. Aquelas manhãs de sábado e tardes de domingo sem nada para fazer são coisas do passado. Se vocês querem ter uma relação sexual de qualidade (ou seja, quando as duas pessoas estão no clima, no lugar certo, na hora certa), é preciso planejar. Cathy agenda "sexo espontâneo" com Mike há um ano e meio. Ele achava que era algo realmente espontâneo (bom, pelo menos até agora), quando na verdade era uma tarefa bem planejada.

> "Eu finalmente comecei a planejar o sexo. Não é muito excitante, mas é melhor que a alternativa, que é não fazer nunca. O que os homens não entendem é que, quando uma mulher faz sexo, ela está convidando alguém para entrar em seu corpo. Precisamos de um tempo para nos preparar, assim como nos preparamos quando convidamos alguém para jantar em casa."
>
> *–Joanne, casada há 6 anos, 2 filhos*

Nós, mulheres, gostamos de ter um tempinho para nós mesmas. Podemos planejar dar a comida do dia anterior para as crianças, para que não seja preciso fazer o jantar. E, rapazes, vocês podem planejar chegar em casa um pouquinho mais cedo para ajudar a pôr as crianças na cama. Enquanto dirigem para casa, também podem pensar em algo carinhoso para nos dizer mais tarde.

A hora da verdade: a grande negociação do sexo

Deixando os carinhos e os beijinhos de lado, em algum momento é preciso encarar a negociação pesada. Encare a situação com coragem. Talvez você ache que conhece bem o seu parceiro, mas espere até vocês dois estarem sentados de frente um para o outro e tentarem ver se suas expectativas são as mesmas.

Qual a quantidade ideal de sexo?

"Passar mais de uma semana sem fazer sexo é muito, muito difícil."

– *Randy, casado há 8 anos, 3 filhos*

"Três ou quatro vezes por ano seria ótimo."

– *Kendra, casada há 8 anos, 3 filhos*

"Depois dos filhos, tudo muda... nós fazemos sexo uma vez a cada três meses, mais ou menos. Quando rola, sei que já está na hora de pagar meus impostos trimestrais. Se for sexo oral, sei que é época de renovar a carteira de motorista."

– *Ray Romano, comediante, 4 filhos*

Com que frequência os casais que têm filhos pequenos fazem sexo? Qual é a média? Resolvemos perguntar a nossos amigos (você pode fazer esse tipo de coisa quando está escrevendo um livro). As mulheres responderam "mais ou menos uma vez por semana" e *os homens* responderam "mais ou menos uma vez por mês". A menos que nossas amigas estejam fazendo sexo com outros homens que não seus maridos, elas inconscientemente estão inflacionando os números. Acreditamos que a resposta dos homens seja mais precisa. Afinal, a maioria deles sabe dizer *há quantas horas* fizeram sexo pela última vez.

Alguns dados estatísticos: um estudo do National Opinion Research Center da Universidade de Chicago, realizado em 2002, mostra que as pessoas casadas afirmam fazer sexo 68,5 vezes por ano.[3] Ou seja, um pouco mais de uma vez por semana. Mas, de acordo com um artigo de junho de 2003 da *Newsweek*, os psicólogos estimam que somente cerca de 15 a 20% dos casais fazem sexo mais de 10 vezes por ano.[4] Duas vezes por semana? Duas vezes por mês? Tudo o que importa, obviamente, é que vocês dois fiquem satisfeitos com a frequência de suas relações sexuais. O que é um banquete para um pode ser uma refeição pobre para o outro. Você está feliz? E a pessoa que dorme ao seu lado?

Cheguem a um acordo

Como é possível conciliar o desejo de uma pessoa de fazer sexo a cada dois dias com o de outra pessoa de fazer a cada dois meses? A maioria dos casais que compararam seus desejos nos disseram que conversaram um pouco (o jeito bonito de dizer que "trocaram farpas") sobre a frequência com que gostariam de fazer sexo. E então encontraram um meio-termo satisfatório para os dois.

> "Eu ainda penso em sexo o tempo todo e gostaria de fazer mais vezes, mas pelo menos não fico mais com aquela sensação horrível de não saber quando vai acontecer de novo ou de ser rejeitado três vezes seguidas. E minha mulher também gosta mais agora, porque não fico correndo atrás dela o tempo todo."
>
> – *Greg, casado há 10 anos, 3 filhos*

Com base em nossas longas conversas sobre o assunto, concluímos que *fazer sexo uma vez por semana é fundamental para a manutenção do casamento*. A experiência nos diz que qualquer frequência menor do que esta acaba trazendo problemas. As coisas vão acabar saindo dos eixos. Num dia você tem um marido gentil que quer agradá-la e, no outro, ele sai de casa batendo a porta só porque você pediu para ele dar uma olhada no aquecedor. Alguns homens ficam tão irritados quanto uma mulher de TPM (ou mais). Se o "período de seca" continua, o homem sente que perdeu a importância e começa a investir seu tempo e sua energia em outras coisas: trabalho, pelada, academia, beber com os amigos. E, se a seca continuar, internet, clubes de striptease... e outras mulheres.

Mas, rapazes, por outro lado, vocês também podem dar um

pouquinho de descanso para suas esposas, não? Dê um desconto se você vir que ela está muito "alterada" ou cansada demais até para tirar a roupa e cair na cama. Deixe passar só dessa vez, mesmo que ela tenha prometido que vocês fariam esta noite porque na anterior ela estava cansada demais. Não a pressione com a ameaça do "efeito ampulheta". Se, no geral, ela está se empenhando para satisfazer as suas necessidades, não comece a bater o pezinho e olhar para o relógio assim que ela disser não.

SOLUÇÕES PARA AS MULHERES

> "Sempre achei o desejo sexual do meu marido exagerado. Mas agora sei que ele não é diferente dos outros homens."
>
> – *Victoria, casada há 5 anos, 2 filhos*

Quando o assunto é sexo, as mulheres sempre estão numa posição confortável. Durante todos os anos em que fica solteira, ela escolhe com quem vai dormir, quando vai dormir com ele e por quanto tempo. Se ela não quiser, é isso e ponto final. Se ela acha que a exigência sexual de um homem é muito alta para ela, pode simplesmente desistir dele educadamente e partir para outra. Não estamos acostumadas a ouvir a opinião dos homens nesse assunto, muito menos a ter que aceitá-la. Mas agora que somos casadas passamos a nos perguntar: "Será que é preciso *mesmo* considerar o lado deles?" Será que é mesmo "parte do acordo"? Depois de ouvir tudo o que os homens nos disseram, decidimos levar o lado deles em consideração.

O paliativo de cinco minutos: você pode transformar seu casamento

É verdade, são necessários apenas cinco minutos. Estamos falando do malfalado e subestimado (pelas mulheres, claro) sexo oral. Ele pode ser o melhor amigo das esposas. É como todos aqueles "atalhos" que você compra para poupar tempo e ter um pouco mais de paz de espírito – escova descartável para limpar vaso sanitário, queijo ralado, legumes picados e comida de micro-ondas.

Pense um pouco no assunto. Leva apenas cinco minutos e você colhe os frutos durante vários dias. Você não precisa tirar a roupa. Seu corpo não é invadido. Você nem mesmo precisa falar. Quando terminar, pode voltar a ver TV, ler seu livro ou ver as revistas em busca do presente perfeito para seus filhos darem às professoras em menos tempo do que levaria para dizer: "Na verdade, não estou muito a fim porque estou tão excitada quanto um pedaço de pão e você me atormentou a semana inteira e, ah!, por falar em pão, será que você pode comprar um frango assado quando vier para casa amanhã? É que Danny tem aula de futebol e eu não vou poder ir ao supermercado depois do trabalho."

Pense, também, no que isso significa para o seu marido. Ele ficará surpreso e maravilhado. Não vai mais se sentir rejeitado e diminuído. Em vez de ficar de cara amarrada e tentar se esquivar de jogar o lixo fora depois do jantar, ele se sentirá disposto a ajudá-la como puder.

> "Nossa! Isso iria *transformar* meu casamento!"
>
> – *Ron, casado há 5 anos, 2 filhos*

Em termos de práticas sexuais, esta requer bem pouco esforço. É bem mais fácil do que tentar deixar o corpo e a mente no clima para fazer sexo quando você não está a fim. *E nós três garantimos que não iríamos sugerir isso se não fôssemos testemunhas de que funciona*. Uma amiga nos deu a dica e, a princípio, não nos interessamos. Na verdade, dizer que "não nos interessamos" é um eufemismo. Ficamos completamente desapontadas e céticas. Mas resolvemos experimentar e, bem, ela estava certa. Ficamos tão maravilhadas com o resultado que desenvolvemos a seguinte análise de custo-benefício:

CUSTO	BENEFÍCIO
Abrir mão de cinco minutos de alguma atividade divertida, como ligar para uma amiga, ler uma revista, cochilar ou ver TV.	O seu marido vai achar que você é uma deusa e vai tratá-la como uma.
Abrir mão de cinco minutos de atividades domésticas: esvaziar a máquina de lavar louça, dobrar a roupa, picar legumes, pagar as contas, esfregar o chão da cozinha, etc.	Ele vai olhar para você de um jeito amoroso, cheio de desejo e admiração.
Um leve esforço físico.	Ele vai sorrir durante vários dias.
Uma leve sensação de estar cedendo à vontade alheia (isso passa).	Ele vai achar que é o cara mais sortudo do mundo e vai olhar com ar de superioridade para todos os outros pobres-diabos na rua.
Ele vai trocar a próxima fralda sem você pedir.	Você vai ter uma folga de alguns dias, talvez até de uma semana.

Saia do "modo mamãe": recupere sua sexualidade

Todo esse negócio de sexo oral é ótimo. Funciona, mas essa não é exatamente a questão. O problema é um pouco mais sério. Meninas, nós também merecemos ter uma vida sexual satisfatória, certo? Pelo menos algumas vezes por ano, merecemos fazer sexo de um jeito *maravilhoso* e não apenas para *manter o casamento*.

- O que a faz se sentir sexy ultimamente?
- O que *realmente* a faz entrar no clima?

Nós três nos fizemos essas perguntas e não conseguimos respondê-las. A mulher que fomos um dia parecia uma velha conhecida com quem não falávamos há muito tempo. Os homens não fazem milagres. Se não fizermos nada para resgatar nosso verdadeiro eu e simplesmente nos entregarmos totalmente ao papel de mãe, como podemos esperar que eles sejam capazes de nos fazer sentir sexy e desejáveis? Devemos tentar nos afastar do buraco negro que é o papel de mãe para resgatar pelo menos uma parte de nossa sexualidade.

Perguntamos a nossas amigas o que elas fazem para entrar no clima. Aqui estão algumas sugestões:

> "Reservamos um quarto num hotel. O sexo é ótimo e o serviço de quarto é ainda melhor."

> "Uso uma lingerie sexy o dia inteiro. Costumo exagerar um pouco quando o assunto é lingerie. Se é para fazer isso, não economize, ou então, às 18 horas, você não estará sexy, e sim incomodada com a lingerie que fica pinicando."

> "Às vezes vou para a cama nua. Meu marido adora a 'surpresa' quando vai deitar e isso também me ajuda a entrar no clima mais rápido."

> "Gosto quando meu marido age como se me quisesse desesperadamente – em especial quando estamos em algum lugar público, como no shopping, por exemplo, e ele não pode fazer nada. O brilho nos olhos dele me excita."

> "Quando vamos a alguma festa, gosto de flertar (de leve, é claro) com outros homens. Isso me faz lembrar de como eu era. É bom ter um pouquinho de atenção. E isso também me faz lembrar por que gosto tanto do meu marido."

"Bem, não contem a ninguém, mas nós assistimos aos canais eróticos no nosso quarto, tarde da noite. Só uns dois minutos vendo aquilo já me deixa no ponto, mesmo que antes eu não estivesse muito a fim."

Aproveite enquanto o ferro (no caso, você) está quente

"Às vezes eu tomo a iniciativa só porque sei que ele precisa disso. Em média, eu diria que metade das vezes a iniciativa é minha. Normalmente, se eu der o pontapé inicial, ele sempre está disposto a jogar."

– Marianne, casada há 12 anos, 5 filhos

Quantas vezes você tomou a iniciativa para o sexo nos últimos seis meses? E nos últimos seis anos? A maioria de nós quase nunca faz isso. Mas quando *você* toma a iniciativa, a relação acontece do seu jeito. Você sente que está mais no controle e o seu marido se sente ótimo. Isso pode ter um excelente impacto no seu casamento.

É preciso um pouco de prática quando você já desacostumou. Faça render algum pensamento que teve durante o dia. Guarde-o para mais tarde. Ligue para o trabalho dele e diga para ele voltar mais cedo com uma voz sensual. Nem é preciso dizer que seu marido ficará maravilhado porque você o deseja e ficará se perguntando o que fez para despertar seu interesse. Só de pensar em sexo de uma maneira diferente (como uma atividade de que antes você gostava e que pode vir a gostar de novo um dia, e não uma exigência sobre o seu corpo e o seu tempo) você já vai se sentir mais interessada.

Mulheres sem-sal levam uma vida imaculada

Um dos motivos por que temos menos tempo e energia para o sexo é nos deixarmos absorver pelos detalhes da casa e pela programação de nossos filhos. As "mães preguiçosas" fazem mais sexo. Elas têm mais energia para isso. Passamos tempo demais tentando encontrar o cartão de Natal perfeito em julho (com uma foto da família usando suéteres de rena iguais) ou organizando os potes no armário da cozinha por ordem de tamanho e acabamos negligenciando nossos relacionamentos. *Quando o assunto é a casa, faça o mínimo possível.* Você pode ter uma casa apresentável com muito menos esforço. Aprenda a deixar as coisas de lado. Poupe sua energia.

Mulheres sem-sal levam uma vida imaculada. E quem quer ser sem-sal? Entre fazer um belo jantar e fazer sexo, talvez possamos optar pelo sexo de vez em quando. Aprendemos que uma das consequências de manter um relacionamento mais próximo com nossos maridos é que o chão da cozinha fica limpo.

Se você se sente exausta no fim do dia, experimente deixar a casa um caos e sentar ao lado do seu marido para ver TV ou então tomar um banho relaxante. Porque, já que você está cansada, a sua irritação com ele vai aumentar 10 vezes com cada brinquedo que recolher e a cada camiseta que dobrar. Quando você for para a cama, vai querer dar um chute nele, não um beijo. Algumas vezes por mês, tente ser uma dona de casa mais relaxada. Se o seu marido reclamar, diga-lhe por quê. Ainda está para nascer o homem que prefere um banheiro limpo a sexo.

Simplesmente faça

"Que eu saiba, o que os homens realmente esperam do casamento é uma oferta constante de sexo. Não sei se isso é pedir demais, principalmente se levarmos em conta que as mulheres precisam de um pouco mais de atenção e as crianças precisam de alguém que as leve de carro para todos os lugares. Eu tento me animar e ficar mais disposta para o sexo com mais frequência."

– *Carla, casada há 9 anos, 2 filhos*

No mundo ideal, ou pelo menos no mundo das novelas e dos filmes românticos que crescemos vendo, o sexo sempre seria precedido por grandes sentimentos de amor e luxúria que temos por nossos maridos e por uma vontade irresistível de vivermos uma noite inteira de paixão. Se tudo isso fosse pré-requisito, só faríamos sexo umas duas vezes por ano. É claro que os planetas não precisam estar perfeitamente alinhados, a temperatura no quarto não precisa ser de constantes 23 graus, a luz não precisa atravessar as cortinas agitadas pela brisa num ângulo determinado, nosso cabelo não precisa estar limpo, nossas barrigas não precisam ser lisinhas e as crianças não precisam estar na casa da avó.

Uma advertência importante! Por falar em barriga lisinha e toda essa coisa da autoimagem, a maioria dos homens disse ter a mesma opinião do nosso amigo Tim, que falou: "Embora eu saiba que Margot não se sente bem com seu corpo, eu ainda a acho tão atraente quanto antes."

Quando nós três percebemos como sexo era importante para os nossos maridos e para o bem-estar dos nossos casamentos, decidimos tentar nos animar de vez em quando. Embora nem sempre estejamos com vontade, às vezes simplesmente fazemos. É de fato uma pena que às vezes sexo pareça uma obrigação – mas, diferentemente de outras tarefas, como lavar a roupa, tem efeitos colaterais positivos.

"Quanto mais eu faço, mais quero fazer. Meu filho mais novo tem quase 3 anos e estou voltando a ter o mesmo desejo de antes. Enquanto isso, estou fazendo o possível para não perder a prática."

– *Nora, casada há 10 anos, 3 filhos*

Como pedir ajuda a ele

Nós três passamos muito tempo chateadas com nossos maridos por não nos ajudarem tanto quanto achávamos que eles deviam. Aprendemos o seguinte: os homens precisam ter metas específicas. Enquanto vocês dois estiverem negociando a frequência de suas relações sexuais, você pode pedir um pouco mais de ajuda. Acrescente ao assunto do sexo uma conversa *específica* sobre a divisão de tarefas e quem irá fazer o quê. Quando ele tem um conjunto de objetivos a atingir, ele se sente bem. Ele não entende as "expectativas gerais". Quando ele tiver uma lista de tarefas, você vai obter a ajuda que quer e ele vai se sentir bem por atingir as metas.

SOLUÇÕES PARA OS HOMENS

Ouvimos depoimentos de homens que se sentiam muito miseráveis por causa da falta de sexo. Rapazes, nós três estamos nos esforçando para entender a sua dor. *Agora nós entendemos a importância disso, então vocês precisam confiar em nós. Podemos ajudá-los a fazer mais sexo, mas vocês precisam dar um jeito nas suas deficiências.* A má notícia é que a nossa pesquisa pseudocientífica confirmou o seu pior pesadelo: *existem* homens que fazem mais sexo que você. Mas não se desespere, porque essa mesma pesquisa também mostrou que existem várias coisas que você pode fazer para aumentar a sua média.

Gostaríamos de poder resumir tudo numa fórmula simples, mas as mulheres são complicadas (e por isso mesmo fascinantes) e exigem que vocês façam um pouco mais de esforço para compreendê-las depois do casamento. Não estamos dizendo que vocês vão "se dar bem" todas as noites em que lavarem os pratos ou a levarem para comer uma pizza, mas vocês vão criar uma atmosfera positiva e, se tudo correr bem, terão uma bela recompensa no final.

- **Estratégia de investimento n.º 1:** Tente se responsabilizar mais pelas tarefas domésticas. Não de um jeito morno, mas com garra.

Tente acertar sempre. As mulheres que se mostraram mais interessadas em sexo disseram que seus maridos assumiram sua parte nas tarefas domésticas. Dizemos que isso é uma redefinição de preliminares. As mulheres se sentem respeitadas. Elas têm mais tempo, energia e entusiasmo para maridos tão solícitos e dedicados.

- **Estratégia de investimento n.º 2:** Mulheres querem desativar o modo mãe de seu cérebro e ativar o modo mulher. *O romantismo não deve acabar só porque você já conseguiu fisgar uma mulher.*

Espere um pouco antes de começar a reclamar, dizendo: "Ah, que ótimo, mais trabalho." Pense que se concentrar mais em sexo significa mais trabalho para a sua esposa. Ceder aos seus avanços, principalmente quando ela não está no clima, exige bastante esforço da parte dela. Mas há algo que você pode fazer por ela. Você diz que ajuda em casa mas *nunca é suficiente*. Nós entendemos perfeitamente! Também temos a sensação de que o que fazemos no quarto *nunca é suficiente* para vocês.

Já que ninguém, nem mesmo a sua mulher chata e reclamona, quer falar sobre a chatice dos trabalhos domésticos, vamos deixar isso para depois e começar com o romance.

Aquela palavrinha que começa com "R"

"O ritual de sedução ajuda a vida sexual. Eu faço um esforço consciente para pensar em coisas para fazermos, para poder ficar com minha esposa, a mulher por quem me apaixonei, longe dessa linha de montagem noturna que é cuidar das crianças. Sei que algumas pessoas odiavam esse ritual de namorar e ficaram muito felizes por terem casado. Mas eu gosto de namorar. Acho que muitas coisas nesses rituais beneficiam nosso relacionamento. Nós saímos, rimos, nos divertimos. E, quando chegamos em casa, geralmente fazemos sexo. É preciso reservar tempo um para o outro."

– Scott, casado há 8 anos, 2 filhos

Depois que se casam, muitos homens eliminam a palavra "romance" de seu vocabulário. Uma mulher com quem conversamos desistiu de planejar todos os programas para ela e o marido e contou que ele levou *um ano e meio* para perceber que eles não estavam mais saindo. Está certo que vocês se casaram e tiveram filhos, mas ela ainda precisa saber que você a acha atraente e que vale um pouco de esforço de sua parte.

Quando ela trabalha muito, desempenhando os papéis ingratos e nada sexy de "mãe" e "profissional", precisa de alguém que a lembre que ela também é "querida" e "linda". Não estamos falando de viagens-surpresa para Paris (mas não descartem a ideia!), mas, quando você planeja coisas simples, atenciosas e divertidas, ela se sente especial e valorizada. Se você *não* faz nenhum esforço, passa a mensagem de que não se importa mais com ela, ou que o seu relacionamento e a felicidade dela não são tão importantes assim. *Ela pode se sentir rejeitada e negligenciada, assim como você se sente.*

> "Minha mulher me fala há quatro anos que ela quer que eu planeje nossos programas e pense em coisas para fazermos juntos. Por que nunca fiz isso? Não sei dizer. Acho que não importava muito para mim quem é que ia planejar essas coisas. Mas acho que ela pensa diferente. Eu costumava planejar tudo quando éramos namorados e mesmo depois de casados, antes de termos filhos. Eu era bom nisso. Finalmente estou percebendo que é algo importante para ela."
>
> – *Nick, casado há 7 anos, 2 filhos*

Não somos uma equação matemática

Para vocês, é tão fácil quanto apertar um botão. Basta ver uma coxa e colocar a mão numa determinada parte do corpo e pronto, vocês já estão prontos. No nosso caso é mais ou menos como manejar os controles de um Boeing 747. Precisamos da sua ajuda para fazer a transição de mãe para amante. As velhas estratégias, como acender uma vela de vez em quando ou colocar uma música romântica, não funcionam mais. É preciso um pouco mais que um cheiro de incenso no ar para fazer uma mulher que passou grande parte do dia cuidando de uma criança de 2 anos entrar no clima. Precisamos ser avisadas com certa antecedência. Precisamos nos despir do manto da maternidade com calma, figurativa e literalmente, horas antes do ato principal. Infelizmente, precisamos ser cortejadas e preparadas. Precisamos de uma hora para nós mesmas. Quando temos tempo de depilar as pernas, escovar os dentes e não nos preocuparmos com a loucura do mundo fora do quarto, é mais fácil ativar o "modo amante".

Dicas

Você se sente um pouco enferrujado nessa coisa de romance, não é? Já faz tempo que não a leva para jantar? Aqui estão atitudes que os homens nos disseram que fazem e que têm resultados produtivos:

> "Eu a levo para sair. Com frequência. Não para um programa de casal-com-filhos, e sim um encontro de verdade, como no início, quando eu ria de tudo o que ela dizia, tentava deixá-la bêbada e demonstrava interesse por qualquer livro que ela estivesse lendo."

> "Quando ficamos algum tempo sem fazer sexo, eu alugo uma comédia romântica que não me interessa nem um pouco, mas que sei que ela vai adorar. Talvez seja o fato de ela ver todos aqueles atores bonitos, mas eu não me importo: geralmente, surte o efeito desejado."

> "Uma massagem caprichada nos pés talvez seja o maior presente que um homem pode dar a uma mulher (nessa época da vida dela). Mas jamais sugira ou peça sexo depois."

> "Contrate uma massagista para ela, de surpresa."

"Certa vez, no aniversário dela, organizei uma festa com todos os seus amigos. Ela sempre vai dizer que não quer nada disso, mas pode acreditar, ela vai adorar. Mas você precisa organizar a festa e limpar tudo depois."

"Eu digo a ela que a acho sexy. E ela é. Ela é inteligente. É bonita. Eu ainda acho que sou um cara de sorte. Às vezes ela faz aquela cara de quem não acredita em mim, mas sei que ela gosta de ouvir essas coisas. Como eu sei? Porque os atos valem mais que as palavras, claro."

"Todos nós precisamos de um reforço positivo, principalmente os homens. Felizmente, no nosso caso, quase sempre recebemos elogios no escritório, em casa, etc. As mães que não trabalham fora não costumam ter reconhecimento, e já ouvi que isso pode ter um efeito devastador. Então eu a elogio. Ela fica feliz. É de graça e tem um ótimo retorno."

Chega de tapinha no ombro!

Os homens nos disseram que tentaram explicar às suas esposas o que sexo significa para eles, mas existe uma forma de comunicação que eles usam que é extremamente ineficaz. "Pedir" não com palavras mas com o "tapinha no ombro na hora de dormir" e continuar "pedindo", inúmeras vezes, não leva vocês a lugar nenhum. As mulheres veem esse gesto como uma cobrança e não como uma demonstração silenciosa de amor e carinho. O melhor é tentar colocar tudo em palavras. Converse com ela, pergunte, com sincero interesse, como foi o seu dia. Se não fizer isso, você estará reduzindo o sexo a um ato puramente físico. As mulheres não gostam quando o sexo é mecânico. (E elas também não gostam que pareça uma exigência 24 horas depois de terem dito "hoje não"!) Sua mulher é interessante e inteligente e ainda vale a pena cortejá-la.

"Simplesmente faça" para homens

"Dividimos as tarefas domésticas meio a meio porque minha mulher também trabalha fora o dia inteiro. Ela diz que posso ser o chefe na cama porque também sou o chefe na cozinha. Normalmente sou eu que cozinho e faço as compras. Também limpo muita coisa na casa. E, quando ela viaja a trabalho, pego as crianças na escola e cuido de tudo. Não é nada demais. E sabe por quê? Porque fazemos sexo duas vezes por semana. A experiência também me diz que, se há um desequilíbrio e a divisão de tarefas muda para 60% para ela e 40% para mim, a mesma coisa acontece com o sexo. Às vezes o desequilíbrio a favorece, e aí eu entendo quando ela diz que se sente cansada demais para fazer."

– *Greg, casado há 10 anos, 3 filhos*

De todos os casais com quem conversamos, aqueles em que o homem cuidava de duas ou mais grandes tarefas domésticas com regularidade faziam mais sexo. Muito mais, na verdade. Além disso, as mulheres sentiam-se bem mais entusiasmadas. Como nossa amiga Susan, cujo marido trabalha em casa e quase sempre cozinha para a família, *além de* levar e buscar os filhos na escola todos os dias. Ela declarou: "Digamos que não temos nenhum problema nessa área, se é que me entendem." Como é que é? É ele quem cozinha quase sempre? Leva e busca as crianças todos os dias? Imagine só: ela tem mais energia e mais entusiasmo para fazer sexo.

Nós recomendamos que as mulheres adotem uma estratégia "simplesmente faça" quando o assunto é sexo. Estar no clima não deve sempre ser um pré-requisito. Os homens também devem agir assim em relação a algumas tarefas domésticas com as quais eles acabam esperando que suas esposas lidem. Os filhos também são seus. A casa também é sua. Ajudar na cozinha pode levar a ótimos resultados no quarto.

Redefinindo o conceito de preliminares

Preliminares agora significam deixar o fardo de sua esposa mais leve. Poupe as energias dela para que ela tenha uma reserva para gastar com você. Faça o jantar. Dê banho nas crianças. Acorde à noite de vez em quando. Sabemos que essas coisas não são tão divertidas quanto mordiscar a orelha dela, mas pode acreditar: são muito mais eficazes. *É a intenção que conta.* Toda vez que você se encarregar de uma das tarefas dela, *principalmente sem que ela peça*, você torna mais fácil que ela se sinta sexy. *Resumindo: se você quer que ela coopere na cama, coopere com as tarefas domésticas.*

"Como esse tipo de atitude vai ajudar você no quarto?"

Quando sugerimos a nova definição de preliminares para os homens como uma estratégia para melhorar sua vida sexual, dá para ver que eles começam a ficar inquietos e fazer caretas de desagrado, mesmo aqueles que de fato ajudam bastante em casa. Alguns homens se orgulham de quase não ajudarem em casa. Certo sujeito se gabou do fato de nunca ter trocado uma fralda. Outro disse a sua esposa que nunca iria cuidar dos bebês ou da casa e que eles só poderiam ter filhos se ela concordasse com isso. Pedir a alguns homens para lavar a louça é como pedir que façam um tratamento de canal. Eles se recusam, reclamam, começam a olhar em volta, à procura de outra pessoa para fazer a tarefa por eles. E também há alguns homens que, quando ficam sozinhos com os filhos, reclamam que é muito difícil, mas, quando a mulher chega em casa, dizem para ela que foi moleza.

Então o que temos a dizer para eles é: "Como esse tipo de atitude vai ajudar você no quarto?" Qual o seu objetivo? Tente dar um jeito nessa sua personalidade machista. Se a sua mulher está se esforçando para esperar você no quarto com disposição, então você pode se esforçar para esperá-la na cozinha com a esponja na mão. Os homens que se casam com a "mamãe" muitas vezes ficam surpresos ao perceber que ela de repente não quer mais tomar conta *deles* depois que tem filhos. A "mamãe" agora tem outro bebê para cuidar. E ela está cansada.

Uma nota rápida sobre horários: à noite nem sempre é a melhor hora

Não subestime a importância de fazer os horários de vocês baterem. O fim do dia talvez seja perfeito para algumas mulheres. Mas, para a maioria, não é. Elas estão exaustas e a ideia de acelerar quando na verdade querem relaxar é parte do motivo por que elas ficam desanimadas para o sexo. Algumas mulheres nos disseram que têm mais vontade assim que acordam, quando ainda não estão no "modo mamãe", antes que comecem a se preocupar se o número de bananas na cozinha é suficiente ou se precisam assinar a autorização para a excursão da escola. Ela pode até ter tido um sonho interessante. Tente programar o despertador para meia hora mais cedo. Outras gostam de se divertir um pouquinho no sábado à tarde, quando as crianças estão brincando em outro cômodo com a babá eletrônica ligada. Uma amiga nos disse que adora quando seu marido a acorda no meio da noite. (Cada um tem um gosto diferente, mas talvez seja bom perguntar à sua esposa antes de tentar essa abordagem. Interromper o sono precioso dela talvez só lhe renda um olho roxo.)

> "No fundo, tudo se resume a quê? A se lembrar de como as coisas eram e como vocês dois se tratavam naqueles primeiros meses de namoro. É impossível reproduzir tudo aquilo (e também manter o emprego e cuidar das crianças, etc.), mas não é tão difícil assim chegar perto."
>
> *–Josh, casado há 8 anos, 3 filhos*

Mesma história, mesmo planeta

Veja como poderia ter sido o episódio entre Kevin e Janet, com algumas pequenas modificações:

Kevin: "Pensei em Janet durante todo o voo de volta para casa. Tenho viajado bastante e quase não nos vemos. E, claro, fiquei pensando se ela ia estar no clima mais tarde – afinal de contas, já fazia oito dias, cinco horas e 28 minutos desde a última vez que tínhamos feito sexo. Quando cheguei em casa, ela me deu um abraço apertado, então comecei a ficar otimista. Mal tirei a gravata quando ela começou a me passar as minhas 'tarefas': 'Você pode dar banho nas crianças? Ligou para o banco? Pegou as roupas na lavanderia?' Não é a melhor recepção que eu poderia ter, mas ela parecia exausta, então cuidei de tudo."

Janet: "Fiquei tão feliz quando Kevin chegou em casa. Finalmente eu teria uma folga. Ele levou as crianças para dar banho e colocá-las na cama. Enquanto isso lavei a louça do jantar. Ouvi todo mundo rindo e correndo lá em cima, então pensei 'ah, que se dane a louça' e fui me divertir com eles."

Kevin: "Então eu estava brincando com as crianças e Janet apareceu. Ela me deu um abraço e disse: 'Você é um ótimo pai. Eu te amo.' Eu me senti fantástico. Meu dia no trabalho tinha sido horrível. Isso é o que faz tudo valer a pena. Depois, fui esperar por ela na cama. Quando ela finalmente chegou, tive aquela sensação de 'Ah, minha mulher está aqui'. Mas havia uma coisa grudenta no cabelo dela."

Janet: "Joey fez xixi na calça assim que o coloquei na cama e o bebê vomitou em cima de mim – de novo – depois de tomar a mamadeira antes de ir dormir. Quando terminei de limpar toda essa sujeira, não tinha energia nem para trocar de roupa. Finalmente desabo na cama e Kevin começa a rir e diz: 'Querida, você está linda, mas o que é isso no seu cabelo?' Eu sei que é golfada do bebê e não me sinto bonita, mas foi bom ouvir isso dele. E adorei o fato de ele me fazer rir depois de um dia horrível como esse. Ele começou a me tocar, mas eu o impedi antes que ele iniciasse a 'sequência de lançamento'. Virei para ele e disse: 'Eu sei que já faz um tempo. Será que podemos, por favor, esperar até amanhã de manhã? A que horas é o seu voo? Ponha o despertador para tocar um pouco mais cedo.' Eu dormi bem abraçadinha com ele, algo que não fazia há muito tempo, e foi ótimo."

Kevin: "Bom, não foi tudo perfeito, mas valeu a pena. Gostaria de levá-la comigo na próxima viagem a Phoenix. Não vou precisar ver filmes pornôs. Humm, ou então talvez ela até queira assistir comigo... E aí vai ser uma festa."

CINCO

Sogros e vilões

Família em conflito

"Felicidade é ter uma família grande, carinhosa e unida – em outra cidade."

– *George Burns*

Quantas vezes antes de se casar você ouviu o comentário (ou deveríamos chamar de ameaça) de que "quando você se casa, também se casa com a família"? Quando os preparativos para a união começaram, você finalmente entendeu o que isso significava, certo? Então espere para ver o que acontece quando nasce um bebê.

É mais um paradoxo de ser pai ou mãe. Por um lado, faz com que voltemos nossa atenção para a nossa família. Podemos ficar mais próximos e nos relacionar melhor com nossos pais. Por outro, exige que abracemos de vez a vida adulta e façamos da nova família nossa prioridade. Em geral, essa transição não é nada fácil.

As coisas podem mudar para melhor. Pode ser uma história de amor perfeita. Ter filhos nos dá a oportunidade de desenvolver um relacionamento mais íntimo, não apenas com nossas próprias famílias, mas também com todas as pessoas que desempenham um papel importante para proporcionar uma infância feliz a nossos filhos. Que criança não se beneficia quando há mais um par de mãos aplaudindo cada pequena realização sua, mais um colo para se sentar, outra pessoa para lhe contar histórias, outro adulto que a ama?

> "Eu e meus pais ficamos muito próximos depois que eu tive filhos. Sempre tivemos um bom relacionamento, mas agora eles significam muito mais para mim. Conversamos pelo menos uma vez por dia e eles me apoiaram em todas as fases. Sou profundamente grata a eles e me sinto abençoada, pois eles serão uma influência positiva e amorosa na vida dos nossos filhos."
>
> *– Hope, casada há 9 anos, 2 filhos*

> "Nem acredito que estou dizendo isso. Depois que a Ellie nasceu, passei a ver minha sogra com outros olhos."
>
> *– Bob, casado há 5 anos, 1 filho*

As coisas também podem mudar para pior. Como casal, podemos acabar num "cabo de guerra familiar", com sogros tentando manipular a situação e avós querendo mandar em tudo. Mesmo os melhores de nós podem acabar adotando uma atitude meio "olho por olho, dente por dente" – "as crianças ficam mais com a sua família do que com a minha" –, seja porque queremos ficar em paz com nossos próprios pais ou porque achamos que estamos em desvantagem e que a situação é injusta, já que o marido ou a esposa passou para o outro lado do cabo de guerra, reforçando o time da a família dele(a).

> "Minha esposa queria morar perto dos pais dela, então nos mudamos. É ótimo morar perto deles porque assim eles ajudam, mas eu não sei bem onde me encaixo nisso tudo. Mudei de emprego. Não tenho amigos. Vemos a família dela quase todos os dias e a minha só duas vezes por ano. Não sou o chefe da família. Sou só um ajudante deles."
>
> *– William, casado há 8 anos, 2 filhos*

De volta ao tempo das cavernas... mais uma vez

Antes de falarmos sobre o impacto da nossa família sobre nosso casamento, vamos parar um pouco para nos perguntar *por que agimos como agimos depois da chegada do bebê*. Por que tantos de nós recorrem às respectivas famílias? Por que nossos pais, irmãos e cunhados parecem enlouquecer sempre que há um bebê no meio?

Como você já deve ter adivinhado, sempre que é possível colocamos a culpa por algum comportamento que não é perfeito (o nosso ou o de outra pessoa) na programação biológica. Como vocês já perceberam, ter filhos pode nos fazer voltar para o tempo das cavernas. E adivinhem quem está lá, à nossa espera? Toda a família. A raiz de grande parte das tensões após a chegada de um bebê está no desejo inato de cada pessoa em maximizar a sobrevivência e o domínio de seu próprio legado genético. É um jeito sofisticado de dizer que todo mundo quer ter autoridade sobre o bebê.

Pense um pouco. Qual é a pergunta mais frequente quando um bebê nasce (depois de "Estão todos bem?")? Isso mesmo. *Com quem ele se parece?* Esta pergunta aparentemente inocente na verdade é cheia de significado. Não temos todos o desejo secreto (ou nem tão secreto assim) de saber que ele se parece conosco? O marido de Cathy é indiano e ela ficou muito feliz quando sua filha nasceu com uma marca de nascença parecida com uma sarda no bumbum. Para Cathy, era como se Kate tivesse vindo com um carimbo de "ascendência irlandesa". Nossa amiga alemã, Carolyn, nos contou o seguinte: "Minha sogra diz: 'Estou vendo uma corzinha castanha aí. Os olhos dela vão ser castanhos.' Minha filha tem 2 anos e os olhos dela são azuis. Mas sua avó continua a acreditar que o lado italiano de sua família vai acabar prevalecendo."

A programação biológica também influencia o modo como nos relacionamos com nosso cônjuge e com nossa família. Como pais, muitas vezes recorremos a nossa família em busca de aconselhamento e apoio emocional. Muitos de nós forjamos uma conexão mais profunda e carinhosa com nossos pais e irmãos (e às vezes até com nossos sogros) nessa época. Passamos a ver nossos pais de uma forma completamente diferente e adoramos partilhar com eles os primeiros anos de nossos filhos.

Mas o lado ruim é que isso pode acabar gerando uma competição entre o casal. Queremos garantir que nossos filhos passem bastante tempo com a *nossa* família e que *nossos* parentes (ou seja, os nossos genes) tenham tanta (se não mais) influência sobre eles quanto a família do outro. Também queremos que haja uma hierarquia bem clara. Nos tornamos mais protetores com o nosso "terreno" – nossos filhos, parceiros e nosso jeito de fazer as coisas – e somos capazes de tudo quando achamos que esse "terreno" está sendo ameaçado. Ficamos extremamente irritados se nossos maridos ou esposas não enxergam as coisas da mesma forma que nós.

Problemas para o casal (O que isso tudo significa para vocês dois)

As mudanças sutis – e as não tão sutis assim – na dinâmica familiar podem causar uma grande tensão entre marido e mulher. Na verdade, *o maior problema não é vocês brigarem com seus pais ou sogros, e sim que eles façam vocês brigarem um com o outro*. Assim como em tudo mais na vida, o importante aqui não são os acontecimentos, e sim como você reage a eles.

Quase todo casal com que conversamos estava enfrentando um ou dois pontos de desentendimento e alguns poucos infelizes já estavam na fase em que se começa a pensar em divórcio. A maioria dos conflitos (e, claro, admitimos que nós três já passamos por muitos) gira em torno dos seguintes assuntos:

- A hierarquia
- A interferência

- As qualificações dos avós
- O acesso igualitário

A hierarquia

Teoricamente, sabemos que devemos colocar nosso cônjuge acima de todas as outras pessoas. Todos queremos ter certeza de que ocupamos o primeiro lugar no coração de nossos maridos ou esposas. De certo modo, dar prioridade à nova família em detrimento da família de origem é o passo decisivo para entrar na vida adulta. E, para a maioria de nós, é um passo difícil. Não é fácil dizer a nossos pais que eles não devem se meter, por mais que disséssemos (ou quiséssemos dizer) isso a eles na adolescência.

> "Minha mãe não tem limites. Ela quer nos visitar toda hora e não entende que isso atrapalha o nosso tempo em família nos fins de semana, que é quando podemos ficar juntos, já que trabalhamos o dia todo. Isso acabou gerando um problema entre mim e meu marido. Ele me diz que eu preciso ser mais dura com ela. Eu tento, mas é difícil."
>
> *– Anita, casada há 9 anos, 4 filhos*

Não é só saber quando dizer a nossos pais para pararem de encher o saco (respeitosamente, é claro). Também tem a ver com como escolhemos passar o nosso tempo, porque, quando nos tornamos pais, o tempo se torna o bem mais valioso. Quanto tempo passamos com nossas respectivas famílias é um claro indicativo de quem está em primeiro lugar. Sobre esse assunto, nossa amiga Hillary disse o seguinte:

> "Meu marido ajuda seu pai a controlar suas finanças, então ele muitas vezes passa grande parte da noite falando com ele ao telefone. Talvez eu esteja sendo injusta, mas fico chateada por ele passar tanto tempo falando com o pai dele, já que temos tão pouco tempo para ficar juntos. E quanto a mim e às meninas?"

É claro que há ocasiões em que nossos pais precisam da nossa atenção e a merecem, principalmente quando eles ficam mais velhos ou adoecem. Mas, no geral, se nós colocamos nossas famílias "antigas" acima da nossa "nova" família, na verdade estamos dizendo a nossos cônjuges: "Minha prioridade não é você. São eles." Embora raramente seja essa a intenção, o efeito pode ser devastador. Há poucas coisas que podem nos magoar tanto quanto achar que a pessoa com quem dividimos nossa vida não nos coloca em primeiro lugar.

A interferência

Diretamente relacionadas ao reconhecimento de quem é prioridade estão as discordâncias causadas por avós (ou por toda a família) que tendem a interferir. Os avós, principalmente, têm um certo sentimento de posse, como se tivessem o direito de se envolver, e isso acaba fazendo com que eles passem dos limites. Eles começam a interferir e a dar opiniões:

> "Minha sogra achou que eu estava demorando a mandar os cartões de agradecimento após a festa de 1 ano de nossa filha, então decidiu fazer isso por conta própria. E sem me falar nada. Eu descobri quando uma amiga me falou do cartão que tinha recebido."
>
> – *Tina, casada há 8 anos, 2 filhos*

> "Meu sogro vive me mandando e-mails com artigos sobre obesidade infantil. Ele acha que nossa filha, que tem 11 meses, é muito gorda. Mas ela é só uma bebê linda, saudável e fofa."
>
> – *Beatrice, casada há 9 anos, 2 filhos*

Viva e deixe viver não é o lema de todos os avós. Eles geralmente têm boas intenções quando dão conselhos ou quando arregaçam as mangas e fazem o que acham melhor. O problema é o que acontece quando um de vocês concorda com o infrator e o outro não.

Como a maioria de nós tem mais tolerância para o "mau comportamento" de nossos próprios pais, existem grandes chances de vocês se desentenderem.

> "Janet acha o máximo a mãe dela ajudar tanto. E ela é mesmo ótima. Mas não sabe quando parar. Ela liga no sábado de manhã para dizer o que planejou para o dia, como ir ao cinema com as crianças e coisas assim. É difícil dizer não, mas eu gostaria que ela nos desse mais espaço ou pelo menos que nos perguntasse primeiro se já temos planos."
>
> *– Kevin, casado há 8 anos, 3 filhos*

Também é um problema quando a presença de um dos sogros influencia o comportamento do seu marido ou da sua mulher:

> "Meu marido age diferente quando os pais dele estão lá em casa. Ele fica mais ríspido com as crianças para que elas se comportem bem. Ele é muito mais tranquilo quando estamos a sós."
>
> *– Melanie, casada há 9 anos, 2 filhos*

> "Quando minha sogra está por perto, Danny se transforma num sujeito totalmente preguiçoso. Ele a deixa fazer todas as tarefas dele. Ela lava os pratos, pega as crianças de carro, lava as roupas dele. É como se ele fosse o rei do pedaço. Eu sei que ele adora quando ela cuida dele, mas isso me deixa louca. Ele agora é pai e precisa parar de agir como um garotinho."
>
> *– Mary, casada há 5 anos, 2 filhos*

As qualificações dos avós

Em alguns casos, um de vocês pode pensar que um avô ou avó é perfeitamente capaz de cuidar das crianças, enquanto o outro não deixaria nem mesmo um animalzinho de estimação sob os cuidados dele / a.

Quando vocês têm padrões diferentes quanto à habilidade dos avós, sem dúvida haverá discussões.

> "Acho que meus sogros não têm bom senso. É uma questão de segurança. Meu sogro permite que as crianças pulem na cama com o ventilador de teto ligado e deixa facas espalhadas no balcão da cozinha, com os cabos pra fora. Meu marido não entende por que isso me deixa tão chateada, então ele não fica do meu lado quando digo a meu sogro que essas coisas são perigosas."
>
> *– Helen, casada há 11 anos, 3 filhos*

Acesso igualitário

Todos amamos nossa família de origem e sentimos que temos uma obrigação para com ela. Tentar corresponder ao desejo de cada um de ficar com sua respectiva família é um grande desafio. Às vezes, esse equilíbrio nunca é perfeito:

> "Desde que tivemos filhos, minha mulher insiste para passarmos o Natal com a família dela e participarmos das 'tradições' deles, que consistem em jantar num restaurante italiano ruim, ir à missa no ginásio de uma escola e depois jogar pôquer e tomar uísque até meia-noite com sua tia-avó senil. Uma maravilha."
>
> *– Bruce, casado há 8 anos, 2 filhos*

Decidir onde passar as festas pode ser um grande problema. Todo mundo espera que vocês fiquem com eles. O precioso tempo do feriado é dividido com o objetivo de deixar todos felizes. A maioria de nós tenta revezar as visitas. Parece simples na teoria, mas, na prática, pode ser bem complicado.

> "Nós tentávamos dividir o tempo entre as duas famílias quando voltávamos para Chicago, mas isso significava passar três dias com os pais dela e três dias com os meus. Era hora de ir embora

e minha mãe dizia: 'Ah, fiquem mais um pouquinho, sua tia já vai chegar!' Então eu me sentia meio triste e ficava de olho no relógio, pois sabia que ia acabar brigando com minha mulher, pois estava roubando o tempo que ela reservara para ficar com a família dela. Chega um momento em que você não quer mais ir visitar ninguém."

– Thomas, casado há 11 anos, 1 filho

A rivalidade entre avós

Essa questão do acesso igualitário é ainda mais séria quando os avós competem. É claro que a maior parte deles gosta bastante um do outro e acabam criando um laço forte com base no amor que sentem pelos netos. Mas alguns acabam vendo o outro casal de avós como "a oposição". A verdade é que todos querem ser os "avós titulares". Querem ter mais influência sobre os netos do que a outra família. Como resultado, alguns deles acabam entrando em conflito.

Às vezes a luta começa antes mesmo do nascimento do bebê. Nossa amiga Tina nos contou que sua mãe dizia ter direitos exclusivos ao título de "Vovó" quando o bebê ainda estava na barriga.

A batalha pelo espaço nas paredes e na casa

Você por acaso já fez alguma "auditoria dos avós" na sua casa? Já contou quantos presentes cada um mandou ou em quantas fotos cada um aparece? Não, claro não. Você tem mais o que fazer. Mas muitos avós já fizeram. Eles sabem *exatamente* quanto espaço ocupam. Já recebemos relatos em primeira mão de avós que enviam fotos glamourosas de si mesmas para seus netinhos pequenos. Sandy nos disse que um dia ela voltou do trabalho e descobriu que sua sogra, que estava passando um tempo em sua casa, havia substituído as fotos de seus pais por outras dela mesma em alguns porta-retratos. E as fotos dos outros avós não são o único problema. Como nos disse George: "É preciso ter certeza de que os avós têm as mesmas fotos das crianças, senão eles vão dizer: 'Por que eles têm aquela foto e nós não?'"

Essa disputa pelo número de fotos só é superada pela antiga tradição de "dar presentes sem nenhum motivo especial". "Se minha mãe chega e vê que a mãe do Brad comprou uma Barbie para as meninas, ela volta no dia seguinte com roupinhas para cada uma. É ridículo. Já não tenho mais onde guardar tantas coisas", diz nossa amiga Kyra.

A batalha pelo tempo

As competições acerca dos presentes e das fotos são simples de resolver. Se os avós querem gastar seu dinheiro contratando fotógrafos e comprando brinquedos, problema deles. A batalha pelo tempo é bem mais complicada:

> "Minha sogra, Barbara, morre de ciúme quando minha mãe passa algum tempo com a nossa filha. Barbara mora perto de nós, então vê Kaitlyn com frequência. Minha mãe não. Quando ela vem nos visitar, Barbara aparece correndo. Ela não deixa minha mãe ter um momento a sós com a neta. Na última vez em que minha mãe esteve aqui, ouvi Barbara dizer: 'Se ela pegar minha neta no colo mais uma vez...' Como é que é? Outra vez, minha mãe entrou e viu Barbara com Kaitlyn no colo, acariciando o cabelo dela como se ela fosse um cachorrinho. É uma questão de posse. Como se ela estivesse marcando seu território. Minha mãe tem tanto direito de ver a neta quanto ela. Eu disse à minha esposa que é melhor ela falar para a mãe dela parar com isso... Senão quem vai falar sou eu."
>
> *– Bobby, casado há 7 anos, 1 filho*

Todos os avós querem "ter um tempo" com os netos. É um desejo totalmente justo e compreensível. Mas alguns não respeitam o tempo reservado para o outro lado, o que causa grandes dores de cabeça para os pais, que ficam no meio da briga. Danielle nos contou como está sendo difícil lidar com seus sogros. "Não é que eu não queira ficar com a família do Colin. Eles são ótimos. A questão é que meus pais gostariam de ter um tempo a sós com as crianças. Tenho medo de dizer qualquer coisa porque acho que eles vão me interpretar mal."

COMO AS MULHERES SE SENTEM

Quando as mulheres se casam e formam uma família, esperam um relacionamento adulto cheio de carinho e respeito com seus maridos, seus pais, seus sogros e o resto da família. Para muitas de nós, é exatamente assim que as coisas acontecem. Sentimos uma imensa gratidão pela ajuda que eles dão e recebemos de bom grado a influência positiva que eles têm sobre nossos filhos.

Mas, quando há problemas, eles podem ser muito graves. Stacie certa vez fez um comentário casual a respeito dos papéis dentro da família num encontro de pais e filhos. Enquanto a musiquinha tocava ao fundo, várias mães abandonaram seus filhos nos escorregadores e nos outros brinquedos para contar histórias de guerra sobre a invasão de seus ninhos. Essa é uma questão delicada para as mulheres. Achamos perfeita a definição da nossa amiga Lisa: "Eu só preciso saber que estou em primeiro lugar, que nossa família é a prioridade. Como posso dizer isso sem que eles me considerem uma chata?"

A leoa e a lei da selva

Já escrevemos sobre os instintos poderosos que acompanham a maternidade – aquilo que chamamos de "efeito leoa". A maioria das mulheres adora apresentar seus novos filhotes para o resto do bando. Mas o instinto de proteger e cuidar de nossos bebês também nos deixa desconfiadas, possessivas e, de um jeito bem parecido com o que acontece no reino animal, autoritárias. *O bebê é nosso*. A natureza encarregou a nós – e a ninguém mais – pela segurança, pela sobrevivência e pelos cuidados com a criança.

Lei número um: o bebê é MEU

As mulheres não veem nenhum problema em deixar todo mundo ficar em volta do bebê, contanto que todos entendam que, em última instância, quem manda ali são elas. Não é porque gostamos de mandar nos outros (o.k., algumas de nós gostam). É porque a responsabilidade de criar os filhos é nossa e do pai. E, se a responsabilidade é nossa, a autoridade também deve ser.

As tensões depois que o bebê nasce geralmente se baseiam na impressão (correta ou não) que as mães têm de que os avós estão invadindo seu território. Por mais que amemos nossa família, queremos que eles reconheçam e respeitem a hierarquia. A maioria dos avós só quer ajudar (e, é claro, segurar o bebê). Infelizmente esse seu desejo muitas vezes entra em choque com nossa vontade de fazer tudo sozinhas. Então acabamos vendo o gesto mais solícito como uma ameaça à nossa autoridade.

> "Minha mãe comprou a roupa de cama para o quarto do bebê, mas eu realmente queria decorar tudo sozinha. É o meu bebê, o meu ninho. Não quero ninguém se metendo nisso!"
>
> *– Alma, casada há 7 anos, 1 filho*

Lei número dois: eu estou em primeiro lugar

Todas as mulheres, pelo menos aquelas com quem falamos, querem sentir que o núcleo familiar é a prioridade de seu marido. Assim que temos filhos, é essencial que os homens entendam isso. Essa necessidade fica mais forte quando temos um recém-nascido. Consequentemente, existem poucas coisas que deixam uma mulher mais chateada do que ver o marido optar por "manter a paz" com seus pais em vez de apoiá-la durante a transição extremamente difícil para o estágio de mãe.

> "Quando tive meu primeiro filho, meus pais ficaram esperando do lado de fora da sala de parto. Eu queria que eles vissem Isabelle imediatamente e também queria muito ver minha mãe. Mas, quando o bebê nasceu, minha sogra ainda levaria duas horas para chegar ao hospital e Jason, meu marido, decidiu que ninguém poderia ver nossa filha até que a mãe dele chegasse. Ele fez meus pais esperarem. Eles ficaram furiosos. Eu estava tão ocupada tentando amamentá-la que nem percebi o que estava acontecendo. Quando a mãe dele chegou, todos entraram no quarto juntos. Jason deu Isabelle para a mãe dele segurar primeiro. Minha mãe nunca o perdoou por isso, e eu mesma levei um bom tempo para perdoá-lo."
>
> *– Candace, casada há 11 anos, 2 filhos*

A história de Candace é uma situação extrema. Ainda bem que homens como Jason são raros. Mas demos este exemplo para mostrar os perigos de não se respeitar a hierarquia familiar.

Uma coisa que irrita as mulheres é ouvir seus maridos dizerem: "Era assim que minha mãe fazia." Isso implica que a esposa deve fazer as coisas da mesma maneira que ela. Sugerir que devemos ser iguais à mãe dele nos faz sentir como se nosso marido não reconhecesse nossa autoridade. Como disse nossa amiga Melissa: "John sempre diz coisas como 'Quando eu era criança, ficava na creche. Comia doces. Minha mãe sempre trabalhou fora. E eu cresci sem problemas.' Sim, ele cresceu sem problemas, mas não é assim que quero criar os meus filhos."

Também é importante para nós que nossos *pais e sogros* reconheçam que o nosso casamento vem em primeiro lugar. Algumas mulheres falaram que suas mães ou pais exigiam muito do tempo que elas tinham para dedicar a suas próprias famílias. "*Eu* sou a mulher dele" é algo que as mulheres muitas vezes sentem que precisam dizer com a delicadeza de um megafone.

LEOAS EM AÇÃO: A DINÂMICA FEMININA

Embora às vezes possa haver uma tensão substancial entre os homens que participam da família, parece, com base nos comentários que ouvimos, que a maioria das tensões surgem entre as mulheres e suas mães ou sogras. Por quê? Uma vez leoa, sempre leoa. O instinto materno nunca morre. As avós muitas vezes se sentem no direito de fazer comentários sobre o cuidado com os netos ou assuntos da casa porque esse já foi seu domínio. O fato de seus filhos agora serem pais não significa que elas deixaram de ser mães deles.

> "Quando voltamos da maternidade, pedi a meu marido que fosse até a cozinha pegar um copo d'água para mim. A mãe dele me fuzilou com os olhos e disse: 'Ele também está cansado.'"
>
> *– Jill, casada há 3 anos, 1 filho*

O relacionamento de nossos maridos com a família deles

> "Passar um tempo com o avô não é a mesma coisa que passar um tempo com o pai. Já discuti muito com meu marido por causa disso. O pai dele não é o pai substituto do nosso filho."
>
> *– Linda, casada há 4 anos, 1 filho*

Algumas mulheres reclamaram que seus maridos mal podem esperar para despachar as crianças para a casa dos avós. "Meu marido tem o telefone da mãe dele na discagem rápida do celular. Se eu o deixo sozinho com as crianças por mais de uma hora, a mãe dele vai correndo lá para casa", diz Charlotte. Algumas mulheres acham que isso é abusar dos avós. Outras acham que isso encoraja um envolvimento excessivo com eles. Outras já acham *pura preguiça* mesmo.

COMO OS HOMENS SE SENTEM

"Meu pai me disse duas coisas sobre se casar: 'Se você for comprar uma casa, compre o mais distante possível da família dela. Depois, dê a ela um carro que funcione bem para que ela possa ir e voltar sozinha.'"

–Jay, casado há 10 anos, 2 filhos

Nem toda ajuda é válida

Os homens se sentem ansiosos para ajudar suas esposas a cuidar dos bebês ou, mais precisamente, para *encontrar quem ajude*. Eles muitas vezes não se dão conta de que a escolha de auxílio que fizeram *é* o problema e muitas vezes não têm consciência da tensão que pode surgir disso. Como nos disse nosso amigo Tim: "Eu achava que ela ficava feliz porque minha mãe ajudava na cozinha e a lavar a roupa. Eu não sabia que na verdade minha mãe a deixava tão irritada." Na maioria das vezes, eles nem se dão conta do que está acontecendo até serem informados sobre a situação ou quando são requisitados para agir como pacificadores/mediadores.

Os homens não gostam de assumir o papel de mediador. Muitos nos disseram que se sentem entre a cruz e a espada. Querem permitir que seus pais passem mais tempo com as crianças, mas também não querem irritar a esposa, que considera seus pais "pessoas difíceis". À medida que a rede de relações familiares fica mais intricada, os homens podem acabar se sentindo frustrados com a dificuldade de lidar com cada detalhe.

"Sou filho único e meu pai morreu há alguns anos, então me sinto muito responsável pela minha mãe. Quando tivemos nosso primeiro filho, minha esposa, Andrea, queria que passássemos o Natal em casa. Minha mãe se recusou a vir. Ela insistia que a ceia de Natal fosse 'na mesa dela', como sempre tinha sido. Tentamos fazer um acordo: café da manhã na casa da minha mãe e jantar na nossa casa. Durante todo o café da manhã, minha mãe ficou reclamando porque iria cear sozinha. Então, voltando para casa, Andrea ficou furiosa comigo por eu não ter dito à minha mãe para parar de reclamar, já que ela podia perfeitamente ir à nossa casa e comer com todos nós."

– Daniel, casado há 11 anos, 3 filhos

É uma questão de controle

A versão masculina da luta pelo território

Sempre que há tensão, ela gira em torno da eterna pergunta: "Quem é que manda aqui?" Assim como as mulheres, os homens também precisam saber que eles são o número um na hierarquia (talvez até mais, por conta da testosterona). Alguns homens dizem que se sentem praticamente invisíveis, principalmente na época em que o bebê é um recém-nascido, já que as mulheres tomam conta da casa e começam a dar ordens. David nos disse: "Ninguém parecia nem um pouquinho interessado no que *eu* achava que devíamos fazer com o bebê."

Pisando na minha masculinidade

Embora o pai não sinta que sua autoridade é ameaçada se o avô sugerir que os meninos precisam cortar o cabelo (a mãe, por outro lado, fica imaginando se ele está querendo dizer que ela é negligente quanto à aparência dos filhos), existem certas áreas sobre as quais os homens gostam de manter certo controle, ou pelo menos de ter o direito de opinar.

"Minha sogra comprou a primeira bicicleta do nosso filho e foi como se ela estivesse pisando na minha masculinidade. Há certas coisas que o pai quer fazer."

– Anton, casado há 9 anos, 2 filhos

"Deve ser coisa de homem... Um dos meus irmãos ia ensinar Charlie a jogar xadrez e meu marido ficou furioso. Então perguntei: 'Qual é o problema? Você nem sabe jogar xadrez!' Adivinhem? Ele aprendeu a jogar xadrez e depois ensinou para o nosso filho."

– Gwen, casada há 11 anos, 3 filhos

É coisa de homem... Nós não entendíamos, mas nossos maridos concordaram e sabiam exatamente do que esses homens estavam falando. Parece que eles têm uma visão clara do que um pai deve fazer e é melhor que o resto da família não se meta nessas coisas. Para alguns, é jogar xadrez, para outros, é levar os filhos pela primeira vez ao estádio ou treinar o time de futebol. Cada homem tem sua própria lista de coisas que acredita serem privilégio do pai.

SEÇÃO EXTRA: COMO OS AVÓS SE SENTEM

"Todo mundo deveria pular esse sacrifício que é ter filhos. Ser avô é o que há de melhor."

– Stan, casado há 30 anos, 3 filhos, 5 netos

Nós amamos essas crianças

"Quando nossos netos nos abraçam, é algo totalmente puro – sabemos que é de verdade. O amor que sentimos por nossos netos é o mais puro que existe. Não há segundas intenções."

– Lou e Julie (pais de Julia), casados há 42 anos, 2 filhos, 3 netos

Uau! Eles realmente amam essas crianças. Quem diria que nós (nós três e vocês todos também) estamos criando a geração mais inteligente, bonita e talentosa de toda a história? Pelo menos é essa a impressão que temos ao falar com qualquer avô sobre seus netos. Nossos próprios pais e sogros são loucos por nossos filhos. Não existem expectativas (exceto para os poucos avós que insistem em ensinar as habilidades de aperto de mão ou de contato visual). Só há uma atmosfera de amor.

Além desse amor insano, os avós sentem um grande desejo de imortalidade, de deixar sua marca sobre o legado genético. Como disse a mãe de Megan:

> "Quando você envelhece e vê seus netos e sabe que, se Deus quiser, eles vão continuar a viver por muito tempo depois que você se for, você sente que eles são uma maneira de deixar sua marca no mundo. Você quer influenciá-los de alguma maneira para que depois eles se lembrem de você. É um desejo quase imperativo."

Consequentemente, eles querem passar tempo com os netos. Querem passar para eles as tradições da família. Querem ter o máximo de influência sobre o desenvolvimento da criança.

Alguns avós nos disseram que ter netos lhes dá a chance que não tiveram da primeira vez de passar bons momentos com a família:

> "Quando você tem filhos e está formando sua família, fica em choque com as mudanças e por isso não consegue apreciar a maravilha daquilo tudo. Durante 10 anos, eu tive três empregos, tentando segurar uma carreira não muito estável como piloto da Eastern Airlines. Naquela época, era mais uma questão de sobrevivência e de juntar dinheiro para bancar duas faculdades. Eu não conseguia passar muito tempo com minha família. Perdi muita coisa. Mas quando você se torna avô, é uma maravilha.

Você consegue enxergar a coisa toda. É como se eu tivesse uma segunda chance."

– Richard (pai de Stacie), casado há 41 anos, 2 filhos, 5 netos

As garras da vovó

O instinto da avó, particularmente, é uma força admirável (e, às vezes, algo que devemos controlar rigorosamente). A avó do marido de Cathy, de 83 anos, entrou num avião pela primeira vez e saiu da Índia, também pela primeira vez na vida, para que pudesse ver e segurar seu primeiro bisneto. Tantas pessoas nos contaram episódios sobre suas mães e sogras "arrancando" o bebê dos braços de outras pessoas que decidimos que valia a pena dar um nome para tal fenômeno. Chamamos esse impulso incontrolável e involuntário de "roubar" o bebê de "as garras da vovó". Primeiro elas pegam a criança e depois pedem. E que Deus tenha piedade de quem ousar impedi-las.

Nós só queremos ajudar

Nenhum avô ou avó com quem conversamos tinha a intenção de usurpar o direito dos pais e mandar na educação das crianças. Eles só querem ajudar. Eles veem o duro que damos e querem aliviar um pouco nosso fardo. Mas muitos pensam que seus filhos são sensíveis demais e adoram se sentir ofendidos. Como nos contou Jocelyn: "Eu disse à minha filha que poderia cuidar do bebê por uns dias para que ela pudesse descansar. Ela não quis nem ouvir minha proposta. Sinceramente, eu só queria ajudar para que ela pudesse dormir um pouco."

Quem é que está sendo mandão?

Muitos avós com quem falamos achavam que seus próprios filhos queriam controlar demais as coisas. Veja o relato de Miriam: "Quando cuido do bebê, eles me dão instruções detalhadas, chegando ao cúmulo de me dizerem para não colocar um casaco no bebê se estiver fazendo 35 graus. Eles me tratam como uma idiota." Outros disseram que a relutância que seus filhos têm de dar a eles autonomia para cuidar dos filhos ("Eles me dizem com todos os detalhes o que devo dar a Taylor no jantar") fazem com que se sintam como babás contratadas e não membros da família.

> "Eu me sinto uma intrometida, não uma sogra."
>
> – *Bonnie, casada há 37 anos, 4 filhos, 8 netos*

Muitos acham que seus filhos precisam ser um pouco mais relaxados nesse aspecto. Na opinião deles, levamos as coisas *muito* a sério. Yvonne e Donald disseram que sua nora mandou a eles uma lista de livros para que se preparassem para quando fossem visitar o bebê. Yvonne e Donald têm seis filhos, todos eles formados, e entre eles há um engenheiro, um advogado e um médico.

Outros ficam perplexos com o fato de nunca conseguirem agradar. Eles sempre violam alguma regra sobre a qual nunca foram informados. Como disse Betty:

> "Da última vez que fui visitar a Sophie, levei um livro lindo de contos de fada, com as histórias clássicas: 'Cinderela', 'A Bela Adormecida', etc. Aí fui rispidamente informada de que Sophie não deve ter acesso a nenhuma 'historinha de princesa' – que isso lhe daria uma impressão errada sobre homens e mulheres."

Os avós muitas vezes sentem que estão pisando em ovos, tentando não chatear os filhos. Como nos disse Edie: "Aprendi da pior maneira possível que só devo dar algum conselho quando me pedirem."

A diferença entre as gerações

A enorme diferença entre a nossa vida e a de nossos pais às vezes faz com que seja difícil nos entendermos.

"Tive meu primeiro filho aos 21 anos. Minha filha teve o dela aos 31. Ela ficou muito mais entusiasmada com a gravidez. Leu livros, fez aulas de ioga, chegou até a procurar pré-escolas antes de o bebê nascer. Na minha época, eu apenas fui levando. E, na maioria das vezes, talvez porque eu era muito jovem, ouvia o que minha mãe tinha a dizer. Eu precisava de ajuda e aceitava isso. Minha filha despreza a maioria das sugestões que lhe dou. Na opinião dela, sou antiquada. Não li os livros que acabaram de sair."

– Dorothy, casada há 42 anos, 3 filhos, 7 netos

Um novo respeito

Mesmo que às vezes eles nos achem controladores demais, os avós nos disseram que sentem grande respeito e orgulho quando veem seus filhos se tornarem pais.

"A coisa mais extraordinária é ver o bebê que você trouxe ao mundo segurar o bebê que *ele* trouxe ao mundo. Ver nossos próprios filhos assumirem a responsabilidade de ser pais e nos lembrarmos de quando foi a nossa vez nos enche de vontade de amá-los e apoiá-los de todas as maneiras possíveis."

– Lloyd, casado há 38 anos, 2 filhos, 6 netos

Esse novo respeito também pode se estender (às vezes pela primeira vez) ao genro ou à nora. E, mais uma vez, isso tem a ver com a programação biológica, pois os avós reconhecem que ambos os pais são essenciais para o sucesso de seus netos (ou seja, de seu legado genético).

Falta de respeito

Uma pequena mas infeliz minoria de avós nos disse que se sente usada. Eles sempre estão dispostos a ajudar com as crianças, mas seus filhos quase nunca agradecem nem demonstram qualquer reconhecimento. Como nos disse um avô, Ken: "Lizzie e Mack acreditam que nós sempre estaremos por perto quando eles precisarem, e é verdade. Mas Margaret e eu achamos que eles não nos dão valor. Um simples gesto de gratidão já seria ótimo." Outro avô, Ralph, disse que era pior que isso: "Os pais da minha nora são tratados como reis porque moram longe. Eu moro perto, então não sou nada além de um burro de carga. Sempre me chamam quando meu filho precisa de ajuda para colocar alguma coisa na caminhonete, mas nunca sou convidado para jogar bola com as crianças."

SOLUÇÕES PARA OS DOIS

Assim que temos filhos, entendemos que as coisas não giram mais em torno de nós mesmos. Por mais que nossos parentes nos deixem loucos, eles também enriquecem nossa vida e de nossos filhos de uma forma imensurável. No fim das contas, cabe aos "novos adultos" (ou seja, nós) manter as expectativas e os relacionamentos com os outros membros de sua família sob controle. O melhor para todos – nós, nossos filhos e nossa família – é que essa relação seja tranquila. Falando assim parece fácil, nós sabemos. Para conseguirmos isso, criamos um "plano de gerenciamento familiar". Esperamos que ele consiga melhorar a dinâmica da sua família depois da chegada do bebê.

O plano de gerenciamento familiar

> "Estamos tentando criar uma nova política, ou 'a simbiose perfeita', que seja positiva para todos. O plano é minha mãe passar uma noite com as crianças a cada dois meses. Dessa forma, ela consegue ter um tempo a sós com as crianças e eu e meu marido temos uma folguinha juntos."
>
> *– Anita, casada há 9 anos, 4 filhos*

1. Estabeleça a hierarquia

Quando colocamos nosso marido ou nossa mulher em primeiro lugar, todo o resto se arranja.

Se a falta de reconhecimento é o motivo da maioria das brigas na família, a solução é simples e direta: deixar claro para todas as partes envolvidas (às vezes isso inclui nós mesmos) que sua mulher ou seu marido e a família que vocês estão formando ocupam – sempre e sem exceção – o primeiro lugar.

Na maioria das vezes, não é necessário distribuir diagramas explicativos. O ideal é que nossas atitudes deixem claro qual é a nossa prioridade. No entanto, às vezes é preciso ser mais firme e a única opção é pedir a nossos pais que "não se intrometam".

> "Minha mãe veio passar um tempo conosco quando nosso primeiro filho nasceu. Ela começou a reclamar que meu marido não ajudava o suficiente com o bebê. Eu disse que ela não devia criticar meu marido e que, se ela dissesse ou fizesse qualquer coisa para sabotar meu casamento, teria que ir embora. Talvez eu tenha sido meio dura, mas isso foi há cinco anos e desde então ela nunca mais falou nada de ruim sobre Drew."
>
> *– Michelle, casada há 7 anos, 2 filhos*

Se você é o "filhinho da mamãe" ou a "garotinha do papai", é hora de "cortar o cordão". Na verdade, o momento de fazer isso foi há uns 10 ou 15 anos, mas antes tarde do que nunca. Caso ainda haja alguma dúvida, você sabe que já passou da hora de fazer isso se:

- Você não faz nada sem consultar sua mãe ou seu pai – ou os dois.
- Decide o que fazer depois de ouvir a opinião deles, mas não pergunta a seu marido ou à sua esposa o que ele(a) acha.
- Adota um comportamento "do meu jeito ou nada" para implementar as tradições da sua família.
- Mais de 10% de suas frases começam com "Minha mãe/meu pai sempre diz..."

Outra maneira de resolver qualquer problema de hierarquia é perguntar a si mesmo(a): "O que é melhor para os nossos filhos?" Em quase todos os casos, é possível responder a essa questão com outra: "O que é melhor para meu casamento?" No caso de Julia, colocar sua família em primeiro lugar significou mudar para o outro lado do país por causa do emprego de Gordon, mesmo que isso deixasse uma barreira de mais de 2 mil quilômetros entre ela e seus adorados pais. Houve muito choro na despedida (e também durante algum tempo depois), mas fazer a pergunta certa deixou a resposta bem clara, mesmo que ela fosse dolorosa.

Ninguém gosta de tomar uma atitude que magoe seus pais nem de dizer a eles o que devem fazer. Ainda somos seus filhos, não importa quantos bebês ou cabelos brancos tenhamos. Mas, se não estabelecermos a hierarquia, os resultados podem ser desastrosos. Quando tentamos agradar a todos, acabamos não agradando ninguém.

2. Estabeleça os limites

> "Meus sogros são espontâneos, mas eu não gosto de fazer as coisas sem planejar. Estamos relaxando no sofá e meus sogros aparecem de repente, sem avisar. Não é legal. Gosto muito deles, mas quero saber quando eles vão aparecer."
>
> *– Suzanne, casada há 10 anos, 3 filhos*

A vida é muito mais fácil para todos quando sabemos que tipo de comportamento é aceitável ou não. Então é importante estabelecer expectativas e limites. Isso exige que vocês cheguem a um acordo sobre o assunto e que deixem claro para suas respectivas famílias quais são os limites.

Por exemplo, quando Suzanne disse a seu marido que ela não gostava de visitas-surpresa, ele avisou a seus pais que eles precisariam ligar antes de aparecer. E, desde então, eles nunca mais apareceram de forma inesperada.

3. Seja um mediador

Um precisa defender o outro. *Se é a nossa família que está errada, nós é que somos responsáveis por resolver o problema.* Se não enfrentamos a situação, acabamos passando o fardo de gerenciar o relacionamento para o outro, que é a pessoa errada para desempenhar a tarefa.

> "Eu tenho um ótimo relacionamento com os meus sogros e, em grande parte, devo isso ao meu marido. Se eles fazem algo que me deixa chateada, ele lida com a coisa imediatamente e de um jeito que faz eles pensarem que quem está chateado é ele, não eu."
>
> – *Emily, casada há 5 anos, 1 filho*

Não é justo que o outro tenha de enfrentar essa briga em nosso lugar. Todos somos capazes de controlar nossa família. Nossos pais nos amam e nos aceitam mesmo quando os chateamos ou ofendemos. Aliás, é bem provável que a esta altura eles já estejam acostumados com isso. Mas não podemos ser tão sinceros assim com nossos sogros.

4. Comece suas próprias tradições

À medida que nossa nova família cresce, precisamos estabelecer nossas próprias tradições. Isso, em parte, é um jeito de delimitar o novo território ("A partir de agora vamos passar o Natal em casa") e, em parte, um jeito de equilibrar as coisas ("No próximo ano, seus pais vêm cear conosco, no ano seguinte, vêm os meus"). Também é importante deixar espaço para as coisas que são importantes para o seu marido ou a sua mulher relativas ao legado de sua família de origem. Por exemplo, entre seus objetivos de vida (a longo prazo), Julia pretende tornar-se mestre na arte de fazer chucrute (um dos pratos favoritos da família de Gordon).

O estilo zen e a arte da manutenção de famílias: tolerância e respeito

Mesmo quando damos início a uma nova família, cada um de nós recorre à família de origem em busca de apoio e orientação. Todos nós precisamos reservar um espaço em nossa vida para os familiares do nosso cônjuge. Eles também são parte da nossa família e nossos filhos são parte deles. Eles não são o inimigo. Claro, se eles não têm consideração, são incompetentes ou insanos, eles são o inimigo. Mas, para a maioria de nós, é uma bênção tê-los por perto. Eles são as únicas pessoas que amam nossos filhos tanto quanto nós. Claro que não são perfeitos, mas quem é?

> "Você aceita as idiossincrasias da sua própria família. Você cresceu com elas. Com o tempo, aprendeu a lidar com elas. Você releva todas as esquisitices deles. De repente, os sogros entram em cena. Você não tem experiência com as esquisitices deles. Você só precisa aceitá-las da mesma maneira que aceita as da sua família."
>
> *– Lisa, casada há 5 anos, 1 filho*

> "Meus pais se envolvem muito com as coisas e ajudam bastante. Eu esperava a mesma conduta dos meus sogros. Quando finalmente entendi que não era justo esperar isso deles, as coisas ficaram mais fáceis. Eles são pessoas diferentes."
>
> *– Melanie, casada há 9 anos, 2 filhos*

Embora ser avô ou avó já seja uma recompensa, todos os avós (e, aliás, todas as pessoas) gostam de ser reconhecidos. Depois que sua primeira filha nasceu, Stacie mandou para os pais um cartãozinho de agradecimento com a mensagem: "Finalmente entendi." Mesmo se não formos tão atenciosos quanto Stacie, todos nós "finalmente entendemos" o que eles fizeram por nós e deveríamos fazer questão de dizer isso a eles.

Não se esqueça dos irmãos

Nossos irmãos também têm um importante papel a desempenhar em nossa vida depois que temos filhos. Neste caso, a programação biológica visava à sobrevivência, para que tomássemos conta uns dos outros caso nossos pais morressem. Hoje em dia, os irmãos formam uma rede de apoio para si mesmos e para seus filhos. Limitar ou até excluir a presença deles pode deixar todos magoados. Sheila descreveu o que acontece quando um dos cônjuges "afasta" o outro da família:

> "A diferença de idade entre mim e meu irmão é de apenas um ano e meio. Crescemos muito unidos. Até fomos para a mesma faculdade. Mas ele se casou com uma mulher que cortou a nossa relação. Eu praticamente fiquei de luto por perder meu irmão. Agora há um buraco na minha vida, e talvez na dele também."

Pense no futuro

É bem possível que, um dia, daqui a muitos anos, nós também venhamos a ser avós. E como nossos filhos vão aprender que os avós são importantes se não ensinarmos isso a eles? Como podemos esperar que eles sejam indivíduos responsáveis e atenciosos que tratam os mais velhos com respeito se não agirmos da mesma maneira? Nossa amiga Katie, que tem dois filhos pequenos, insiste para que seu marido ligue para a mãe dele todo domingo à noite. "Ele ficaria satisfeito em ficar sabendo dela por meio de mim e só ligar uma vez por mês. Não quero que meus filhos aprendam uma coisa dessas. Quero que eles percebam que a mãe deve sempre ser importante na vida dos filhos."

QUESTÕES DIFÍCEIS, AMOR DIFÍCIL

Infratores inveterados

Se já estabelecemos limites claros, fizemos advertências e distribuímos diagramas a respeito da hierarquia e mesmo assim alguém na família insiste em fazer coisas erradas, talvez seja bom se afastar dessa pessoa por um tempo. Se ainda assim ela não entender, então é problema dela. As coisas que estão em jogo são importantes demais para deixar que o mau comportamento de um membro da família afete a sua própria família, principalmente seus filhos.

Batendo de frente

E se não conseguirmos chegar a um acordo? E se essa coisa "zen" não der certo e um de nós continuar a achar a família do outro insuportável? Existem duas estratégias possíveis:

1. *Dividir para conquistar.* Considere a possibilidade de dar ao seu marido ou à sua mulher uma folga enquanto você leva as crianças para visitar a família. Ele ou ela sempre podem aproveitar o tempo livre.
2. *Pontuação e prêmios.* Quando a estratégia anterior for impossível (por exemplo, é preciso viajar para visitar a família), o cônjuge que precisa engolir o sapo tem direito a um prêmio com o qual os dois concordam, seja um fim de semana a dois ou um favor sexual especial.

A incapacidade de perceber a hierarquia

Se, depois de diversas tentativas de mostrar a seu marido ou sua esposa este capítulo e fazê-lo(a) entender como você se sente, ele(a) continuar a colocar a família de origem antes de você e de seus filhos, talvez seja hora de procurar ajuda profissional.

SOLUÇÕES PARA AS MULHERES

Relaxe

"As mulheres precisam parar de querer controlar tudo e deixar os sogros ajudarem. Sim, seus filhos vão comer a comida errada e não, eles não vão seguir as suas regras, mas não há problema algum em deixá-los cuidando das crianças durante um fim de semana e viajar um pouquinho com seu marido."

– Kimberly, casada há 12 anos, 2 filhos

Nós, mulheres, tendemos a ser mais dominadoras que nossos maridos quando o assunto são as crianças ou a casa. É como se nossas antenas de mãe estivessem atentas à menor crítica ou à menor invasão do nosso território. Nossa programação biológica de "ser a mãe" pode acabar dando a impressão de que desprezamos ou recusamos a ajuda de que precisamos desesperadamente.

Se os seus pais e sogros são boas pessoas, é provável que o que você vê como crítica ou interferência seja, na maioria das vezes, apenas uma tentativa de ajudar. Cuidado para não confundir a "troca de experiências" com vontade de se intrometer. Sua sogra diz, de um jeito inocente: "Todos os meus filhos dormiam de bruços" e você revira os olhos, impaciente, pensando: "Ela está dizendo que eu não devia deixar o meu bebê dormir de barriga para cima. Quando é que ela vai embora mesmo?" É bem possível que os parentes não tenham consciência de que estão passando dos limites. Tente dar a eles o benefício da dúvida.

"Entrei em trabalho de parto de repente, então minha mãe levou minhas coisas para o hospital. Ela ficou o tempo todo na sala de parto e, depois que eu e meu marido trocamos olhares diversas vezes, finalmente tive que pedir educadamente para que ela esperasse do lado de fora. Ela não sabia que estava impondo sua presença. Às vezes, eles não percebem."

– *Robin, casada há 3 anos, 1 filho*

Não há problema nenhum em aceitar ajuda. Existe espaço para todos no nosso ninho. Deixar que a avó ocupe seu espaço não tira suas qualidades nem sua supremacia.

Tente se divertir

Também não há problema nenhum em diminuir um pouco nosso padrão de exigência de vez em quando. Você não tem que controlar tudo 24 horas por dia, sete dias por semana. Se nossos sogros ou pais estão tomando conta das crianças e elas vão para a cama às 21 horas, e não às 20 horas, que seja. Se a vovó adora levar as crianças para tomar sorvete, deixe que ela faça isso esporadicamente. Se o vovô quer ir procurar minhocas com os netos no quintal e eles ficam imundos com essa brincadeira, jogue todo mundo na banheira depois e tente não ter um ataque histérico. Um pouco de sorvete e de sujeira pode fazer bem até para nós mesmos. Relaxe, coloque os pés para cima e deixe que eles se divirtam juntos.

Às vezes a leoa precisa rugir

É claro que há momentos em que um parente abusado viola nossas recém-adquiridas boa vontade e tolerância, ou a leoa dentro de nós ergue a cabeça por algum motivo, principalmente quando a saúde e a segurança dos filhotes está em jogo. (É interessante notar como algumas mulheres que passaram anos mordendo a língua de repente encontram sua voz quando têm um bebê.) Às vezes, o rugido é completamente justificável. Mas, em outras vezes, a leoa talvez esteja exagerando e reagindo mal a algo que ela percebe como uma invasão de seu território.

Tente estabelecer uma comunicação respeitosa entre os membros da família envolvidos, para que os limites sejam restabelecidos. Se não for algo importante, tente ignorar e, se possível, rir da situação.

SOLUÇÕES PARA OS HOMENS

Seja o copiloto

Rapazes, quando há alguma tensão na família, ou quando a sua mãe está "aprontando", precisamos que vocês sejam nossos copilotos; precisamos que vocês *ajam como mediadores*. Mesmo quando não existe tensão e todos os membros da família se dão muito bem, precisamos que vocês *participem*.

Comunicação

Essa maldita palavrinha outra vez... mas acreditamos ter descoberto algo novo aqui (uma ideia revolucionária): conversar. Veja os assuntos sobre os quais falar com a sua mulher:

Definir o que é "apropriado". Quanto tempo você acha que seria justo e apropriado passar com a família dela? (Não estamos falando de quanto tempo você *quer* passar com eles, mas o que considera um acordo justo.) Se você não quer que as crianças passem tanto tempo assim com seus sogros, tudo bem. Mas note que é provável que você tenha que tomar conta das crianças para dar a ela o tempo livre que ela teria se seus filhos ficassem com os avós. Se não estiver disposto a fazer isso, então tente não controlar as coisas. Não se pode ter tudo ao mesmo tempo.

O território do pai. Se existem coisas importantes que você quer fazer com os seus filhos – e não quer que ninguém mais faça –, diga à sua mulher (ela dirá aos pais dela) e a seus pais que coisas são essas. Marque o seu território. Ninguém quer pisar na sua masculinidade. Se alguém tentar invadir o seu espaço, sua mulher vai agir como mediadora para que você passe bons momentos com seus filhos, andando de bicicleta, jogando bola ou xadrez.

Não saia de cena

Não existe substituto para a coisa mais importante. E a coisa mais importante é *você*. Por mais fabuloso que o seu pai seja, ele não é pai dos *seus* filhos. Você não pode pedir a seus pais para tomarem conta das crianças a cada duas semanas e dizer a si mesmo que esse tempo com os avós é todo o tempo de qualidade que as crianças precisam passar com a família. Elas também precisam de você.

Ligue para a sua mãe. Muitas mulheres se mostraram frustradas por terem de assumir sozinhas a responsabilidade de se lembrar de aniversários e datas comemorativas. Sua mulher não quer agir como uma leoa rugindo para a sua família e também para a família dela. Tentar lembrar de todo mundo dá muito trabalho e não deveria ser tarefa para uma pessoa só.

> "Sou sempre eu que faço as crianças ligarem para a mãe dele no dia das mães. É a mesma coisa com o aniversário dos pais deles. Como eu me tornei responsável por tudo isso?"
>
> – *Ruth, casada há 11 anos, 2 filhos*

Mas não se trata apenas de como sua mulher se sente. Por mais que seus pais e irmãos a adorem, ela não substitui você. Eles querem continuar tendo um relacionamento direto com você.

SEÇÃO EXTRA: SOLUÇÕES PARA OS AVÓS

Avós, vamos ser diretas com vocês: agora que nos tornamos pais, devíamos beijar o chão em que vocês pisam. Apesar de todas as reclamações das páginas anteriores, no fundo somos gratos pela maravilhosa presença de vocês em nossa vida – principalmente porque vocês tiveram que nos suportar durante todos esses anos.

Mas, como vocês podem ver pelo que acabaram de ler, às vezes as pessoas se desentendem. Sabemos que isso não é exclusividade da nossa geração. Nossos pais tiveram problemas com seus sogros e nossos avós também. É provável que *vocês* mesmos tenham uma ou duas historinhas sobre alguém que se intrometeu no seu ninho. Então esperamos que vocês entendam nosso lado.

Talvez vocês se perguntem: "Será que sou eu? Será que eu sou um(a) sogro(a) detestável? Será que sou o vilão dessa história?" Provavelmente não é esse o caso. Lembrem-se de que estamos aprendendo com a prática. Mesmo assim, a seguir você encontrará um resumo do que os casais gostariam que vocês soubessem. Também incluímos alguns exemplos de coisas que vocês podem fazer para se tornarem "avós-celebridade" e deixar seus filhos implorando para que vocês apareçam.

Como se tornar uma celebridade: Faça o que é melhor para a família deles

> "Eu tenho muita sorte. Meus pais entendem tudo. Eles nunca pressionam para que eu organize as férias em função deles. Apenas falam: 'Digam o que vocês pretendem fazer e tentaremos nos encaixar nos seus planos.' E eles se encaixam. Sempre."
>
> – *Emily, casada há 6 anos, 1 filho*

Sejam um fã-clube... mas não subam no palco

O casal é o eixo da família. Quando ele está feliz, toda a família está feliz. Se o seu comportamento causa tensão entre o casal, você o está prejudicando e, talvez, prejudicando também seus netos.

> "Minha sogra é ótima. Ela põe o nosso casamento acima de seu próprio desejo de estar conosco. Ela diz para a minha esposa: 'Você precisa ficar com seu marido. Nos vemos quando der.'"
>
> *– Frank, casado há 7 anos, 2 filhos*

A ajuda de vocês é uma dádiva

Talvez isso seja óbvio, mas caso não seja, lá vai: mais do que tudo, os pais de crianças pequenas precisam que alguém os ajude. Como mães de crianças em idade pré-escolar, podemos garantir que não há nada mais maravilhoso que ouvir as seguintes palavras: "Como posso ajudar?"

> "Meu sogro é uma pessoa extremamente agradável e prestativa. Sempre que está na nossa casa, está com uma criança no colo. Ele sempre troca fraldas, joga bola ou dá comida. Ele nunca para. Eu queria ter um pouco dessa energia!"
>
> *– Sabrina, casada há 7 anos, 2 filhos*

Sigam o líder

Damos muito valor à ajuda e ao apoio de vocês. Sinceramente, não queremos que vocês fiquem pisando em ovos o tempo todo. Mas há momentos em que temos a impressão de que vocês não respeitam nossa autoridade. Às vezes parece que vocês querem usurpar um poder que não é seu. Uma pergunta inocente, como se as crianças não estão fazendo atividades demais, pode nos irritar, talvez mais do que deveria. A melhor estratégia é morder a língua e se deixar levar (do contrário, vocês podem ser vaiados e expulsos do show).

> "Eu adoro quando os meus sogros me consultam antes de fazer as coisas. Eles perguntam que tipo de brinquedo nosso filhos gostariam de ganhar de aniversário ou que livros eles devem ler. Quando sinto que eles me respeitam, passo a confiar neles automaticamente."
>
> *– Tonya, casada há 10 anos, 3 filhos*

Vocês já são estrelas no nosso coração

Ser avô ou avó não é um esporte olímpico. Vocês não vão receber medalhas de ouro porque deram o maior presente de aniversário para as crianças. Os melhores avós são aqueles que estão presentes e não aqueles que carregam presentes. Relaxem. Seu carinho é suficiente.

E, por favor, parem de nos sondar. Sabemos exatamente o que vocês querem quando perguntam quem deu determinado presente ou quantas vezes o outro avô ou a outra avó costuma telefonar. Para aqueles que são competitivos, lembrem-se: "a oposição" tem tanto direito a amar e ser amada por essas crianças quanto vocês. Dê espaço para que eles também tenham a sua vez. Cada casal de avós tem direito a seu "acesso exclusivo". É justo, não é?

> "Meus pais moram na nossa cidade. Meus sogros vivem em outro estado. Sempre que eles vêm nos visitar, minha mãe não aparece, para que eles tenham mais tempo a sós com as crianças. Ela sempre fala do Bill e da Mary (os pais do meu marido) para meus filhos. E os dois casais convidam um ao outro para as comemorações, para que todo mundo possa se divertir com as crianças."
>
> – *Renee, casada há 8 anos, 2 filhos*

Será que não podemos nos dar as mãos?

Quem são as verdadeiras crianças da família e quem está simplesmente agindo como criança? Às vezes é difícil dizer. Então o melhor é que todos brinquem juntos, sem brigar, nesse parquinho que é a família.

SEIS

Aumentando a produção e entregando os pontos

Quanto mais filhos, maior é a confusão

"Eu vesti os quatro com roupas de festa e conseguimos chegar ao aniversário. Estava me sentindo uma supermãe. Então, levantei a cabeça para ver Ahsley no escorrega. Eu havia esquecido de colocar a calcinha dela. Tanto esforço para manter tudo sob controle..."

– Marilyn, casada há 11 anos, 4 filhos

Onde vocês estavam com a cabeça?

Já sei! Vamos ter outro filho! Justamente quando vocês começavam a dominar toda essa coisa de ser pais, decidiram ter outro bebê. *Não pode ser tão difícil assim, certo? Já fizemos a transição maior – nos tornar pais. Que diferença vai fazer ter mais um?*

Que diferença vai fazer? Será que você consegue imaginar o que vamos dizer?

Não tenham mais filhos porque é tudo muito difícil e vocês vão arruinar seu casamento? Não. *Sua vida acabou para sempre?* Não. (Quer dizer, talvez.)

Ter mais filhos é outro paradoxo: por um lado, significa mais trabalho e menos tempo para nós mesmos e para nosso parceiro, mas, por outro, pode abrir caminho para um novo equilíbrio entre marido e mulher, já que os dois se entregam ao caos e aprendem a trabalhar em equipe.

É claro que fica mais difícil. A cada filho, o amor e a alegria em nossos lares aumenta mil vezes, mas o mesmo acontece com a confusão. Há mais barulho, mais coisas a fazer – um caos. Acabamos precisando nos afastar da outra pessoa para cuidar dos filhos. O "seu tempo" se confunde com o "tempo em família" e então podemos começar a perder a sensação de que somos um casal.

Mas, de alguma forma, também fica mais fácil. Percebemos que é inútil tentar recuperar a vida que tínhamos antes dos filhos. Esse caos barulhento é a realidade agora. Acabamos aceitando os fatos e nos entregando à loucura. Dividimos mais as tarefas e as alegrias. E isso pode deixar o casamento bem mais equilibrado.

Impacto progressivo

Com um filho (que está crescendo e ficando mais independente), a maioria dos casais consegue manter uma parte de sua vida anterior: o número de pais supera o de filhos, os membros da família disputam o privilégio de cuidar das crianças, é fácil carregar uma única criança, a casa tem espaço suficiente para acomodar toda a parafernália e, quando menos esperamos, voltamos a dormir e talvez até tenhamos energia para fazer sexo e capacidade mental para se lembrar do dia dos namorados. Mas, quando temos outros filhos, começamos a nos perguntar o que tínhamos na cabeça e nos lembramos com saudades da época em que pensávamos que *"três é demais"*.

Número de filhos	1	2
Estratégia de defesa dos pais	Revezamento	Marcação homem a homem
Nível de participação dos avós	Opressivo	Meio a meio
Tempo livre	30% da vida anterior	Reduzido a zero
Tempo necessário para sair de casa	5 minutos	10 minutos
Número de consultas por ano (médico, dentista, etc.)	6	12
Festas de aniversário por mês (também é o número de vezes que você irá comprar presentes antes de ir para a festa)	X	2X
Quantidade de nomes de amiguinhos para lembrar (A = colegas de escola, B = amigos da vizinhança e C = outros)	2(A +B + C)	$2(A + B + C)^{x}$
Decibéis das brigas entre irmãos	0	3
Litros de leite por semana	7,5	15
Tamanho da mesa em restaurantes	Mesa para 2 mais uma cadeirinha	Mesa para 4
Planos de viagem	3 passagens aéreas, 1 quarto de hotel, 1 táxi e aluguel de um carro médio	4 passagens aéreas, 1 quarto de hotel, 1 táxi e aluguel de um carro grande
Escapadinha de fim de semana	Uma vez a cada três meses	Duas vezes por ano

3	4	5 ou mais (pois é, tem louco para tudo)
Defesa por zona	Rezar	Força bruta
Uma criança de cada vez	Uma criança de cada vez	Uma criança de cada vez
Rá!	Inexistente	Negativo – você até sonha com trabalho
20 minutos	Quem pode dizer? Você perdeu o relógio	Metade de um dia
18	36	Você pensa em abandonar a família e se casar com um(a) médico(a)
3X	4X	Você começa a sonhar com pessoas cantando "Parabéns pra você"
$2(A + B + C)^y$	$2[(A+B)^x (C^y)]^n$	Quando encontra algum deles, você cumprimenta com a cabeça e finge que o conhece
11 (equivalente a uma banda de heavy metal)	Você precisa de um aparelho de surdez	Você desliga seu aparelho de surdez
23	30	Você pensa em investir em gado leiteiro
Vocês precisam esperar por uma mesa maior	Vocês precisam esperar por uma mesa maior	Vocês não saem para comer fora
5 passagens aéreas, 1 quarto de hotel apinhado, 2 táxis e aluguel de uma minivan	6 passagens aéreas, 2 quartos de hotel, 2 táxis... é hora de alugar um ônibus	Vocês estão falidos, já que gastaram todo o dinheiro nas férias anteriores
É preciso subornar alguém	Somente no caso de casamentos e funerais	Nunca

Do primeiro para o segundo: vocês não param

Se olharmos para trás, tomar conta de uma criança era um hobby. A maioria das pessoas nos disse que achou a transição de um para dois filhos muito difícil e dolorosa. Tudo de repente virou uma linha de produção: vestir todo mundo e sair de casa é um grande problema; organizar a hora de dormir, de comer e de brincar exige que os dois pais estejam "ligados" o tempo todo; e vocês não ficam nenhum momento sem fazer nada.

> "Ter o segundo filho não é um choque cultural porque você já passou por tudo isso antes. É mais o fim de toda a organização que você tinha, a completa extinção do pouco tempo livre que restava e a redução drástica da comunicação entre você e seu marido (ou mulher). Eu senti que a sanidade que me restava (ou minha capacidade de me manter sã) tinha ido embora."
>
> *– Margot, casada há 7 anos, 2 filhos*

Uma minoria notável de pessoas, como Julia, achou a experiência de aumentar a família mais fácil do que imaginava. Será que a diferença de idades tem a ver com isso? O primeiro filho de Julia tinha 3 anos quando ela teve o segundo. Os bebês de Stacie e Cathy estavam aprendendo a andar quando seus irmãos nasceram. Acreditamos que o que torna tudo tão difícil é ter de lidar com duas crianças que ainda usam fraldas.

Do segundo para o terceiro: bem-vindos à selva

Ao ler a seção anterior, as pessoas que têm três ou mais filhos podem ter pensado: *Vocês não fazem ideia do que significa "transição dolorosa"*. Ter três filhos é uma coisa totalmente diferente, é como viver na selva. Quando o número de pessoinhas selvagens é maior que o de pais, instala-se uma verdadeira anarquia. Stacie e Ross, que têm três filhos, todos com menos de 5 anos, sentem que passam o dia todo apagando incêndios: os dentinhos do bebê estão nascendo e por isso ele está manhoso e só quer ficar no colo, é preciso limpar a obra de arte que o de 4 anos fez na parede e o de 2 precisa de ajuda para ir ao banheiro. Não dá para imaginar como é até que se passe por isso. A vida com três filhos é um "constante estado de emergência" e, de quebra, também nos força a uma época de saudável exílio social.

> "Quando eu só tinha dois filhos, achava que as pessoas com três ou mais ficavam descontroladas. Uma de minhas amigas sempre falava que colocava suas três crianças no carro e ficava dando voltas, só para relaxar. Digamos que, agora que tenho três filhos, gasto bastante gasolina."
>
> *– Suzanne, casada há 10 anos, 3 filhos*

Indo à falência: quatro filhos ou mais...

Até agora, nenhuma de nós teve coragem para isso, então, tudo o que pudemos fazer foi perguntar aos especialistas no assunto como era. Em geral, eles sorriam impassíveis e diziam: "É um caos, mas é maravilhoso. Não desejaríamos que fosse diferente." E, ao mesmo tempo, tentavam tirar um carrinho da boca de uma criança que está aprendendo a andar, corriam para impedir que o bebê enfiasse o dedo na tomada e gritavam com os dois mais velhos, que estavam brigando. Maravilhoso, sem dúvida.

> "Quando digo às pessoas que tenho seis filhos, elas reagem de duas maneiras: olham para mim como se eu fosse uma fanática religiosa ou como se eu tivesse feito uma descoberta fantástica para a humanidade. Elas querem saber como damos conta, qual é o nosso carro, se eu trabalho ou não, as idades de cada criança. É muito engraçado."
>
> *– Maura, casada há 15 anos, 6 filhos*

A vida no circo familiar

Quanto mais crianças vocês têm, maior é a linha de produção. Vocês precisam ter mais comida na geladeira, trocar mais fraldas, lavar mais mamadeiras. Sem falar em mais neurônios, para dar conta das crianças, das sonecas e da bagunça toda.

> "Na semana passada, eu me esqueci da partida de futebol da nossa filha e perdi o prazo para entregar o formulário de matrícula da pré-escola. Quando tento me explicar para as pessoas, elas me olham como se eu fosse completamente louca."
>
> *– Annalisa, casada há 12 anos, 4 filhos*

> "Com três filhos, cada minuto é precioso – você programa até a hora de brincar com o mais novo. É preciso uma tabela de horário de três páginas para que todo mundo esteja onde deve na hora certa. Antes eu era muito rígida quanto a cada criança ter que dormir em sua própria cama. Agora não posso mais fazer isso."
>
> *– Marie, casada há 9 anos, 3 filhos*

Duas crianças usando fraldas

O volume de trabalho é particularmente difícil para casais que esperaram até seus 30 e poucos anos para ter o primeiro filho e depois resolvem ter outro logo em seguida. Muitos de nossos amigos e duas de nós fizeram isso. Se um primeiro bebê já é uma granada lançada sobre o casamento, uma criança aprendendo a andar *mais* um recém-nascido já estão no nível de uma batalha corpo a corpo, com direito a metralhadoras, mísseis teleguiados e bombardeiros.

> "Certa noite, cheguei em casa e encontrei minha mulher, ainda de pijama, com o bebê mais novo num braço e o mais velho no outro, histérica."
>
> *– Dan, casado há 9 anos, 2 filhos*

Gêmeos: uma comunidade instantânea

Casais com gêmeos são cada vez mais comuns e alguns até riem quando você reclama que tem dois ou menos bebês ainda usando fraldas. Julia e Gordon conhecem 13 casais que têm gêmeos e cinco que têm trigêmeos.

> "Depois que os gêmeos chegaram, demorou muito tempo até que eu pudesse conversar com alguém. Enquanto eles estavam aprendendo a andar, eu não conseguia pensar em nada do mundo dos adultos. Vivia num estado de exaustão permanente."
>
> *– Sonja, casada há 9 anos, 4 filhos (gêmeos e mais dois!)*

> "É como um pequeno exército num campo de treinamento. Meu marido prepara os lanches, serve o cereal matinal e separa as roupas para a escola no dia seguinte. Eu lavo sete cestos de roupa por dia. Todo mundo precisa que os uniformes da escola, de esportes e as roupas de brincar estejam limpos e prontos para serem usados."
>
> *– Marianne, casada há 12 anos, 5 filhos*

Ei, para onde foi todo mundo?

É uma ironia cruel, mas, quando o volume de trabalho e o caos aumentam e você mais precisa de ajuda, os recursos se esgotam (pelo menos os recursos gratuitos). A presença dos avós em nossa vida, antes sufocante, começa a diminuir. Ninguém quer cuidar de duas crianças, simplesmente porque é muito difícil. Nossa amiga Kim, que tem três filhos, concorda:

> "Ficamos fora durante um dia e uma noite e os meus pais foram cuidar das crianças. Quando chegamos em casa, eles estavam sentados no sofá, prontos para ir embora. Eles nunca mais se ofereceram para passar a noite com as crianças."

Ostracismo social

Stacie e Ross perceberam que sua vida social mergulhou de cabeça no ostracismo assim que tiveram o terceiro filho. "Os amigos não querem o caos da sua família na casa deles, então não convidam mais vocês. O telefone simplesmente para de tocar", diz Stacie.

Embora sua agenda de compromissos fique mais cheia a cada filho que você tem (é impressionante a quantidade de atividades sociais que uma criança de 3 anos pode ter), você não sai mais como antes, tanto em família quanto só a dois. Sair de casa é relativamente fácil quando se tem dois filhos, mas fica bem mais complicado quando o número de crianças supera o de pais.

Tempo livre: e eu, como fico?

> "Quando tivemos nossa filha, eu ainda tinha duas noites por semana só para mim. Assim que nosso filho nasceu, isso acabou. Os últimos vestígios de liberdade evaporaram."
>
> *– Robert, casado há 12 anos, 2 filhos*

Quando só temos um filho, um dos pais toma conta dele enquanto o outro faz suas coisas. Com as solicitações que surgem com mais crianças, fica mais difícil ter um tempo "para a gente". Não ter tempo de recarregar as baterias e alimentar a própria individualidade é, para muitos, o verdadeiro desafio de se ajustar à fase com mais crianças.

> "Outro dia, uma amiga me mandou um e-mail dizendo que agora ela vive mal-humorada e se esquecendo das coisas porque o bebê dela não dorme mais no mesmo horário que seu filho de 3 anos. Respondi que eu praticamente fiquei de luto quando perdi essa pequena liberdade. Ter tempo para si mesma é como buscar a Fonte da Juventude, o Santo Graal. É como ganhar na

loteria. Quando tenho um pouquinho de tempo, me considero uma pessoa de sorte."

– *Ellen, casada há 9 anos, 2 filhos*

Perder essas atividades que dão sabor à vida também pode ser um perigo para o casamento. Sem elas, ficamos física e emocionalmente exaustos. Quando nossa reserva de energia está se esgotando, nossa tolerância às idiossincrasias irritantes do marido ou da mulher também fica perigosamente baixa. Às vezes, os dois se estranham, prontos para brigar por qualquer resquício de tempo que sobrar.

"Eu realmente queria sair para correr no sábado passado. Sinto que estou envelhecendo e engordando. Disse à minha mulher que voltaria em uma hora e ela me fuzilou com os olhos. 'E quando é que eu vou poder sair para caminhar?' Não fui correr e nós dois ficamos irritados um com o outro. Ninguém saiu ganhando."

– *Edward, casado há 10 anos, 3 filhos*

Tempo para o casal: e nós, como ficamos?

A vida a dois geralmente sofre outro golpe quando nasce um novo filho. É claro que nos sentimos muito satisfeitos com a família que estamos construindo, mas são necessários muito tempo e energia para trabalhar, manter a casa em ordem e cuidar das crianças. Isso significa que nosso marido ou nossa mulher acaba ficando com as sobras.

"O modo como comemoramos nosso aniversário de casamento é o meu parâmetro. Costumávamos passar o fim de semana fora. Quando Jake nasceu, começamos a passar a noite fora. Depois, só saíamos para jantar. Com o nascimento de Parker, agora só trocamos cartões que compramos na véspera e escrevemos às pressas no estacionamento."

– *Andrew, casado há 9 anos, 2 filhos*

Nossa amiga Sarah comentou que a coisa mais afetada pela chegada de seu segundo filho foi a comunicação entre ela e seu marido:

> "Como o tempo livre acabou e estamos cansados no fim do dia, nós descansamos, tentamos organizar as coisas ou então vamos dormir. Sempre separados. A última coisa que queremos fazer é falar exatamente sobre tudo o que nos deixa exaustos."

Todos sabemos que a comunicação é a chave de tudo, mas conversar torna-se um grande desafio depois de acrescentar uma ou mais crianças à família. Mesmo se ambos estiverem no mesmo cômodo, é difícil ouvir o que o outro está falando em meio a tanta confusão.

Quando vocês finalmente têm a chance de conversar, falam sobre as crianças em 90% do tempo. Embora estas conversas sejam necessárias, é bem difícil manter a chama acesa quando nos relacionamos *apenas* como pais. Uma discussão sobre a melhor pré-escola para nosso filho de 2 anos hiperativo não nos deixa no clima para uma noite romântica.

E, é claro, o sexo pode se tornar ainda mais raro quando os dois estão cansados. Não conhecemos nem jamais ouvimos falar de algum casal que tenha passado a fazer mais sexo depois de cada filho. Se vocês souberem de algum, por favor, nos avisem. Pensando bem, é melhor não. Seria muito deprimente.

Rendendo-se à loucura

Quando temos outro filho, restam duas opções: render-se ou morrer lutando. Ter mais de um filho força a maioria de nós, principalmente os homens, a fazer da família nossa prioridade. Com apenas um filho, isso não é obrigatório. É possível contornar a situação. Vocês ficam entre o que eram e o que devem ser. Passamos grande parte da vida desenvolvendo nossa identidade. Quando temos mais filhos, esta identidade que construímos precisa ceder espaço para os novos papéis de pai e mãe.

A maioria de nós não é muito boa em se render. Somos guerreiros, não somos? Nossa rendição costuma ser precedida por uma grande batalha: lutamos, reclamamos e nos sentimos injustiçados. "O que aconteceu com *(sublinhem as alternativas que se aplicam a você)* minha cintura, meu tempo livre, minha rotina de exercícios e minha vida?" Mas, no fim, quase todos cedem à realidade da vida com filhos. Os sinais são bem visíveis:

- Compramos uma minivan (alguns homens, quando a situação financeira permite, compram um conversível ou uma moto para neutralizar o efeito da minivan).
- Aderimos aos programas de fidelidade de grandes redes de supermercado e viramos clientes *premium*.
- Há tanta tralha espalhada pela casa que temos a impressão de que ela se multiplica durante a noite.
- Nós nos mudamos, ou pensamos em nos mudar, para um lugar melhor.
- A mulheres mudam o corte de cabelo e passam a usá-lo curto.
- Os homens começam a ficar calvos.
- Engordamos porque não temos tempo para fazer exercícios.
- Começamos a ter dores nas costas por carregar as crianças no colo.
- Compramos livros sobre organização do tempo e qualidade de vida, mas nunca os lemos. Ainda temos esperança de que alguém, em algum lugar, tenha encontrado a solução.

> "Passei um tempo revoltada com o mundo depois que nossos filhos nasceram. Mas você acaba se acostumando às coisas que a deixavam chateada. Agora eu adoro quando tenho um tempo a sós com um dos meus filhos. Mas é claro que eu adoraria se eles dormissem ao mesmo tempo."
>
> *– Ellen, casada há 9 anos, 2 filhos*

Espírito de equipe

"A cada filho nosso casamento se tornou mais forte, nossos laços se estreitaram e passamos a nos entender melhor."

– Ruth, casada há 11 anos, 2 filhos

À medida que nossa família cresce, logo fica evidente que teremos que trabalhar juntos para que tudo dê certo. É muita coisa para uma pessoa só. Dois fenômenos interessantes acontecem ao mesmo tempo e nos ajudam a funcionar como uma engrenagem bem lubrificada: o pai assume mais responsabilidades e a mãe aprende a relaxar.

Muitos homens com quem conversamos disseram que somente depois de terem tido o segundo ou terceiro filho a "ficha finalmente caiu". "Quando tínhamos apenas um filho, eu era como a unidade reserva, que só é chamada às vezes, para dar um reforço. Mas, com três, estou em serviço o tempo todo", disse Sean, ex-fuzileiro naval. A esta altura, os homens simplesmente são obrigados a ajudar devido à quantidade de trabalho. A participação deles é imprescindível.

Quando as coisas começam a fugir do controle, a mulher logo percebe que precisa baixar seus padrões (as roupas não precisam mais combinar). Ela também pode perceber que seu marido, que antes ela achava que não sabia fazer nada direito, é perfeitamente capaz de alimentar, dar banho e vestir as crianças. "Eu simplesmente não conseguia mais fazer tudo sozinha", disse Gail, uma advogada bem-sucedida.

É óbvio que nem sempre (ou nunca) estamos em perfeita harmonia e às vezes temos a impressão de que nos esforçamos mais que o nosso colega de equipe. Alguns jogadores levam mais tempo que outros para entrar no ritmo, mas logo percebemos alguns sinais de que finalmente estamos trabalhando em equipe.

"Ao olhar para trás, não me lembro de quando as coisas mudaram nem de termos conversado sobre isso, mas agora temos esse entendimento de que, quando as crianças estão acordadas, nós dois precisamos cuidar delas. Então, enquanto um de nós prepara o jantar, o outro ajuda com dever de casa, dá banho ou joga bola no quintal."

– *Anton, casado há 9 anos, 2 filhos*

Embora ter mais filhos aumente o caos, o trabalho e as pressões financeiras, também nos proporciona instantaneamente uma visão mais clara das coisas. O segundo filho, particularmente, nos obriga a virar a página da vida que tínhamos e a parar de tentar "fazer as coisas serem como antes". Nós aceitamos a nova realidade e nos tornamos pessoas melhores.

Seção extra: férias em família *não* são férias

Ah!, as férias em família. Um pouco de descanso e diversão? Não exatamente. Férias em família não são férias. Trabalhamos tanto ou mais do que quando estamos em casa, só que num lugar diferente. Muitas vezes voltamos para casa exaustos, sem aquele cobertor sem o qual nosso filho não consegue dormir e, às vezes, mal falando com nosso marido ou mulher. Por quê?

"Ou aquela 'rapidinha' nunca acontece ou passamos metade do dia procurando o tênis que o bebê perdeu no parque porque era um par de que gostávamos muito. Ou então as duas coisas."

– *(O.k., admitimos: foi uma de nós quem disse isso.)*

Lembra-se daquela época em que as férias começavam assim que você entrava no avião (ou até mesmo quando chegava ao aeroporto)? Você tirava os sapatos, abria uma revista, jogava a cabeça para trás... e relaxava. Agora, chegar ao destino é a parte mais traumática da viagem.

Comissárias de bordo arrogantes

Quando você viaja com crianças pequenas, ninguém quer saber de você, muito menos as comissárias de bordo. Em sua primeira viagem sozinha com um bebê, Julia penou para fechar o carrinho com uma das mãos enquanto segurava o bebê com a outra (agora ela está craque nisso). Três comissárias de bordo ficaram de pé olhando para ela, de braços cruzados. "Perguntei se elas podiam me ajudar e elas responderam, com um ar de desdém, que não tinham permissão para segurar bebês. Não sei por que isso as impedia de fechar o carrinho para mim. A fila estava ficando tão grande que finalmente o *piloto* abandonou a cabine e veio segurar o Theo. Sem dúvida, ele deveria estar tentando tirar aquele avião do chão, e não segurando um bebê que tentava arrancar seus óculos. Fiquei muito envergonhada. E furiosa."

Passageiros consternados

No último Natal, Cathy foi de avião para a Irlanda com um bebê de colo e uma criança pequena. Sozinha. "Quando entrei no avião, dava para sentir o medo no ar. Todo mundo estava apavorado com a possibilidade de ter que ajudar a cuidar de um bebê a 30 mil pés de altura. Todos fingiam estar extremamente interessados em seus livros ou ocupados com suas bagagens de mão. Quando aterrissamos em Dublin, 10 horas depois (sim, admito que durante quase todo o tempo houve choros e gemidos vindos das nossas duas poltronas), um homem me perguntou quando eu ia voltar. Ele queria ter certeza de que não estaria no mesmo voo que nós."

O banheiro do aeroporto

Quando Stacie estava grávida de sete meses, viajou sozinha com seus outros dois filhos, que tinham 1 e 3 anos. Sim, ela foi louca a esse ponto. Ela jamais vai esquecer a experiência por que passou naquele banheiro apertado: "Minha filha mais velha queria fazer xixi, mas estava morrendo de medo do 'vaso que dá descarga sozinho'. Já estava quase na hora do embarque, então fiquei desesperada. Com meu filho de 1 ano, que pesava 11 quilos, no colo (e uma enorme barriga de grávida), eu me sentei no 'vaso mau' o mais para trás que pude e a acomodei na minha frente, encorajando-a a fazer xixi. Mas ela estava com muito medo. Não havia ninguém ali, então eu a levantei para que ela fizesse xixi na pia. Claro que algumas mulheres resolveram entrar naquela hora e me pegaram em flagrante. Eu havia chegado ao fundo do poço. Mas não me importava. Qualquer coisa era melhor que um voo de duas horas com uma menina de 3 anos que fez xixi nas calças!"

COMO AS MULHERES SE SENTEM

> "Quando você tem mais filhos, acaba caindo na real. A vida agora é assim e você precisa fazer com que ela funcione direitinho para a sua família."
>
> *– Melanie, casada há 9 anos, 2 filhos*

Quem diria que haveria espaço em nosso coração para tantas crianças? Quem diria que teríamos tanta força e coragem para cuidar de todas elas (e de nossos maridos e de nós mesmas)? Nós, mulheres, às vezes nos surpreendemos com nosso próprio desempenho. Justamente quando achamos que não seremos capazes de acordar mais uma vez no meio da noite ou que vai ser impossível chegar ao fim do dia de trabalho sem pegar no sono e babar na mesa, de alguma forma acabamos conseguindo – mesmo que não seja da melhor maneira possível. Então, a dúvida passa a ser: "Como é que eu vou fazer tudo dar certo?"

Bem relaxadas

"Sem dúvida, me tornei mais madura e tranquila em vários aspectos. Precisei abrir mão de certas coisas e me dar conta de que muitas questões não dependem de mim e que eu só preciso aceitá-las."

– Leslie, casada há 8 anos, 3 filhos

Uma forma de fazermos tudo dar certo é, de fato, relaxar. Depois que temos o primeiro filho, cuidar dos outros é 10 vezes mais fácil. A menos que o bebê que sofre de cólicas seja o mais novo – "se meu segundo filho tivesse nascido primeiro, eu jamais teria coragem de ter outro", disse Kelly –, temos certeza de que a criança vai sobreviver sob os nossos cuidados, então relaxamos.

Stacie: "Eu era muito metódica com a hora e a quantidade das mamadas de minha primeira filha. Com os outros dois, passei a dar a mamadeira apenas quando eles choravam. Percebi que, se eles tivessem fome, eu ficaria sabendo."

Julia: "Quando o mais novo bateu com o rosto na mesa de centro pela primeira vez, eu calmamente o levei para a emergência para tomar alguns pontos como se estivesse deixando roupa na lavanderia. O machucado sangrou um pouco, mas não fiquei nervosa. Claro que morri de pena dele, mas, se fosse com o primeiro, eu teria me culpado por uma semana."

Às vezes, até conseguimos nos divertir...

"Acho que aproveitei mais meu segundo filho. Com o primeiro, eu sempre dizia: 'Mal posso esperar até ele começar a engatinhar. Mal posso esperar até ele começar a andar.' Com o segundo, eu curti cada fase, pois sabia que não ia durar muito."

– Allison, casada há 7 anos, 2 filhos

Nem tão relaxadas assim

Embora sejamos capazes de diminuir nossos padrões, queremos ter certeza de que não estamos deixando escapar nenhum detalhe. Reagimos ao caos causado pela existência de várias crianças tentando controlá-lo. Compramos roupas de outono no começo do verão, estocamos fraldas e papinha de bebê como se estivéssemos nos preparando para uma guerra, marcamos consultas com meses de antecedência e somos muito críticas com nós mesmas quando não conseguimos fazer todas essas coisas.

> "Nosso segundo filho tem 6 meses e eu tenho a impressão de que mal consigo sobreviver. As coisas sempre me escapam: esqueço as consultas, não durmo direito, o mais velho vai para a escola com roupas sujas e o bebê fica sem o banho de antes de dormir cinco noites seguidas. O primeiro foi uma grande transformação, mas o segundo virou de cabeça para baixo a ordem que eu havia estabelecido. Agora, parece que faço tudo de qualquer jeito."
>
> *– Bethany, casada há 6 anos, 2 filhos*

A malabarista

> "Acho que equilibrar os papéis de mãe, esposa e profissional é algo que muda de uma semana para outra. Às vezes, está tudo em ordem. Em outras, é uma loucura."
>
> *– Gwen, casada há 11 anos, 3 filhos*

As mães nunca param. Se trabalham fora, aproveitam a hora do almoço para resolver mil coisas e não deixar tudo para o fim de semana. Se ficam em casa, nem sequer têm hora de almoço. É preciso ser uma malabarista. Temos que manter no ar ao mesmo tempo uma bola (o bebê), uma argola (o marido) e um pino (coordenar as tarefas do trabalho e de casa), tudo isso enquanto nos equilibramos num monociclo, atravessamos um círculo em chamas e, claro, sorrimos, lindas, para o público.

Os pedaços da mamãe

Quando temos mais filhos, cada um deles ganha um pedaço menor da mamãe. Como disse Michelle, que é gerente de banco: "É como um efeito de diluição do investimento quando chegam outros investidores." E, é claro, nosso "circuito de culpa" começa a trabalhar a todo vapor. "Não estou passando tempo suficiente com William. Megan ficou chorando quando eu saí para trabalhar hoje de manhã. Eles precisam comer mais legumes."

Além disso, ainda tem aquele adulto que fica andando pela casa atrás do seu pedaço. Certa vez, os dois filhos de Cathy gritavam "Mamãe" com os bracinhos esticados na direção dela, então ela disse a Mike: "Nossa, preciso me dividir em duas." E ele respondeu: "Não, em três."

Depois de um longo dia nesse circo, temos duas alternativas: fazer sexo ou dormir. Será que é preciso dizer o que acontece? Sempre nos dizemos que as coisas vão melhorar quando as crianças começarem a dormir a noite inteira, ou quando estiverem na pré-escola, ou talvez na quinta série, quando finalmente voltaremos a ter tempo para nossos maridos.

Temos que abrir mão de alguma coisa

Com tantas coisas a mais para fazer, algo tem que ser deixado de lado. Para a esmagadora maioria, acaba sendo o tempo livre, os hobbies e até mesmo os amigos. Quando temos outros filhos, o mais difícil é coordenar todas essas outras coisas – aspirações profissionais, amizades, lazer, exercício e casamento.

A maioria das mães que trabalha fora quer se dedicar mais aos filhos. Consequentemente, elas abrem mão de seu tempo livre. Quando estão em casa, quase nunca passam a bola para os pais para finalmente terem uma folga.

"Eu trabalho em tempo integral e acho que isso conta como 'tempo para mim'. Se já passei o dia inteiro fora trabalhando, não acho justo ir fazer pilates ou alguma outra coisa à noite. Eu já fico tempo demais longe dos meus filhos."

– Hillary, casada há 7 anos, 2 filhos

Algumas mães que ficam em casa se sentem isoladas depois que têm mais filhos. Elas são as únicas responsáveis por entretê-los o dia inteiro, mas a alternativa – mobilizar a família inteira para levar as crianças para passear – pode ser muito mais complicada. "É preciso fazer uma mala só para sair com duas crianças se quiser fazer um lanche", disse Renee. Quando as mães não se divertem na companhia de outros adultos, elas se sentem sufocadas. Mas se pagam uma babá para ter uma folga, muitas ficam se cobrando: "Não é justo pagar alguém para fazer o meu trabalho se não contribuo com a renda da família."

"Eu raramente falo com as minhas amigas. Só troco umas palavras rápidas com as outras mães na porta da escola. Elas são legais, mas não as conheço direito. Eu simplesmente não tenho mais tempo."

– Sara, casada há 5 anos, 2 filhos

Repensando as escolhas profissionais

O aumento da carga de trabalho e o desejo de passar mais tempo com os filhos levam muitas mulheres a rever seu plano de carreira. Alguns estudos afirmam que 50% das mães que trabalham em horário integral mudam para meio expediente ou se afastam da profissão por um tempo quando têm o segundo filho.[1]

Esta decisão pode ser fácil, mas é muito difícil para outras.

"Eu simplesmente não via como as coisas podiam continuar como eram depois de ter meu segundo filho. Minha carreira de advogada exigia muito de mim e meu marido viajava o tempo todo a trabalho. Ninguém de fato tomava conta da casa, e as crianças saíam da creche para ficar com as babás e depois voltavam para a creche. Então decidimos que era melhor eu ficar em casa. Foi uma escolha difícil. O trabalho é grande parte do que eu sou. Passei um tempo bastante deprimida e acabei descontando no meu marido."

– *Mary, casada há 5 anos, 2 filhos*

Como nos sentimos em relação a nossos maridos

Quando vemos nossos maridos mergulharem de cabeça no papel de pais, sentimos que o mundo é um lugar maravilhoso. Isso nos dá uma grande sensação de felicidade e bem-estar. Não há nada melhor que vermos nossos filhos brincando e trocarmos com nossos maridos aquele sorriso que quer dizer: "Olha só o que fizemos." E quando ele está brincando com as crianças, quase explodimos de alegria.

Julia: "Gordon parece um pinto no lixo. Ele leva as crianças para comprar plantas e passa o sábado inteiro com elas no jardim. Está ensinando Theo a andar de bicicleta e Henry a encaixar os blocos de montar. Ele se sai muito bem na hora do banho e na hora de dormir. Não tenho palavras para descrever como me sinto feliz ao ver que somos unidos, ao sentir que ele também gosta dessa vida em família."

Cathy: "Há algumas semanas, as meninas passaram a noite na casa dos meus sogros. Na manhã seguinte, Mike me disse: 'Vamos buscá-las. Quero muito passar um tempo com elas.' Fiquei incrivelmente feliz por ele querer isso em vez de ir pescar, dormir até mais tarde, ver TV ou adiantar o trabalho. Apenas ficar com elas."

Mesmo assim, ainda queremos a mesma coisa que sempre quisemos de nossos maridos: ajuda e reconhecimento.

Ajuda e reconhecimento

> "Outro dia Eric me disse: 'A ideia de ir ao mercado com os dois é bem assustadora. Com um só é fácil.' Então, falei: 'Lembra quando Emily tinha acabado de nascer e eu perguntei para você como é que eu ia dar conta? Você me disse que eu ia conseguir, afinal, as mulheres fazem isso há milhares de anos. Será que agora você entende do que eu estava falando?' E ele respondeu: 'É... Acho que sim.'"
>
> *– Brandy, casada há 8 anos, 2 filhos*

Continuamos batendo na mesma tecla. Mas essa é a única forma de se chegar a uma verdadeira parceria entre os pais: *você não vai entender até fazer.*

Finalmente a "ficha cai"

Algumas mulheres disseram que, depois que a família cresceu, seus maridos *finalmente* "entenderam".

> "Quando tivemos o segundo, fiquei impressionada com quanto meu marido me ajudou. Acho que com o primeiro ele deu 50% de si, mas com o segundo deu 90%. O compromisso e o envolvimento dele ficaram bem maiores com nosso segundo filho."
>
> *– Marilyn, casada há 11 anos, 4 filhos*

Outros não "entenderam" exatamente. As coisas apenas foram "jogadas" para cima deles.

> "Não foi como se Tom tivesse visto o segundo filho e dito: 'Nossa, melhor eu arregaçar as mangas e começar a ajudar.' Acho que só quando meus cheques começaram a ser devolvidos ele se deu conta de que eu estava tentando coordenar muita coisa sozinha."
>
> *–Joanne, casada há 6 anos, 2 filhos*

Será que a "ficha cai" mesmo?

Outras mulheres reclamaram que seus maridos ainda não haviam entendido e que não entenderiam nunca.

> "Durante o primeiro ano depois que nosso segundo filho nasceu, meu marido só ficava deitado no sofá, apavorado demais para me ajudar. Ele sempre reclamava que nós estávamos muito ocupados e cansados. Nós? Ele não fazia absolutamente nada."
>
> *– Cheryl, casada há 12 anos, 2 filhos*

Sim, nossos maridos "entenderam", mas é claro que sempre é possível melhorar. No topo da lista de comportamentos irritantes estão as escapadas cada vez mais dramáticas em busca de liberdade.

Os fugitivos

Mesmo aumentando sua participação em casa a cada nova criança, eles ainda tentavam escapar, e de maneiras cada vez mais radicais. Como Steve McQueen, no filme *Fugindo do inferno*, que tentou pular a cerca que o separava da Suíça em uma motocicleta.

Quando conversamos sobre isso, nos demos conta de que nossos maridos descobriram hobbies ou declararam serem apaixonados por algo que jamais imaginaríamos:

- Mike começou a pescar nos últimos meses da segunda gravidez de Cathy. E parece que não é possível pescar por menos de cinco horas seguidas.

- Gordon anunciou que pretendia participar de uma excursão de ciclismo amador nos Alpes, e a data do evento coincidiria com o nascimento do segundo filho de Julia. Ele sempre praticou ciclismo, mas de repente subir os Alpes se tornou extremamente importante.
- Ross treinou todas as manhãs durante meses e correu uma maratona durante a segunda gravidez de Stacie.

E nós não somos as únicas:

> "Algumas semanas depois do nascimento de nosso terceiro filho, meu marido me disse que ia participar da campanha de John Kerry, coordenando as ligações e registrando eleitores. Achei que ele tinha ficado completamente louco. Então, perguntei: 'Quem precisa mais de você? Eu ou John Kerry?'"
>
> *– Maggie, casada há 7 anos, 3 filhos*

Quando as mulheres perdem seu tempo livre, pensam: "Alguma coisa tem que ser sacrificada." No caso dos homens, eles pensam: "Tem que haver um jeito." As mulheres cortam suas atividades, enquanto os homens acrescentam treinos de triatlo a suas agendas. Isso é justo?

Entendemos que os homens sentem falta de sua liberdade e querem realizar certos sonhos antes de chegar aos 40. Até nos identificamos com isso. Quando os pais são ativos e nos ajudam mais com a família, nos sentimos realmente motivadas a dar uma folga a eles sempre que possível. O que não aceitamos é que eles inventem uma atividade semanal que os afasta de casa por várias horas. É bem difícil que, diante disso, a esposa seja nobre e generosa e diga: "Claro, vá se divertir."

Eu sou a carcereira?

Existe outro problema com essas tentativas de fuga: nós acabamos agindo como carcereiras. Nem sempre queremos ser a vilã da história. Ficamos chateadas quando vocês dizem coisas como: "A mulher do John ainda o deixa jogar bola todo sábado. Por que eu não posso?" ou "Meus amigos vão se reunir para jogar pôquer hoje à noite. Você me dá autorização para ir?" O que vocês acham que nós somos, professoras de escola que dão autorizações e descontam pontos? Será que também temos que organizar a hora do recreio e da soneca?

Queremos que vocês sejam nossos parceiros nessa empreitada e que usem seu raciocínio masculino para escolher como e quando usar seu tempo livre. Não temos nenhum interesse em acorrentá-los.

COMO OS HOMENS SE SENTEM

> "Agora eu sou um daqueles infelizes no aeroporto que empurram duas crianças no carrinho duplo, carregam um bebê nas costas e 15 malas. Sou um burro de carga."
>
> *– Dean, casado há 8 anos, 3 filhos*

Extremamente orgulhosos da prova cabal de sua masculinidade – aquela coisinha risonha que joga bola –, os homens se envolvem cada vez mais com a família. Também ajuda o fato de que as crianças estão ficando mais velhas e, por isso, mais interessantes (e mais fáceis de cuidar) que um recém-nascido. Os homens sentem uma enorme satisfação com o relacionamento que estabelecem com os filhos e muitas vezes descobrem que também conseguem se entender melhor com suas esposas, que estão mais relaxadas. É claro que eles não deixam de notar que elas estão dando menos atenção a eles e que o tempo livre praticamente não existe mais. Com a crescente pressão de sustentar a família e uma vida que parece fora de controle, eles podem acabar se sentindo esgotados por causa de sua dupla jornada (em casa e no trabalho).

Entendendo essa coisa de ser pai

"A boa notícia é que, com o segundo, você já está mais experiente. Você fica melhor, mais rápido, mais esperto. E já sabe que atalhos pode pegar."

– Greg, casado há 10 anos, 3 filhos

Ah, os atalhos! Mas talvez eles finalmente estejam no caminho certo...

"Eu me divirto tanto com Catherine, nossa filha de 4 anos. Morro de rir com ela. Agora ela já é uma pessoinha de verdade. O bebê é fofo, mas não tem muita graça ficar com ele. Parece que é só trabalho. Cuidar da Catherine não parece mais trabalho."

– Howard, casado há 7 anos, 2 filhos

Assim como suas esposas, os homens também começam a ver as coisas de outro modo e conseguem ajustar suas expectativas. Eles sabem, por exemplo, que a "fase sombria" não dura para sempre – que eles *vão* voltar a dormir e que, algum dia, suas esposas voltarão a se parecer com a pessoa que eram antes.

Arrá!

"Grande parte do tempo que passamos em casa parece ser 'voltado para as crianças' quando se tem dois ou mais filhos. Seja preparando o almoço ou o jantar, trocando fraldas, brincando, dando banho ou os colocando para dormir, parece que você está sempre fazendo alguma atividade relacionada a crianças. Aí finalmente me dei conta: 'Caramba, isso é difícil.'"

– Curt, casado há 5 anos, 2 filhos

Assim que passam a se envolver mais com as tarefas pesadas (principalmente no fim de semana), a maioria dos homens finalmente "entende". "Faço, logo entendo." É claro que alguns poucos iluminados entendem de primeira, mas, para a maioria, a ficha só cai mesmo depois do segundo filho. Essa compreensão se transforma em empatia, reconhecimento e vontade de ajudar. Quando a esposa está amamentando o bebê e o mais velho está prestes a dar um salto mortal do balcão da cozinha, eles percebem quanto sua participação é importante. Eles entendem que suas mulheres não dão conta de "segurar dois touros a unha" – ou trocar duas fraldas – ao mesmo tempo.

> "Com três filhos, vi que precisava prestar mais atenção a cada um deles, a dedicar mais tempo. Minha mulher é uma ótima mãe, mas ela não consegue ler para Jenny, brincar com blocos de montar com John e Katie e, ao mesmo tempo, lavar a louça."
>
> *– Jeremy, casado há 7 anos, 3 filhos*

O que aconteceu com a minha vida?

> "Os homens são assombrados pelos fantasmas de sua vida passada. Eles se lembram daquele cara que costumava sair para tomar um chope depois do trabalho. Eles se lembram (ou imaginam) da época das mulheres liberais e do sexo selvagem. Eles se lembram de quando eram livres para passar todo o sábado assistindo a jogos na TV. Mas, quando têm outros filhos, finalmente se dão conta de que precisam exorcizar esses fantasmas."
>
> *– Alan, casado há 9 anos, 3 filhos*

Nosso amigo Pat nos confidenciou: "Ter o primeiro filho foi moleza, mas o segundo foi quase uma tragédia." Ele não é o único que pensa assim. É quase como se os homens precisassem ter mais um filho (ou dois) para chegar ao nível de suas mulheres. O mundo dela virou de cabeça para baixo da primeira vez; o dele só balançou um pouco. Para ele, o terremoto é ter mais filhos. Por que isso?

Com um filho, os homens ainda conseguem tempo para manter suas outras atividades – mesmo que com menos frequência. Como nos disse Gary: "Quando tivemos nosso primeiro filho, as corridas de motocicleta do fim de semana tiveram que deixar de ser uma obsessão para virar um hobby. Mas agora, com o segundo, eu praticamente tive que abandoná-las. Se consigo fazer isso uma vez por mês, já estou no lucro." É a questão da *liberdade* outra vez. A falta de tempo livre deixa os homens exaustos – até mais do que pensávamos. Alguns acham que sua vida não é nada além de uma série de coisas a fazer. "Preciso arregaçar as mangas e mostrar serviço no trabalho. E em casa também."

Nós realmente entendemos, afinal, também precisamos de um pouco de liberdade. Alguns homens, no entanto, tendem a ser melodramáticos:

> "Para um homem, a vida doméstica é frustrante. Quando não há chances de escapar e pouca ou nenhuma oportunidade de namorar sua mulher no fim do dia, isso é o mesmo que castrá-lo. Fraldas, banhos, sonecas, castigo... tudo isso vai contra nosso impulso biológico e, se não damos um tempo dessas coisas, acabamos subindo pelas paredes."
>
> – *Sam, casado há 9 anos, 2 filhos*

Como eles se sentem em relação a suas esposas

Menos loucas

A maioria dos homens com quem conversamos concorda que suas esposas ficaram bem mais relaxadas depois do segundo filho.

> "Quando você só tem um filho, ele é sempre o centro das atenções, os pais ficam totalmente voltados para ele. Mas, com dois,

o casal tem dois pestinhas que não param. Minha mulher não consegue mais controlar tudo nos mínimos detalhes, e isso é um grande alívio. As coisas estão mais equilibradas agora que ela não é tão obsessiva – parecemos mais com uma família."

– Ryan, casado há 8 anos, 2 filhos

As mulheres param de agir como controladoras obsessivas. Algumas até aprendem a deixar seus maridos assumirem um papel maior, talvez até de liderança. Quando a mãe está mais relaxada, todos saem ganhando. Os homens respiram aliviados. Agora, se eles puserem o vestido da filha ao contrário, a esposa não vai começar a criticá-los. Ela simplesmente fica feliz por ele ter vestido o bebê.

Ainda assim...

De acordo com a maioria dos homens, embora suas esposas tenham ficado mais tranquilas com relação aos cuidados com as crianças, alguma se tornaram mais rígidas quanto à organização da casa e da família.

Um homem consegue entender que a organização é um fator essencial numa casa em que há mais de uma criança, mas ele não gosta quando sua esposa, que se autonomeou diretora da casa, começa a tratá-lo como empregado. Ela toma as decisões e controla a vida da família e ele simplesmente acata as ordens. Se ela quer que ele pendure as cortinas no quarto do filho, ele obedece. Se ela quer que a família passe o sábado na casa da mãe dela, então é o que eles vão fazer.

E o meu pedaço?

"É como se eu não tivesse mais esposa. Quando tenho sorte, ela é minha por 10 minutinhos, à noite. Às vezes ela nem me diz boa-noite. Estou vendo TV na sala e, quando menos espero, a luz da cozinha já está apagada e ela já foi dormir."

–Jared, casado há 7 anos, 2 filhos

Ter mais um filho muitas vezes coloca o marido numa posição ainda mais baixa na lista de prioridades materna. Nenhum homem gosta de ficar por último, esperando pelas migalhas. Mas, com mais de uma criança, ele pelo menos consegue entender por que sua mulher não arranja tempo para ele. Desde que ele não seja completamente esquecido, ele consegue adequar suas expectativas e sobreviver muito bem com um "pedaço menor" da esposa.

> "Não sei se eu aceitei ou me resignei, ou os dois, mas, em termos de sexo, simplesmente entendi que fazemos quando dá – quando um dos filhos está vendo um filme e o outro está dormindo. É preciso se contentar com o que se tem. Vocês vão ter que se contentar com uma rapidinha."
>
> – *Ian, casado há 7 anos, 2 filhos*

Alguns até percebem que é uma fase e que vai passar. Eles podem tentar racionalizar e até mesmo ficar exultantes com o fato de que, algum dia, daqui a muito tempo, os filhos crescerão e os pais voltarão a seus dias de glória.

SOLUÇÕES PARA OS DOIS

> "Assim que nasce o segundo, a vida que você tinha acabou. Acabou *mesmo*."
>
> – *Brian, casado há 6 anos, 2 filhos*

Brian tem razão. A vida que tínhamos *acabou*. Tornar-se pais é um modo diferente de viver. De certo modo, nossa vida está apenas começando. A maioria dos casais com quem conversamos disse que o crescimento da família e o aumento da carga de trabalho lhes deram uma perspectiva mais clara sobre o que é realmente importante. Eles passaram a pensar mais no que estavam ganhando em vez de naquilo que estavam perdendo.

É claro que é difícil criar os filhos. Quantas vezes você já olhou com simpatia para outra mãe ou pai desesperado que tentava controlar uma criança de 2 anos aos berros no carrinho do supermercado? Todos sentimos que estamos por um fio. (Temos certeza de que aqueles que parecem ter tudo sob controle usam drogas.) Mas ficar pensando no passado com saudade não nos leva a lugar nenhum.

Nossos filhos não vão simplesmente desaparecer. Entramos numa nova realidade. A questão passa a ser: *como você vai fazer tudo dar certo para sua família?*

De duas maneiras: vestindo a camisa e pensando em equipe.

Vista a camisa imediatamente

Se *você* ainda não vestiu a camisa, já passou da hora. As pessoas que se sentem mais felizes com sua vida deram este passo: comprometeram-se com sua família e mergulharam na loucura. Não sabe bem como fazer isso? Preparamos um "plano para vestir a camisa em quatro passos". Não é infalível – é claro que você terá recaídas. A "pessoa que você era" não vai desaparecer por completo. Enquanto estávamos escrevendo este capítulo, por exemplo, Gordon tirou todas as grades de portas da casa, porque "fica mais bonito sem elas".

Quando era adolescente, Julia quase se afogou no rio Guadalupe. O salva-vidas que a tirou da água lhe disse: "Você ficou presa entre duas correntes que seguiam em direções opostas. Se isso acontecer de novo, mergulhe para o fundo e deixe a corrente que desce levar você para longe das corredeiras antes de voltar à superfície para respirar." Eis uma metáfora perfeita para a tarefa de ser pai ou mãe: afundar para não se afogar.

Primeiro passo: mudar de atitude

"Quando se tem uma casa cheia de crianças, ou tudo é uma grande loucura e uma grande diversão ou é um inferno. A escolha é sua. Você pode tentar rir ou pode ficar reclamando durante todos aqueles primeiros anos."

– *William, casado há 8 anos, 2 filhos*

É hora de aceitar os fatos. Vestir a camisa é uma decisão consciente. É uma *escolha* que fazemos a respeito de como vamos reagir às coisas. Administrar uma casa cheia de gente e manter um bom emprego pode acabar com qualquer um. É fácil adotar uma atitude negativa. O problema é que isso não resolve nada, só nos deixa mais infelizes. Se você se entregar a pensamentos do tipo "as coisas são tão difíceis para mim", não verá tudo o que há de bom na sua vida.

Exemplo A: Veja o exemplo de Stacie. Depois de algumas semanas levando as crianças para a escola, ela se lembra de ter pensado que seu enorme carro era como uma prisão.

"Eu me sentia numa cela na penitenciária. Um dia me dei conta do que estava dizendo... 'cela'? Então, resolvi parar com aquilo. Mudei de atitude. Eu sabia que meus filhos precisavam de educação e, como educá-los em casa não era uma opção, eu tinha de levá-los e buscá-los na escola. Comecei a ver essa tarefa como algo importante e valioso que eu fazia por eles e não só mais uma obrigação."

Exemplo B: Jim detestava levar os filhos ao supermercado com ele.

"Eu ficava tão irritado por ter que levar as crianças que eram necessárias pelo menos duas horas para entrar e sair de lá. E aí eu entendi. Eu não estava só cumprindo uma tarefa. Eu estava saindo com meus filhos e não havia problema algum em responder às suas dúvidas sobre cortadores de grama."

Ele mudou de atitude e passou a se divertir.

Exemplo C: Ross sempre diz que qualquer pessoa que queira ter três filhos precisa urgentemente de um psiquiatra. (Stacie o convenceu a ter o terceiro.) Então, sempre que se sente frustrado com sua vida caótica, ele examina sua atitude e tenta pensar nas coisas de outra forma:

"Quando eu tiver 80 anos, será que vou me arrepender de ter tido o terceiro filho? Será que vou pensar que deveria ter jogado mais golfe ou ter brincado mais com meus filhos? Será que vou pensar que deveria ter trabalhado mais ou ter passado mais tempo com minha família? Acho que a resposta é óbvia."

Nada que vale a pena é fácil. Mas será que existe algo que valha mais a pena do que ser o melhor pai/a melhor mãe e o melhor marido/a melhor esposa que pudermos? As mesmas coisas das quais reclamamos – a quantidade de trabalho e quanto nos sacrificamos – são, na realidade, a base de uma vida maravilhosa. Formar uma família e cuidar de nossos filhos exigem tudo o que podemos dar e mais um pouco. Mas todos sabemos que colhemos o que plantamos. O que investimos em nossos filhos e nossos parceiros volta para nós de maneiras que nem sequer imaginamos.

Segundo passo: gerenciar mudanças

"Agora, com dois filhos, precisamos mergulhar um pouco no caos. Sinto como se já tivesse entendido isso, mas o Bruce ainda não, ou então ele não quer entender. Estou pronta para usar meu bom humor, dar de ombros e dizer 'Tudo bem, fazer o quê?' para muitas coisas, mas ele ainda se sente muito frustrado. Acho que ele está começando a entender, mas só o tempo dirá. Ele está vendo que é preciso mudar uns seis meses depois de mim."

– Katherine, casada há 8 anos, 2 filhos

Para a maioria das pessoas, as mudanças não são fáceis. Resolvemos dar uma olhada nos velhos e empoeirados livros de administração de Julia e Stacie para saber como as empresas lidam com estas questões. Resumindo: quando uma empresa precisa implementar uma mudança, ela tem que fazer um *planejamento* para aumentar a probabilidade de seus funcionários aceitarem e entenderem e para diminuir o risco de as pessoas resistirem à mudança e/ou pedirem demissão. Isso se chama *gerenciar mudanças*.

Existem dois elementos de gerenciamento de mudanças que devemos levar em conta à medida que a família cresce:

- Ter o segundo/terceiro filho talvez não seja tão traumático quanto ter o primeiro, mas mesmo assim é uma mudança enorme. Não é só uma questão de se acostumar a ter mais uma pessoa na família – nossos horários, nossa atitude e nossas expectativas também precisam mudar.
- Seu cônjuge pode levar mais tempo que você ou ter mais dificuldade para mudar, e talvez você precise esperar um pouco até que ele ou ela o alcance.

Ficamos pensando se não haveria alguma estratégia de gerenciamento de mudanças que pudesse ser aplicada quando temos mais filhos. Então pesquisamos um pouco e encontramos as seguintes pérolas:

- **Façam mudanças pequenas, mas significativas.** Tudo bem, parece ótimo na teoria, mas bebês são um assunto do tipo "ou tudo ou nada". Mas vocês podem ajustar seus horários gradualmente. Comecem dando um ao outro uma folga de meia hora no sábado e prossigam lentamente até conseguirem metade do dia.
- **Sejam constantes no maior número de áreas possível.** Quantas pessoas você conhece que se mudam para uma nova casa ou começam a fazer reforma quando estão esperando um filho? Pelo menos metade, certo? A grande mudança de Julia e Gordon aconteceu quando ela estava grávida de oito meses – casa nova, emprego novo, outra cidade, escola nova para o filho

mais velho, novo obstetra, novo pediatra, tudo novo. Foi um ano difícil. Tentem manter a rotina o máximo possível quando tiverem outro filho.

- **Chorem à vontade.** Mudanças, por mais maravilhosas e desejadas que sejam, também significam perdas. Quando vocês têm o segundo, o terceiro, etc., perdem um pouquinho mais da antiga vida que tinham. Os especialistas dizem que é normal nos sentirmos chateados e até mesmo um pouco nostálgicos. Então não se martirize. E também não martirize seus parceiros se eles estiverem um pouco para baixo (se for só uma fase, é claro).
- **Reconheçam que vocês têm capacidade de se adaptar.** Somos criaturas incrivelmente adaptáveis. É uma de nossas características mais impressionantes. Por mais que um outro bebê vire nossa vida de cabeça para baixo, nós nos adaptamos às mudanças e depois nos perguntamos como é que conseguíamos viver sem ele.
- **Deixem-se levar.** Pelo menos por algum tempo. E depois vejam aonde foram parar. É muito mais doloroso quando oferecemos resistência. Lembrem-se: "afundar para não se afogar."

Terceiro passo: é hora de relaxar (para as mulheres)

"Finalmente aprendi a olhar para as coisas e rir. Que importa se as crianças não estão bem vestidas para irem à escola? Às vezes me esqueço de levá-las aos lugares ou de assinar a autorização para a excursão. O mundo não vai parar por causa disso."

– Ruth, casada há 11 anos, 2 filhos

"Depois que o terceiro bebê, que é muito exigente, chegou, passamos a ir dormir sem tomar banho com mais frequência, comemos mais cereal no jantar e deixamos para comprar tudo de uma vez no supermercado."

– Maggie, casada há 7 anos, 3 filhos

Quarto passo: exorcize os fantasmas do passado (para os homens)

Então, rapazes, já conseguiram se livrar de seus fantasmas? Ou ainda estão travando sua batalha particular? Se decidirem morrer lutando, não serão heróis para ninguém.

> "Acho que passar metade do sábado jogando bola não é mais uma opção depois de ter filhos. É simplesmente egoísta. Esses caras não sabem o que estão perdendo. É isso que é ser homem. Tem que aceitar os fatos. A vida é assim. O que eles vão fazer, passar o resto da vida num bar dando em cima das mulheres? Praticando esportes? Viver não é isso."
>
> *– Pat, casado há 10 anos, 2 filhos*

SEGUINDO NOSSO PRÓPRIO CONSELHO: LIÇÕES APRENDIDAS DA FORMA MAIS DIFÍCIL

Se soubéssemos dessas coisas quando tivemos nosso primeiro filho, nossa vida teria sido bem mais fácil. Veja algumas das lições que só aprendemos na segunda (ou na terceira) vez:

Cuidados com o bebê

- Não esterilizamos as mamadeiras em água fervente
- Seguimos nossos instintos
- Não cobrimos tanto o bebê a ponto de ele parecer filho do Michael Jackson
- Ficamos na cama sempre que possível/não nos sentimos culpadas por tirar uma soneca

Atalhos

- Anunciamos a chegada do bebê por e-mail (bom, isso foi só a Cathy)
- Deixamos a casa uma bagunça

- Pedimos e aceitamos ajuda
- Paramos de escrever relatos detalhados nos livros do bebê – agora só acumulamos notas numa pilha (Bom, isso foi só a Julia. Stacie não comprou livros do bebê na segunda e na terceira vez. E Cathy... bem, ela nunca comprou um.)

Ver as coisas em perspectiva

- Aprendemos a rir de nós mesmas
- Não ficamos preocupadas em voltar à forma de antes
- Aproveitamos cada fase em vez de esperar ansiosamente pela próxima
- Paramos de nos importar com a opinião de todo mundo
- Arrumamos programas para a criança maior passar o dia fora

Depois do terceiro filho (até agora, só Stacie tem três)

- A fase de recém-nascido não me irritou – ainda foi horrível, mas não fiquei irritada
- Compreendi o significado de trabalhar em equipe – é realmente importante
- Aceitei que minha vida antiga tinha acabado e aprendi a amar minha vida nova (pelo menos na maioria das vezes)

Pensando em equipe

Quando há mais de uma criança em casa, precisamos unir nossas forças e trabalhar em equipe. Se não fizermos isso, o casamento pode ser a primeira vítima do ataque incessante que é a chegada das crianças. É uma questão de vida ou morte. Ou nos levantamos e entramos na partida ou então ficamos no banco de reserva, esperando pelos papéis do divórcio.

Primeiro passo: a equipe precisa de uma estratégia – é preciso haver ordem

Alguns casais que conhecemos comparam criar os filhos e manter a casa com ter um pequeno negócio. Eles têm orçamentos e metas trimestrais a seguir e também reuniões para decidir as estratégias. Sim, também achamos um pouco exagerado, mas parece que eles sabem do que estão falando. Os casais que têm um sistema de horários para cuidar das crianças e fazem um revezamento de tarefas parecem brigar menos e ficar menos exaustos que os outros. Eles *dividem para conquistar* (nossa velha estratégia para evitar a contagem de pontos). Aqui estão algumas dicas, cortesia daquelas dentre nós que são mais organizadas

- **Dividir para conquistar:** "Cuidamos da logística e da rotina como se estivéssemos administrando um pequeno negócio: 'Você leva Ally para a festa de aniversário às 15 horas e eu levo Peter para o jogo de futebol às 16 horas. Nos encontramos para comer uma pizza às 17h30.'"
- **Pensar sistematicamente:** "Seguimos nossas regras para alternarmos as tarefas. Como na hora do banho: 'Eu encho a banheira enquanto você tira a roupa do bebê. Depois, você dá banho nele enquanto eu pego a toalha e separo a fralda e o pijama. Em seguida, eu o visto e nós dois lemos uma historinha para ele.'"
- **Planejar com antecedência:** "Michael e eu nos sentamos uma vez por mês para conversar sobre os nossos horários de trabalho (eu viajo a negócios, ele não) e descobrir quem vai pegar as crianças, o que queremos fazer em casa e os trajetos que precisamos seguir. Também sempre damos um jeito de separar um tempinho para diversão, para cada um de nós e também com as crianças."
- **Revezamento:** "Tomo conta das crianças pela manhã, para que Molly possa se arrumar para o trabalho. Ela precisa de mais tempo do que eu para isso. Então eu deixo as crianças na creche e Molly as busca depois."
- **Fazer o que precisa ser feito:** "Quando um de nós está tentando cumprir um prazo no trabalho, o outro chega em casa mais cedo para fazer o que tem que ser feito."

ADVERTÊNCIA

Lembram-se de quando dissemos que, quando temos mais filhos, o pai precisa ajudar e a mãe precisa relaxar? Não fazer isso pode deixar a equipe desmotivada.

Homens: o caminho mais rápido para dormir no sofá é a falta de compreensão e de ajuda

Tentem não ser insensíveis. Vejam os exemplos abaixo:

Exemplo A: "Eu me lembro de quando tentava fazer o jantar com duas crianças penduradas em mim. Olhei para meu marido, que estava assistindo ao jornal. Quando eu fazia qualquer comentário, ele resmungava que precisava ver TV para relaxar."

Exemplo B: "Contratamos uma enfermeira para ajudar a cuidar dos gêmeos por uma semana. Depois que ela foi embora, eu disse para o David: 'Não sei como vou conseguir.' Eu esperava um pouco de apoio, mas tudo o que ele respondeu foi: 'Dê um jeito.' Aí eu disse: 'Dê um jeito? Quem você acha que eu sou – um dos seus jogadores? Você não é meu técnico, você é meu marido.' Isso é o máximo de compreensão que tenho em casa. Esse tipo de atitude não é muito incentivadora para o sexo. Isso acabou deixando as coisas meio frias. E ele nem tinha ideia do motivo."

A + B = Logo, logo você estará dormindo no sofá.

Mulheres: o caminho mais rápido para o divã do analista é dar ataques histéricos

Meninas, às vezes todas nós agimos como loucas. Os exemplos abaixo não ajudam muito a nossa imagem:

Exemplo A: "Você deixa ele fazer alguma coisa e logo depois começa a reclamar que ele não está fazendo como você quer. Eu me dei conta de que tinha ido longe demais quando comecei a dizer que ele empilhava as fraldas de um jeito errado."

Exemplo B: "Certa noite eu ia deitar e minha mulher ainda estava na internet tentando achar uma receita de bolo para o aniversário da minha mãe. Falei para ela ir dormir também, que eu compraria um bolo para minha mãe, afinal de contas, não era problema dela, a mãe é minha. Ela me disse que precisava fazer o bolo, que eu não entendia. Uma hora depois, ela foi se deitar, furiosa comigo porque precisava fazer um bolo para a minha mãe!"

A + B = No dia seguinte, você já vai marcar consulta com o terapeuta.

Segundo passo: Atividades que estimulam o espírito de equipe

São duas as características de uma equipe bem-sucedida: fazer o que precisa ser feito e trabalhar bem em grupo. Vocês podem fazer um excelente trabalho administrando a família, mas também podem acabar exaustos e negligenciando seu relacionamento.

Portanto, para ajudá-los, pesquisamos atividades populares que estimulam o espírito de equipe nas empresas (aquelas dinâmicas de grupo para gerar confiança, respeito e cooperação) e as readaptamos para nossa situação.

Se funciona para as empresas, vai funcionar para vocês.

A gincana

O objetivo é ser o(a) primeiro(a) a pegar todos os itens de sua lista de compras e voltar para casa para desfrutar o prêmio, que é descansar no sofá. Cada um de vocês vai para uma loja. Se tiverem dois filhos, cada um leva um. Se o número de crianças for ímpar, aquele que levar mais uma tem o direito de sair 10 minutos antes. Vocês também podem dividir a lista, se só precisarem fazer compras em um lugar (até parece...).

Desafio para as noites do casal

Em uma das noites reservadas para vocês saírem juntos, tentem ver se conseguem ficar todo o jantar sem falar das crianças, da casa ou das finanças. Apostamos que vocês não vão conseguir! Sabemos por experiência própria como isso é difícil, então vamos dar algumas dicas de possíveis assuntos para vocês conversarem:

- Política (pensando bem, é melhor não).
- Aquecimento global: mito ou um problema com que nossos filhos terão de lidar?
- Posições sexuais prediletas.
- A existência de Deus.
- A lista de coisas que vocês querem fazer antes de morrer (pedalar nos Alpes, correr uma maratona, fazer as unhas dos pés).
- A lista de coisas que você gostaria que o seu marido / sua mulher fizesse por você antes de você morrer.

Pense que haverá juízes assistindo e que eles vão dar ou descontar pontos com base nos seguintes aspectos:

- Contato físico: inclui contato visual, segurar a mão e abraçar, mas não necessariamente termina em sexo.
- Demonstração de emoções: rir, chorar, rir enquanto chora, etc.
- Habilidade de ouvir o outro: ou seja, nada de aparelhos eletrônicos ligados.

A escapada anual

Saiam um pouco do sufoco do dia a dia e vão para algum lugar bonito para pensar no seu casamento ou só para se divertirem juntos. Também pode ser feito no porão se as férias para lugares bonitos não forem financeiramente viáveis. Faça um plano das questões a serem discutidas. Conhecemos um casal que a cada dois anos viajava um fim de semana para uma espécie de "conferência conjugal". O objetivo é mais viajar juntos do que discutir a relação.

E um lembrete muito importante:
Sexo *é uma atividade que estimula o espírito de equipe!*

Terceiro passo: esqueça os passes livres

Precisamos ser mais liberais com os "passes livres" se quisermos que o "casamento com filhos" funcione normalmente.

"Acho que somos generosos um com o outro no quesito 'tempo de folga' pois concordamos que nós dois não precisamos ficar em casa todas as noites partilhando a alegria de colocar nuggets no forno."

– *Brandy, casada há 8 anos, 2 filhos*

Todo mundo precisa e merece uma folga. Administrar o trabalho, as crianças e as coisas da casa sem fazer uma pausa é difícil para qualquer um. Todos nós precisamos recarregar as baterias. Tanto em intervalos mais curtos e frequentes, como algumas horas uma vez por semana, quanto em pausas mais longas e esporádicas, como fazer uma viagem de fim de semana de vez em quando. Deixar que o outro tire um fim de semana de folga traz enormes benefícios para a família. Ter um tempinho para descansar e observar a vida nos dá uma nova perspectiva: acabamos nos sentindo mais gratos por tudo aquilo que temos. Quando finalmente voltamos ao trabalho, mal podemos esperar para ver nossos filhos e matar as saudades de nossos maridos/esposas (pelo menos é o que esperamos).

"Tudo o que fazemos é tomar conta das crianças. Não temos nenhuma outra válvula de escape. O dia inteiro só ficamos controlando o caos. À noite caímos no sofá com uma taça de vinho e dizemos: 'Ufa, conseguimos.'"

– *Greg, casado há 10 anos, 3 filhos*

SETE

Definindo prioridades

E agora, para onde vamos?

"A coisa mais difícil de ser pai? Entrar e sair no carro é um inferno! E a bagunça. Toda vez que eu me sento, um brinquedo apita. Só que não dá para imaginar outra vida depois de ter filhos. Eu não gostaria que fosse diferente, mas antes as coisas eram bem mais fáceis: um mais um eram dois. Agora tudo precisa ser negociado. E eu não era tão gordo."

–Jeff, casado há 4 anos (com Elizabeth), 1 filho

Em geral, todos estamos felizes com as nossas escolhas, certo? Nossos filhos são nossa maior alegria e nós faríamos qualquer coisa pelo privilégio de ser pai ou mãe. Mas as trocas que estamos tão dispostos a fazer pelos filhos têm um preço: o equilíbrio que antes tínhamos em nossa vida sofre um abalo. Há dias em que temos vontade de sair correndo, pegar a primeira carona que aparecer e ir para um lugar bem longe. Talvez você até se pegue, como nós três, desejando secretamente ficar doente – nada muito sério, só o suficiente para que nossos maridos fiquem nos paparicando por uns dias. E, claro, não podemos nos esquecer de nossos maridos, que já tentaram fugir participando de uma maratona, saindo para pescar ou andando de bicicleta.

Somos pessoas inteligentes. Então, por que às vezes tudo parece tão difícil?

O que está acontecendo? Por que as pessoas dizem que seu casamento sofreu um abalo nessa fase, quando ter filhos deveria, na verdade, deixá-las mais próximas que nunca? Por que é tão difícil conciliar os desejos da mente, do corpo e do espírito? Será que somos um bando de rabugentos que só querem se divertir e não enxergam as coisas boas que têm? Ou será que ser pai ou mãe é simplesmente muito difícil? Na verdade, é um pouco de cada.

1. **É difícil mesmo e muitas vezes não é culpa de ninguém.** Temos tão pouco tempo e tantas coisas a fazer. Somos forçados a eliminar de nossa vida as atividades que recarregam nossas baterias como indivíduos e como casal.
2. **Fazemos coisas que pioram a situação.** Às vezes tornamos nossa vida de "casados com filhos" mais difícil do que ela precisa ser. Em nosso empenho para fazer e ter tudo, podemos acabar nos concentrando nas coisas erradas e não percebendo o que é realmente importante.

Não negligenciem seu casamento

Claro que nem tudo era perfeito antes de termos filhos e não estávamos plenamente felizes. Não estamos dizendo que a vida era melhor antes, apenas era mais simples. Mas assim que os filhos nascem, o "tempo do casal" e o "tempo para mim" diminuem e a consequência é uma grande mudança em como nos sentimos.

Quando negligenciamos nosso casamento, ele definha. Como uma planta, tudo de que ele precisa é ser regado com frequência (estamos falando de intimidade verdadeira – não apenas sexo), mas muitas vezes consideramos outras coisas mais importantes. O casamento é uma das poucas coisas na vida que podemos negligenciar sem sofrer terríveis consequências imediatas. Se ignoramos nosso trabalho, somos despedidos. Se ignoramos nossos filhos, eles passam fome. Mas, se ignoramos nosso relacionamento, nosso(a) parceiro(a) consegue sobreviver com as migalhas durante um bom tempo.

Depois que temos filhos, ficamos muito ocupados e o casamento pode entrar no piloto automático. Não prestamos muita atenção para onde estamos indo. Não temos mais conversas profundas. Em vez disso, é sempre hora de fazer as tarefas... todos os dias.

Do mesmo modo, quando negligenciamos a nós mesmos, nós definhamos. Ter filhos significa ter de reduzir muitas de nossas atividades. Não estamos dizendo que deixar de tomar um chope com os amigos ou fazer as unhas dos pés toda semana é o fim do mundo. Estamos falando de perder alguns dos elementos básicos de uma vida feliz que recarregam nossas baterias e nos fazem sentir bem: tempo com os amigos e a família, fazer exercícios, dormir, fazer sexo, trabalhar ou fazer atividades voluntárias.

> "Estou uns 15 quilos mais gordo. Ganhei uns 7 quilos com cada filha. Saio de casa às 7 horas da manhã e não saio do trabalho até as 19 horas – se eu for à academia, minhas filhas já vão estar dormindo quando eu chegar. Ou faço exercícios ou vejo minhas filhas."
>
> *– Anthony, 94 quilos, casado há 8 anos, 2 filhas*

> "Sabe aquelas fotos de presidentes, antes de eles assumirem o cargo e quatro anos depois, ao fim do primeiro mandato? Eles parecem ter envelhecido pelo menos uns 10 anos. Acho que a maternidade tem o mesmo efeito. Minha primeira filha tem 4 anos e eu me sinto e aparento ser 10 anos mais velha."
>
> *– Alicia, casada há 8 anos, 2 filhos*

Às vezes, o que arruína o casamento é o fato de nos negligenciarmos. Diminuir as atividades que nos deixam felizes ou que nos mantêm sãos pode acabar nos deixando sobrecarregados, insatisfeitos com a vida em geral e até mesmo deprimidos. E tudo isso pode nos transformar em pessoas bem difíceis de se conviver.

Como pioramos a situação

No entanto, há mais coisas em jogo nessa questão da felicidade do que não ter tempo suficiente para o outro e para nós mesmos. Como seres humanos, todos podemos acabar fazendo coisas que deixam nossa felicidade mais distante do que precisa ser:

- **Ignorância (no bom sentido).** Não nos damos conta de que precisamos colocar as coisas em ordem de prioridade. Na maioria das vezes nem sabemos o *que* é prioridade.

> "Não sei bem o que aconteceu. É como se eu estivesse tentando encaixar enormes peças quadradas (todas as coisas que quero fazer) em buraquinhos redondos bem pequenos (o tempo disponível)."
>
> *– Barry, casado há 9 anos, 2 filhos*

- **Nunca é suficiente!** Embora nós tenhamos "tudo o que sempre quisemos" – o casamento, um emprego e filhos –, sempre queremos "mais".

> "Nos esforçamos ao máximo, mas parece que nunca estamos bem. Nos concentramos no que está errado em vez de dar mais atenção ao que está certo. Por que eu não consigo dizer 'Ah, está tudo ótimo' ? Vivo pensando 'Ah, deixa para lá', mas não consigo deixar para lá."
>
> *– Margot, casada há 7 anos, 2 filhos*

- **A busca pela perfeição.** Tentar manter a geladeira sempre cheia, a conta bancária com saldo positivo e as crianças saudáveis já é bastante difícil. Mas em vez de nos darmos por satisfeitos quando conseguimos essas coisas, ainda queremos ter uma barriga de tanquinho, um balcão de granito na cozinha e um carro novo.

> "Odeio a fila do caixa no supermercado porque inevitavelmente vou ver uma celebridade de biquíni na capa de uma revista, seis semanas depois do nascimento de seu terceiro filho. Além disso, haverá dicas sobre como melhorar o QI do seu bebê e como se tornar mestra em fazer suflê. Eu me sinto mal toda vez que olho para uma revista dessas. Nossa vida é tão caótica."
>
> – *Laurie, casada há 9 anos, 3 filhos*

O estresse de cuidar dos filhos

E há também nosso desejo admirável e bastante razoável de dar aos nossos filhos as melhores oportunidades possíveis. Infelizmente, toda essa pressão pode nos levar a pensar que não estamos fazendo o suficiente por eles, não importa se nos esforçamos. Quantos de nós não acham que seriam péssimos pais se não pudessem colocar os filhos na melhor escola, marcar um determinado número de atividades lúdicas e iniciá-los, em seus primeiros anos de vida, em uma arte marcial, um instrumento musical e uma língua estrangeira?

> "Às vezes me preocupo com o fato de meus filhos verem mais a minha nuca do que o meu rosto. Eles passam muito tempo no banco de trás do carro, sendo levados para suas atividades."
>
> – *Dawn, casada há 10 anos, 3 filhos*

Você é uma supermãe?

Embora não haja nada de errado em fazer convites de aniversário à mão e arrumar a casa e o jardim a cada comemoração ou feriado (se você tem bastante criatividade e adora esse tipo de coisa, vá em frente), *o problema das atividades da supermãe é que elas custam muito e dão pouco retorno*. Você passa semanas organizando cada detalhe da decoração do primeiro aniversário de seu filho e ele dorme a festa inteira. Então, você fica chateada com seu marido porque ele não ajudou mais e não lhe deu os parabéns por ter organizado tudo. Ele não ficou tão entusiasmado como você porque simplesmente não via sentido naquilo tudo.

Resolvemos nos fazer a seguinte pergunta: *Quem se beneficia desse tipo de atividade?* Por que fazemos essas coisas? Por causa da pressão que nós – e a sociedade – colocamos em nós mesmas.

> "É fácil para Michael dizer que sou louca por ficar pensando em mandar Gavin para uma colônia de férias só com atividades de teatro, mas ele não sabe a loucura que é. As mães contratam professores particulares de matemática quando seus filhos estão na pré-escola!"
>
> *– Dana, casada há 6 anos, 2 filhos*

Os homens, às vezes, também se envolvem num torneio de superpais e podem até ficar piores que suas esposas. Veja o caso de Darren:

> "Vocês sabem como os homens medem as coisas... Eles olham para seus amigos, colegas de trabalho, vizinhos e fazem uma avaliação. Não é só uma questão de adquirir bens, como uma casa grande ou um carro potente. Também tem a ver com quem está na frente. Quem é o melhor? Os homens querem que seus filhos sejam os melhores na escola e nos esportes."

Quanto disso é típico da nossa geração?

O fato de termos expectativas tão altas para nós e nossos filhos não é surpreendente. Somos a primeira geração na história da humanidade em que "ter tudo" não só é possível, mas também esperado. E, até nos tornarmos pais, muitas vezes essa era a nossa realidade. Conciliar a filosofia do perfeccionismo e do "ter tudo" com o papel de pai/mãe que precisa fazer trocas é muito difícil. Veja o que um escritor disse a respeito:

> "Infelizmente, só quando temos filhos descobrimos como somos egoístas. Esse é um dos aspectos paradoxais de se tornar pai ou mãe: no mesmo instante em que nos damos conta de quanto somos egoístas, somos forçados a deixar de sê-lo."[1]

Da negligência inofensiva à raiva e ao ressentimento: o casamento num círculo vicioso

Quando o casamento entra no piloto automático, somos negligentes com nós mesmos e adotamos atitudes negativas, podemos acabar num círculo vicioso. *Não percebemos como esses problemas podem facilmente ficar fora de controle*. A infelicidade de um dos parceiros contribui para a do outro e os dois começam a descontar suas frustrações no outro. Não há exatamente um ponto de partida. Uma vez que entramos num círculo vicioso, não importa quem começou, pois são necessárias duas pessoas para manter esta situação.

> "Meu marido e eu passamos o primeiro ano da vida de Charlie num estado de constante irritação. Nós dois estávamos muito zangados. Amargos. E eram todas as coisas de que vocês falam neste livro: ele queria sexo e eu não, eu contabilizava todas as coisas que ele 'não entendia' e com as quais ele não ajudava, ele se sentia rejeitado, eu me sentia ignorada. Eu tinha inveja dele por trabalhar fora e ficava revoltada por ele esperar que eu fizesse tudo em casa. Ele ficava furioso por eu reclamar tanto e nunca estar feliz. Nenhum dos dois queria acabar o casamento, mas a gente estava passando por um grande problema. Agora já

resolvemos grande parte de nossas diferenças, mas levou um bom tempo."

– *Gwen, casada há 11 anos, 3 filhos*

Ninguém quer entrar num círculo vicioso. Então, quais são os sinais que indicam que vocês podem estar saindo do piloto automático e entrando na fase do ressentimento reprimido ou até mesmo da raiva explícita?

O jogo da culpa

É tudo culpa dele ou dela. Quando começamos a pôr a culpa no marido ou na mulher por nossa infelicidade ("Se ele pelo menos lavasse os pratos, eu ficaria feliz" ou "Se ela fizesse mais sexo comigo, eu ficaria feliz"), sem dúvida há perigo à frente. Mais um pouco e já estaremos pensando: "Se eu fosse casado(a) com outra pessoa, seria feliz."

Vocês buscam maneiras de fugir

Quando paramos de nos concentrar um no outro, importantes necessidades físicas e emocionais acabam não sendo supridas. Quando a nossa cara-metade sempre parece ocupada demais, cansada demais, ou chateada demais para nos dar atenção, tanto os homens quanto as mulheres passam a buscar maneiras de preencher o vazio que sentem.

Muitos homens se refugiam em seus quartos e passam todo o seu tempo livre com brinquedos eletrônicos (entre outras coisas...) para evitar sua esposa fria. Se um homem começa a adquirir diversos artigos eletrônicos, ele provavelmente não está fazendo sexo (nem coisa alguma) com sua esposa.

Homens em abstinência sexual também podem ultrapassar todos os limites para preencher o vazio físico que sentem. Então não é nenhuma surpresa se ele começar a gastar dinheiro e o cartão de crédito em clubes de striptease ou com pornografia na internet.

As mulheres também buscam meios de preencher o vazio que sentem. Às vezes mergulhamos no mundo das crianças. Ou então nos tornamos leitoras vorazes. Buscamos a compreensão e a empatia de que precisamos em outros círculos sociais, como um clube do livro, no qual o principal assunto são os maridos e seus comportamentos irritantes, e não as grandes (ou mesmo medíocres) obras literárias.

Vocês pensam em ter um caso

Ter um caso é um passo crítico. Mas *pensar* no assunto não é inconcebível quando existe um vácuo emocional no casamento. A colega de trabalho ou o professor de tênis de repente aparecem no nosso radar. Será que *eles* não poderiam preencher todas as lacunas do nosso casamento?

Vocês se tornam aquele "casal típico no restaurante"

Vocês sabem, aqueles que não têm o que conversar. Se você começar a tremer porque a outra pessoa é completamente fria e não porque a temperatura está mesmo muito baixa, então vocês têm um grande problema.

O bonde do divórcio

É claro que existem muitos casamentos ruins por aí. Mas talvez o seu não seja um deles. Alguns casamentos só não são perfeitos: sofrem com a falta de atenção, com ressentimentos reprimidos, com qualquer um dos problemas de que já falamos. Pode parecer que seu casamento está fracassando, quando na verdade ele tem tudo para ser salvo.

O mito da colega de trabalho

Muitas pessoas ficam tentadas a pensar que "a grama do vizinho é mais verde". Elas pensam que a vida seria melhor se saíssem de casa para tentar viver sozinhas ou para casar novamente. A colega de trabalho talvez seja a mulher perfeita: uma ninfomaníaca que vai entendê-lo. E o pediatra bonitão e recém-divorciado? Ele se veste bem e talvez seja um cara sensível que não vai pressioná-la.

Um passeio no bonde do divórcio

Se às vezes você pensa em divórcio, talvez devesse parar um instante para refletir sobre aonde isso irá levá-lo(a). Digamos que uma mulher deixe seu marido e comece a brincar de casinha com o médico. Quais são as probabilidades de que ele de fato prefira lavar os pratos a transar com ela? Digamos que o homem se divorcie de sua mulher e se case com a colega de trabalho. É bem provável que ela também vá querer ter filhos, então, depois do segundo, *ele terá voltado ao ponto de partida*. Imagine só. Agora ele tem dois "ninhos" para cuidar, outra mulher fria e sem libido e um monte de coisas que deixou para trás. A cruel verdade é que o novo parceiro pode ser tão imperfeito quanto o primeiro.

> "Vi alguns dos meus colegas de trabalho cometerem os mesmos erros diversas vezes. Eles se casavam, tinham filhos, traíam a mulher, a deixavam para se casar com a namorada, tinham filhos, traíam a segunda mulher e assim por diante. Alguns deles se casaram e se divorciaram duas ou três vezes e tiveram cinco ou seis filhos. Esses homens nunca amadureceram. Nunca entenderam o que era o casamento, o que era o compromisso. Continuavam tentando voltar àquele estágio romântico e imaginário. Mas acabavam no mesmo lugar. Muitos deles acabaram sozinhos, financeiramente arruinados."
>
> *– Tom, casado há 42 anos, 2 filhos, 5 netos*

Não estamos aqui para dar lição de moral em ninguém. Obviamente não conhecemos as particularidades do seu casamento. Só estamos dizendo que tentar melhorá-lo pode ser uma boa opção.

SOLUÇÕES

"Toda pessoa casada deveria dizer a si mesma todos os dias ao acordar: 'Isso é uma escolha. Eu escolhi me casar. Eu escolhi ser feliz.' Não podemos parar de nos importar com o casamento. É preciso ser proativo. Este é o meu relacionamento, esta é a minha vida, e eu colho o que planto."

– *Richard, casado há 11 anos, 3 filhos*

"A maioria das pessoas é tão feliz quanto escolheu ser."

– *Abraham Lincoln*

E quanto a você? A sua felicidade sofreu um grande abalo desde que se tornou mãe/pai? Ou você em geral se sente feliz, mesmo naqueles dias em que tem vontade de estrangular a criança e todos os seus bichinhos de pelúcia?

Pensando como todo mundo

Aceitamos que os desafios que surgem quando temos filhos são parte da vida. A não ser que estejamos pensando em "dar as crianças para os ciganos", estamos todos no mesmo barco. Mas podemos escolher como reagiremos às mudanças em nossa vida:

- Podemos chafurdar na culpa e na autocomiseração e nos arrastar pelos próximos 50 anos como se estivéssemos carregando o mundo nas costas.
- Podemos jogar a toalha e desistir do casamento.
- Podemos ser proativos. Podemos escolher ser felizes e tentar descobrir o que precisamos fazer para alcançar essa felicidade.

Não sabemos quanto a vocês, mas nós decidimos tentar a terceira opção.

O dever de ser feliz (a felicidade é um negócio sério)

Na verdade, ser feliz é mais que uma escolha. "Dever" é uma palavra forte, mas é exatamente o que ela é. Quando temos filhos, a felicidade pessoal é uma responsabilidade, não um luxo. Todos nós precisamos cultivar nossa própria felicidade para sermos felizes no casamento *e também* sermos bons pais. Chamamos isso de "teoria da felicidade familiar": pessoa feliz – casamento feliz – família feliz (ou seja, crianças felizes). Se estamos infelizes, nosso casamento pode ficar sem vida e a infância de nossos filhos pode acabar perdendo a inocência e a alegria. Podemos acabar levando todo mundo para o fundo do poço.

Vamos dar um passo adiante com essa teoria: cada um de nós também tem o dever de tornar mais fácil que nosso parceiro seja feliz. E não somente porque eles merecem que nos esforcemos para fazê-los felizes: se o descontentamento de um dos dois levar ao divórcio, isso pode comprometer a felicidade de nossos filhos também.

> "Depois de alguns anos de casada, me dei conta de que sou a aposta do Ross na felicidade. O que eu 'deixo' ele fazer, quer apoie ou não os seus sonhos e os faça acontecer, determina quanto ele é feliz. Todos temos muito poder sobre a vida do outro. Não tem a ver 'comigo', e sim 'conosco'."
>
> – *Stacie, casada há 9 anos, 3 filhos*

Nosso guia para a felicidade

Então o que temos de fazer? O primeiro passo é identificar o que precisamos para ser feliz e então fazer disso nossa prioridade. Como diria Stephen Covey: *"O mais importante é tratar o que é mais importante como mais importante."* [2]

Também é fundamental conseguirmos tudo aquilo de que precisamos. O equilíbrio é essencial. Talvez estejamos indo à academia a cada dois dias, mas se não saímos com os amigos há meses, provavelmente passaremos a nos sentir mal. Existem algumas áreas fundamentais para se viver bem: saúde, casamento, filhos, relacionamentos e autorrealização (trabalho, hobbies, trabalhos voluntários, etc.). Todos esses "copos" precisam estar mais ou menos cheios.

"E como vamos conseguir fazer tudo isso?", você deve estar se perguntando. Nós também tínhamos a mesma dúvida, principalmente naquelas noites em que mal conseguíamos escovar os dentes antes de cair mortas nas cama. Não há uma solução fácil para esse problema. A única maneira de resolver isso é utilizar nosso tempo de maneira estratégica e disciplinada. Precisamos usá-lo de uma forma produtiva e sensata (com as coisas que de fato importam) e encontrar meios de ter mais tempo para as coisas essenciais cortando as que no fundo não importam.

Como ser feliz para sempre em quatro passos

Primeiro passo: faça uma pequena lista da felicidade. (Evite se negligenciar.) O que você precisa para ser feliz? O que de fato é importante para você?

Segundo passo: seu parceiro também deve fazer uma lista. Porque se ele não estiver feliz, você também não vai ficar.

Terceiro passo: regue a planta do casamento (Evite negligenciar o relacionamento.) Comparem suas listas e elaborem um plano de ação.

Quarto passo: de que vocês devem abrir mão? Em outras palavras, pare de fazer as coisas que só pioram a situação. Pense que é como uma dieta... Você precisa abrir mão de algumas coisas (mas são atitudes ruins e atividades que têm pouco valor, então você não vai se importar).

Primeiro passo: faça uma pequena lista da felicidade

Conhece a ti mesmo. Não se trata do que gostamos ou queremos fazer – podemos elaborar uma lista quilométrica com essas coisas. É sobre *o que realmente recarrega nossas energias*. Cuidar de si mesmo de forma regular é vital para a felicidade. Do que *precisamos* para sentir que estamos vivendo de verdade, e não apenas sobrevivendo? Para alguns é ler um bom livro; para outros, dar uma boa caminhada; para a maioria dos homens, é sexo. Do que *você* precisa para ser feliz, seja numa rotina diária, mensal semanal ou anual?

- "Alimentar a mente: livros, filmes, assistir a uma palestra, etc.", disse Julia.
- Fazer "coisas de menina" e "coisas de menino" com regularidade: círculo do livro, noite de pôquer, etc.
- "Vinho tinto e queijo de cabra", disse nosso sofisticado amigo Paul.
- "Tempo para ficar sozinha", disse nossa introvertida amiga Allison.
- Exercícios. "Se não faço exercícios, fico louca. É praticamente a única coisa que faço por mim, mas está acima de muitas outras coisas. Me exercito por 30 minutos, três vezes por semana", disse Emily.

E não se esqueça da solução universal para a felicidade: *dormir*.

> "Sei que quando começo a ficar de mau humor, isso em geral significa que eu só preciso sair para caminhar sozinha, ligar para uma amiga, sair um pouco mais com Mike. Coisas simples. É impressionante o que as menores atitudes para cuidar de si mesma podem fazer."
>
> – *Cathy, casada há 7 anos, 2 filhos*

Segundo passo: seu parceiro também deve fazer uma lista

Aquilo de que precisamos como indivíduos é só parte da equação. Também temos que saber o que deixa nossos parceiros felizes. Primeiro, porque eles merecem e, segundo, porque, se eles não estiverem felizes, nós também não estaremos. Não somos as únicas a pensar assim. Os especialistas no assunto chegaram à mesma conclusão. Um estudo recente com mais de 10 mil pessoas casadas mostrou que "um homem casado fica consideravelmente mais satisfeito com sua vida quando sua esposa fica mais satisfeita com a dela, e vice-versa".[3] O mesmo estudo também demonstrou que a felicidade é contagiante. Ela pode fluir de um parceiro para o outro, mesmo quando um deles está com problemas de saúde ou financeiros. "Pessoas casadas se tornam mais satisfeitas com sua vida com o passar dos anos simplesmente porque seus parceiros ficaram mais felizes com a vida deles."

Terceiro passo: regue a planta do casamento

> "Quando vocês são parceiros, conseguem sobreviver a qualquer coisa. Vocês precisam fazer disso o seu objetivo. Cada um coloca o outro em primeiro lugar e todo o resto se encaixa."
>
> *– Karen, casada há 30 anos, 3 filhos*

Amamos um ao outro. Temos filhos juntos. Há tempos construímos sonhos juntos. *Nossos filhos são a coisa mais importante na nossa vida, mas o casamento também precisa ser uma prioridade.* Regar um pouquinho todos os dias deixa a planta sempre saudável.

Ajudem um ao outro em vez de competirem. Peguem suas listas da felicidade e comparem as anotações. Elas são muito diferentes? Fazem você pensar como esse casamento resistiu até agora? Quando descobrimos como dar ao outro um pouco do que ele precisa (ele pode sair para andar de bicicleta no sábado de manhã; ela pode ir comprar sapatos no domingo à tarde), passamos a ter uma enorme boa vontade, que é o combustível do casamento. Por mais simples que pareça, isso pode tirar sua relação do piloto automático e evitar que vocês entrem num círculo vicioso.

> "Melinda realmente precisa sair com suas amigas. Eu costumava ficar chateado com isso, mas depois entendi. Se ela perde duas reuniões seguidas do clube do livro, fica intratável. É melhor eu fazer o possível para que ela possa ir."
>
> *– Bobby, casado há 7 anos, 1 filho*

> "Finalmente me dei conta de que Jay precisa de um tempo para ficar sozinho, já que ele nunca consegue isso durante a semana. As coisas que ele gosta de fazer (correr, jogar golfe, cuidar do jardim) são atividades solitárias. Aprendi que devo dar isso a ele em vez de exigir que ele esteja presente durante todo o fim de semana. E acho que ele aprendeu que eu preciso de mais tempo com ele do que ele estaria naturalmente inclinado a dar, então está se esforçando para cuidar mais do nosso relacionamento."
>
> – *Vanessa, casada há 7 anos, 2 filhos*

Regar um pouquinho já faz uma grande diferença. É realmente simples: basta estabelecer uma data para saírem juntos, dar um beijo e um abraço no fim de um dia muito difícil, ou escrever uma notinha carinhosa no fim de um e-mail sobre os assuntos chatos do dia a dia. Se o casal não está falando sobre a administração da casa, está falando sobre os filhos. Ser meio obcecado pelas crianças é normal, mas é difícil manter um casamento quando ele se resume a ser pais – quando isso acontece acabamos atribuindo nossa felicidade e/ou nossa tensão aos filhos. Nós os amamos tanto que acabamos não vendo as coisas direito.

No entanto, aprendemos que, quando cada um se esforça um pouquinho, *é realmente possível* quebrar o círculo vicioso. Quando reconhecemos que nosso parceiro está se dedicando a nós, fica mais fácil tentar ajudá-lo. É dando que se recebe. Segue uma lista de exemplos de pequenas coisas que podem fazer uma grande diferença:

Para os homens

- **Convide-a para sair.** Tente algo como: "Quero passar um tempo com você porque você é bonita, inteligente e eu ainda a acho atraente. Vamos sair para jantar no sábado?"
- **Planeje atividades divertidas em família.** Inicie ou planeje uma atividade com a família, em vez de (ou pelo menos antes de) planejar a sua própria escapadinha.

- **Lembre-se dos pequenos gestos de gentileza.** Todas aquelas coisas que você detesta, mas costumava fazer porque davam um ótimo resultado (o princípio é o mesmo): escrever um bilhete para ela, começar uma conversa profunda sobre o relacionamento. O caminho para o coração de uma mulher (e outras partes de seu corpo) *é sempre a intenção*.
- **Pare de se refugiar no quarto.** Considere a possibilidade de que a vida com a família pode ser melhor do que seu isolamento no quarto. Fugir não vai ajudar em nada.
- **Ajude com as tarefas domésticas.** Faça o que precisa ser feito. Você vai ganhar uma medalha de ouro e será o herói de sua mulher.

Para as mulheres

- **Faça um esforço para ser sensual.** Há poucas coisas mais importantes para seu marido do que se sentir valorizado sexualmente.
- **Deixe a casa uma bagunça por 48 horas.** Se as discussões sobre a divisão das tarefas estão cada vez mais acaloradas, fuja. Saiam para jantar ou usem pratos descartáveis durante dois dias, para acalmar os ânimos.
- **Tire-o de dentro do quarto (se tiver coragem).** Aventure-se a entrar lá e passar algumas horas jogando videogames, assistindo a jogos ou participando de *qualquer* atividade dele.
- **Faça algum elogio.** Pense em algo de bom que ele fez e agradeça. Qualquer coisa, mesmo que seja apenas lavar um garfo.
- **Diga a ele o que você quer.** Os homens foram bem claros: "Odeio ter que adivinhar o que ela quer." Se ele souber o que você quer, em geral vai fazer. Deixe bem claro quais são seus desejos e suas expectativas.

Para os dois

- **Conversem.** Perguntem "Como você está, meu amor?" ou tentem quebrar o silêncio de alguma forma.
- **Ouçam.** Desliguem todos os aparelhos eletrônicos (isso inclui

televisão, iPod, computador, Blackberry e celular) durante uma noite inteira.

- **Mudem de ambiente.** Saiam de casa se ela já se tornou um campo de batalha. Marquem um encontro depois do trabalho. Experimentem jantar num restaurante diferente ou dar uma caminhada na praia.
- **Deem "passes livres" de surpresa.** Ganhar inesperadamente um tempo livre pode animar qualquer um. Ou então arrumem alguém para ficar com as crianças e tirem uma folga juntos.
- **Troquem de papéis.** Se vocês sempre fazem as mesmas tarefas e estão cansados delas, troquem de lugar durante uma semana. Ele faz o jantar e ela corta a grama, ou vice-versa.

E, finalmente, a mais virtuosa de todas as ações – e a mais necessária se vocês já entraram num ciclo de raiva ou de extrema negligência:

- **Aceitem a responsabilidade.** Talvez não seja tudo culpa do seu marido / sua mulher. Se você se sente infeliz com alguma coisa, talvez esteja se autonegligenciando ou tendo atitudes que pioram a situação.

> "Quantos de nós já pensaram: 'Será que o problema não sou eu? Talvez eu precise consertar algo em mim, não ao meu redor'? Quando as duas pessoas têm esse tipo de atitude, o casamento dá certo."
>
> *– Elise, casada há 38 anos, 4 filhos, 3 netos (advogada especializada em divórcios)*

Adotar uma atitude proativa, do tipo "o que posso fazer por você?" (ao contrário da atitude acusatória "por que ele / ela não faz nada por mim?") é uma das melhores coisas que podemos fazer pelo nosso casamento.

Quarto passo: de que vocês devem abrir mão?

"Compreendo que agora as crianças precisam – e merecem – da maior parte do nosso tempo, mas isso é só um curto período. E a experiência tem sido tão maravilhosa que eu jamais me sentiria ressentido por isso. Estou muito concentrado em ser um bom marido e um bom pai e me dedicar à minha família. Só queria poder ter um tempo para mim sem me sentir egoísta."

– Joseph, casado há 7 anos, 2 filhos

Agora entendemos que não dá para encaixar peças quadradas em buracos redondos. Sabemos que é preciso definir prioridades. Existem duas coisas que podemos parar de fazer para que sobre tempo para aquilo de que precisamos: as atitudes ruins e a busca da perfeição.

Quando se trata de nossas atitudes, podemos ter consciência delas e pensar se não estão contribuindo para a nossa infelicidade. Como nos disse Todd: "Basicamente, precisamos nos orientar depois que temos filhos. A felicidade agora está em outras coisas."

A perfeição é um mito e sem dúvida não vale a pena buscá-la se o custo disso é esquecer que já temos tudo aquilo de que precisamos para ser feliz. Nossa vida não é como um comercial de margarina. Vivemos em casas velhas e com vazamentos, nosso parceiro é distante e vive reclamando, temos filhos barulhentos que um dia vão sair de casa e se esquecer de nos telefonar.

"Estou tentando dominar a arte de não ligar para as coisas. Fico dizendo a mim mesma que não tem problema se levarmos quatro anos para decorar o quarto de hóspedes, que não tem problema chamar amigos para jantar e oferecer pizza e cerveja. Estou aprendendo a definir prioridades e a relaxar."

– Sarah, casada há 7 anos, 2 filhos

Mães unidas por uma vida menos louca

> "Não existe uma maneira de ser a mãe perfeita, mas existem um milhão de maneiras de ser uma boa mãe."
>
> – *Jill Churchill, escritora*

Tentando deixar nossa vida menos louca, conversamos com um psicólogo infantil sobre esse estresse de cuidar dos filhos. Veja a resposta dele:

> "Os pais querem deixar os filhos em vantagem em relação às outras crianças matriculando-os em um monte de atividades. O que eles parecem não se dar conta é de que a maior vantagem que podem dar aos filhos é sentar com eles durante o jantar, passar algum tempo com eles, em família. As crianças realmente seguras de si são as que têm vantagem sobre as outras. No fim, é isso que vai torná-las pessoas bem-sucedidas."

Todos queremos o melhor para nossos filhos. Mas, antes de arrumar mais trabalho, talvez fosse bom pensar se o retorno a uma atividade vai valer todo o esforço investido. Nós três agora aplicamos o seguinte teste (quer se trate de planejar uma festa de aniversário, inscrever as crianças em mais uma atividade ou aceitar participar da venda de bolos da escola):

A. Isso vai de fato beneficiar meu filho, a mim ou a meu casamento? (*Se a resposta for não, dizemos não. Se a resposta for sim, passamos à pergunta B.*)

B. Se eu fizer isso, vou reclamar depois? (*Se a resposta for sim, não fazemos. Se a resposta for não, passamos à pergunta C.*)

C. Existe algum modo mais simples de fazer isso? (*Por exemplo, comprar e não fazer os bolos para a festa da escola; revezar com outra mãe os dias de levar e buscar as crianças na escola, etc.*)

Ter tempo para ficar com a família é o que realmente importa.

Podemos dar aos nossos filhos a vida mais luxuosa que existe, mas a maioria deles só está mesmo interessada em ficar com os pais. Tente se lembrar da sua infância. O que era mais importante para você? Ganhar um brinquedo de Natal ou ler um livro com seus pais? Sim, você queria o brinquedo. Mas do que você se lembra mais, agora que já cresceu? Você guarda na memória aquelas vagas cenas do tipo "fizemos biscoitos, fomos para a casa da tia Betty e nos divertimos muito". Foram essas experiências que lhe deram a segurança e o calor humano que fizeram de você a pessoa que é hoje. Ter aulas de espanhol é ótimo, mas o tempo que você passa com seus filhos fazendo mil coisas sem importância é o que realmente torna a infância deles plena de significado.

Reflexões: um pouco da perspectiva do outro lado

> "Quando estamos passando por isso, não é nada engraçado. Depois que sobrevivemos, fica muito divertido."
>
> –*Jerry, casado há 27 anos, 3 filhos, 1 neto*

A visão de quem está no meio da loucura

É difícil ter uma perspectiva ampla sobre esse estágio de nossa vida. Estamos atolados em tarefas. Não conseguimos ver muito além da próxima etapa: "As coisas vão ficar muito mais fáceis quando ele aprender a usar o banheiro/estiver na pré-escola /puder fazer seu próprio almoço/puder dirigir". Assim como todos vocês, nós três estamos bem no meio da loucura. Então, procuramos conhecer o ponto de vista de casais que já passaram por isso há muitos anos. Embora o casamento e a criação dos filhos tenham sofrido mudanças profundas em uma ou duas gerações, a experiência de se ajustar à nova vida continua basicamente a mesma. Eles acharam a transição tão difícil quanto nós.

Os veteranos queriam que entendêssemos três coisas: que é só uma fase, que provavelmente é a mais difícil de nossos casamentos e que partilhar da experiência de ter filhos será a coisa mais recompensadora de nossa vida.

A visão de quem já passou por isso

"Os casais precisam se lembrar de que isso é só uma fase. Vai passar. Vocês vão voltar a ter tempo e energia um para o outro."

– Nancy, casada há 30 anos, 3 filhos, 2 netos

"Eu me lembro perfeitamente de quando meus filhos eram pequenos e eu pensava que ia morrer de tanto cansaço. Mas agora, quando olho para trás, só vejo as coisas boas – como é a sensação de ter um bebê nos braços, ou as coisas engraçadas que eles dizem quando estão começando a falar. Durante essa fase, você acha que não vai conseguir sobreviver, mas depois que acaba, pode acreditar: vai sentir muita falta de tudo isso."

– Sylvia, casada há 18 anos, 3 filhos

Os casais que já passaram por isso dizem que estamos vivendo apenas um capítulo da história de nosso casamento. Agora é difícil acreditar nisso, mas ainda teremos décadas para dormir nas manhãs de sábado, ler o jornal, tomar o café com calma e ter longas conversas com o nosso parceiro.

Você consegue imaginar um dia que não comece com alguém gritando e jogando longe um copinho antivazamento, num acesso de fúria infantil? Um dia que termine sem que uma criança não fique de castigo? Recentemente, Julia se deu conta de que as coisas estavam mudando porque seu filho de 5 anos não tomou nenhuma vacina na última consulta com o pediatra Era o começo de uma nova era.

Como sabemos, as crianças vão crescer e não vão mais precisar do mesmo nível de atenção e cuidados. Uma vez, um pastor nos disse: "Eu já aconselhei centenas de pessoas nessa fase do casamento. A maioria desses problemas parece desaparecer assim que a criança entra na primeira série."

A jornada dos casais que têm filhos

Antes dos filhos: Amantes apaixonados (Duração: 4 anos)

Fase com o bebê e quando ele começa a andar: O inferno – parte I – de 0 a 5 anos (Duração: 8 anos)

Fase escolar – de 6 a 13 anos (Duração: 8 anos)

Fase adolescente: O inferno – parte II – de 14 a 18 anos (Duração: 6 anos)

Ninho vazio (Duração: 24 anos)

(Estamos supondo que vocês se casaram aos 25 anos e viverão até os 75; têm três filhos, com a diferença de dois anos entre cada um. Então, o intervalo entre o nascimento do mais velho e do mais novo é de quatro anos. Os filhos ficam em casa durante 22 anos. Vocês moram sozinhos durante 24 anos.[4])

A maioria dos casais com quem conversamos disse que a transição para a vida com filhos é um dos maiores desafios, se não o maior, que um casamento tem de enfrentar. Não somos só nós que estamos dizendo: estudos indicam que as mulheres têm mais chances de entrar em depressão quando têm filhos pequenos *do que em qualquer outro momento de sua vida*, incluindo a menopausa e os anos em que o ninho fica vazio.[5]

> "Ter filhos pequenos é a fase de maior estresse num casamento. Na verdade, é a época mais exigente de nossa vida, principalmente para as mães. Os anos da adolescência também são difíceis, mas o período em que eles são bebês é mais difícil porque eles dependem totalmente de você. É preciso dedicar muito de nosso tempo para alimentá-los, muito esforço físico para deixá-los seguros. E agora, com a vida moderna, com todas as coisas que a nossa geração quer fazer e ter, isso é quase impossível."
>
> – *Phillip, casado há 22 anos, 2 filhos*

Talvez, se pudermos pelo menos racionalizar que nossa vida *não será assim* pelos próximos 50 anos, as fraldas e as manhas (tanto dos filhos quanto do marido/esposa) não serão tão traumáticas. Talvez possamos dar um grande suspiro de alívio, parar de reclamar que o marido/a esposa não nos entende e seguir em frente, confiantes de que, com o tempo, tudo vai ficar mais fácil.

FAZENDO O FURACÃO PASSAR?

Todas as pessoas mais experientes com quem conversamos disseram que seus casamentos passaram por ciclos – ondas de épocas boas e ruins. A mensagem deles é: "Se você sabe que se casou com uma pessoa boa, aguente firme durante as fases difíceis. Momentos melhores virão." Podemos ao menos vislumbrar isso, mesmo que seja difícil ver onde a estrada vai começar a mudar. Isso também tem respaldo científico. Um estudo publicado em 2002 mostrou que dois terços dos casamentos infelizes acabam dando certo depois de cinco anos. E, de fato, *78% das pessoas que disseram ter casamentos "muito infelizes" afirmaram que seus relacionamentos eram "felizes" quando perguntados novamente cinco anos depois.*[6]

Felizes para sempre...

" A vida não é uma jornada rumo ao túmulo com o objetivo de chegar lá com um corpo bonito e bem preservado, mas sim depois de termos derrapado muito na estrada, completamente desgastados e exaustos, gritando: 'Uau! Que viagem!'"

– *Anônimo*

Certo dia, num futuro muito distante, vamos olhar para trás. Nossos gurus de cabelos grisalhos nos disseram que serão nossos filhos e a pessoa com quem nos casamos que darão sentido a nossa vida. O fato de termos ou não orgulho do modo como vivemos dependerá principalmente de nosso casamento e da criação que demos a nossos filhos. Também podemos ver isso de outra maneira: o trabalho e o tempo que investimos em nossos filhos e em nosso casamento hoje darão sentido a nossa existência amanhã.

"Ser pai é o maior papel a desempenhar na vida. É a coisa mais difícil e mais gratificante que você fará. Mesmo com todas as preocupações e dúvidas, no fim, seu mundo cresce quando as crianças crescem e certamente vale a pena."

– Al, casado há 34 anos, 3 filhos, 2 netos

"Quando têm filhos, você e sua mulher compram uma passagem de ida e volta do inferno. As crianças levarão vocês até lá. Mas quando olho para trás, vejo que foi 'na tristeza' e não 'na alegria' que eu e Jackie ficamos próximos como somos hoje."

– Fred, casado há 38 anos, 4 filhos, 10 netos

"Acho que me tornei uma pessoa muito melhor depois que me tornei mãe. Sou mais paciente. Mais compassiva. Sei o que significa o amor abnegado. E essas são as lições mais importantes da vida, não são?"

– Karen, casada há 30 anos, 3 filhos

"Estou encerrando os últimos capítulos da minha vida e, ao olhar para trás, o que realmente importa são minha mulher e meus filhos. Ganhei dinheiro, tivemos uma vida confortável, mas isso não tem a menor importância se comparado com a minha família. É a família que faz a vida valer a pena."

– Tom, casado há 42 anos, 2 filhos, 5 netos

EPÍLOGO

Será que aprendemos alguma coisa?

Começamos a escrever este livro com muitas dúvidas e pouquíssimas respostas. Mas agora, entendemos tudo e nossos casamentos são perfeitos em todos os aspectos...

Até parece.

Digamos apenas que as coisas melhoraram muito, mas nossos casamentos ainda são – e sempre serão – uma obra inacabada. Estamos mais felizes hoje do que antes, sem dúvida. E deixando de lado o drama que fizeram ("Como assim eu tenho que cuidar das crianças de novo para você escrever? Que tal deixar o nosso casamento *à prova de livros*?"), nossos maridos também estão mais felizes (sim, nós perguntamos). Escrever este livro nos ajudou (e, graças à osmose, ajudou nossos maridos também) a enfrentar os primeiros anos de nossos filhos com mais habilidade.

Então, dois anos depois, mais três filhos (um para cada uma), centenas de conversas e um ou outro desastre, o que aprendemos?

Às vezes, o melhor é aceitar as grandes diferenças entre pai e mãe

Isso foi difícil. Mas quando ouvimos as mesmas reclamações, como nós ouvimos, inúmeras vezes ("Ele não entende o quanto é difícil para mim", "Por que ela fica tão chateada por eu ter comprado a fralda errada?"), começamos a perceber que os dois querem e precisam de coisas diferentes e que não há nada de errado com isso. O comportamento compulsivo da mãe é normal. Assim como é normal que o pai queira resolver tudo da maneira mais fácil. É normal o marido ter vontade de fazer sexo e a esposa querer "fechar a fábrica" por um tempo. Diante dessas diferenças inevitáveis, às vezes o melhor é tolerar alguns comportamentos incompreensíveis (a obsessão dela com repelente e protetor solar) e as exigências (a vontade dele de fazer sexo com regularidade) do outro.

As ações importam. E muito

Mas só aceitar que somos diferentes não é suficiente. Todos nós temos que ceder um pouco. Dar à sua mulher/ao seu marido algumas das coisas de que ele ou ela de fato precisa já ajuda muito.

Para as mulheres, essas coisas são: um marido que pensa e age como parte da equipe, não um prisioneiro que tenta escapar; reconhecimento; romance e atenção às pequenas coisas; algum tempo para si mesma.

Para os homens, essas coisas são: sexo, reconhecimento, sexo, padrões menos exigentes, sexo, poder fazer as coisas do jeito deles, sexo e algum tempo para si mesmo.

Não é tudo culpa dele/dela

Enquanto escrevíamos este livro, nos demos conta de que muitas vezes ficávamos irritadas ou desapontadas não por causa de nossos maridos, e sim por causa dos livros que não líamos, do exercício que não conseguíamos fazer, do encontro com amigos a que não podíamos ir. Dar-se conta disso tira grande parte da pressão sobre o casamento. Cabe a nós descobrir o que nos deixa felizes e reservar um tempinho para isso. Obviamente, o mesmo vale para o "peso" acorrentado a nós que está sentado ali no sofá.

Não estamos sós

Pergunte a qualquer pessoa qual foi o impacto dos filhos em seu casamento: ela vai revirar os olhos, ao mesmo tempo sorrindo e fazendo uma careta. Estamos todos no mesmo barco, o que nos dá bastante segurança. Tudo isso é normal. A maiorias dos problemas por que estamos passando não é pessoal, e sim universal. O que nós três descobrimos com tudo isso é que, com um pouco de perspectiva, algumas ações estratégicas e o máximo de bom humor que conseguimos ter dormindo apenas quatro horas por noite, é possível sobreviver ao desafio desses primeiros anos com nosso casamento e nossa felicidade intactos.

Esta é uma fase única

É uma fase singularmente difícil, mas também fabulosa. Só o fato de aceitar que as dores são inevitáveis já torna mais fácil suportá-las. Quando nos sentimos estafadas ou um pouco negligenciadas (quase sempre), nos lembramos de não desejar que passem logo esses anos preciosos em que nossos filhos têm perninhas fofas e gordinhas e sorriem babando. Você já conheceu pais de crianças mais velhas que *não* digam "Ah, aproveitem essa fase, ela passa tão rápido"? Claro que a memória deles foi comprometida pelos diversos anos em que não dormiram direito, mas talvez eles tenham razão.

Essa fase difícil vai passar. E , quando isso acontecer, sentiremos falta dela.

AGRADECIMENTOS

Este livro não seria o que é sem o humor, a sabedoria, os risos e as lágrimas de muitas pessoas que partilharam conosco suas histórias – sejam os amigos queridos de longa data ou as pobres almas que tiveram a infelicidade de se sentar ao nosso lado no avião. Agradecemos de coração a todos vocês que, embora fiquem anônimos para sempre, abriram para nós seu coração, sua mente, sua cozinha e seu quarto.

Agradecemos ao nosso agente, Richard Abate, por seus conselhos atenciosos, seu apoio incondicional e sua firme adesão ao ponto de vista masculino. Nunca entenderemos o que fez você dar uma chance a três mulheres que nunca tinham escrito um livro, mas sempre seremos gratas à sua imprudência. Agradecemos também a Kate Lee, nossa outra agente, e todos os talentos da ICM. E onde estaríamos sem Allyn Magrino, amiga há tempos e uma das mulheres mais bem relacionadas de Nova York?

Todo o pessoal da HarperCollins tornou essa experiência uma alegria. Somos particularmente gratas pelo entusiasmo e apoio de nossa editora, Mary Ellen O'Neill, cujos calor humano, talento e bom humor nos incentivaram a seguir em frente, desafiando nosso modo de pensar e nos fazendo rir do começo ao fim. Joe Tessitore nos impressionou com sua energia infinita e seu empenho em fazer deste livro um sucesso. E Paul Olsewski, Shelby Meizlik, Jean Marie Kelly, Felicia Sullivan e Laura Dozier são simplesmente os melhores no que fazem.

Gostaríamos também de agradecer aos nossos queridos pais –

Richard e Judy Harris, Brendan e Mary O'Neill e Lou e Julie Pirkey – por uma vida cheia de amor, encorajamento e alegria. Também somos profundamente gratas a nossos incríveis sogros: Susan Cockrell e Will Lapage, Mohinder e Krishna Kadyan, Jerry e Evelyn Stone, e Tom e Weezie Duff, que não têm nenhuma semelhança com os sogros do capítulo 5 e que fizeram muito mais que o papel de sogros durante todo o tempo. Nossa gratidão também para as maravilhosas mulheres que nos ajudaram a manter a paz em nossos lares e em nossos espíritos: Dorina Hinosja, Sharlene Parker, Barbara Timko e Brandy McDonald.

Também gostaríamos de agradecer aos nossos filhos: Jaclyn, James, Ross, Kate, Maeve, Theo e Henry; de certo modo, escrevemos este livro para vocês. Queremos ser as melhores mães (e pais) que pudermos e esperamos que este livro nos ajude a chegar lá. Apreciamos a sua (ocasional) paciência e (limitada) compreensão. É mais do que merecemos. Obrigada por nos ajudar a tornar esse sonho realidade. Prometemos que faremos o mesmo por vocês um dia.

E, acima de tudo, gostaríamos de agradecer aos nossos maridos, Ross, Mike e Gordon, nossos maiores fãs (*Vocês ainda* não *terminaram?*), críticos mais ferozes (*Aqui está um diagrama de todas as coisas erradas no capítulo 3*) e maiores fontes de inspiração (*Eu não disse* isso*!*). Vocês tornaram este livro possível, por todos os fins de semana em que cuidaram das crianças, percorreram as seções do supermercado em busca de fraldas, leite e areia para os gatos e até mesmo usando bijuteria infantil numa última e desesperada tentativa de entretê-las no fim do dia. Este livro é resultado dos nossos melhores sentimentos e da felicidade que sentimos por sermos casadas com vocês.

NOTAS

Capítulo 1: Como viemos parar aqui?

1. Jay Belsky e John Kelly, *The Transition to Parenthood: How a First Child Changes a Marriage*, Delacorte Press, 1994.
2. Alyson F. Shapiro e John M. Gottman, "Effects on Marriage of a Psycho-Communicative-Educational Intervention with Couples Undergoing the Transition to Parenthood, Evaluation at 1-Year Post Intervention", *Journal of Family Communication*, 2005:1-24.
3. R. J. Evenson e R. W. Simon, "Clarifying the Relationship Between Parenthood and Depression", *Journal of Health and Social Behaviour*, 46, dezembro de 2005: 341-58.

Capítulo 2: Bum! Chegou o bebê-bomba!

1. F. M. DeLeon, "Rocking the Cradle – and a Marriage – After D-Day: Programs for Parenthood", *The Seattle Times*, 24 de outubro de 1999, p. 31. John Gottman, Alyson Shapiro e Sybil Carrère, "The Baby and the Marriage: Identifying Factors that Buffer Against Decline in Marital Satisfaction After the First Baby Arrives", *Journal of Family Psychology*, 14 (1), março de 2000: 59-70.
2. John Gray, *Homens são de Marte, mulheres são de Vênus*. Rio de Janeiro: Rocco, 1995.

Capítulo 3: Quem faz mais pontos?

1. Os resultados desta pesquisa do canal MSNBC são citados por Courtney Ronan num artigo intitulado "Divying Up those Dreaded Household Chores", *The Realy Times*, 16 de junho de 1999.
2. John M. Gottman e Nan Silver, "Como enfrentar problemas que podem ser solucionados", em *Sete princípios para o casamento dar certo*. Rio de Janeiro: Editora Objetiva, 2000, capítulo 9.
3. "John Leguizamo: One-Man Firebrand", *Psychology Today*, março-abril de 2005: 49.

Capítulo 4: A "vida sexual" dos novos pais

1. Robert Wright, *O animal moral*. Rio de Janeiro: Campus, 1996.
2. Sean Elder, "The Emperor's New Woes", *Psychology Today*, março-abril de 1005:44.

3. Kathleen Deveny (com Holly Peterson, Pat Wingert, Karen Springen, Julie Scelfo, Melissa Brewster, Tara Weingarten e Joan Raymond), "We're not in the Mood", *Newsweek*, junho de 2003.
4. Kathleen Deveny (com Holly Peterson, Pat Wingert, Karen Springen, Julie Scelfo, Melissa Brewster, Tara Weingarten e Joan Raymond), "We're not in the Mood", *Newsweek*, junho de 2003.

Capítulo 6: Aumentando a produção e entregando os pontos

1. Centro para a Etnografia para a Vida Diária (CEEL – Center for the Ethnography for Everyday Life).

Capítulo 7: Definindo prioridades

1. Mark Cleary, "The Awful Truth About Parenthood". *The Age*, 7 de fevereiro de 2005, http://www.theage.com.au/news/Opinion/The-awful-trugh-about-parenthood/2005/02/06/1107625057169.html
2. Stephen R. Covey, A. Roger Merrill e Rebecca R. Merrill. *First Things First: Como definir prioridades num mundo sem tempo.* Rio de Janeiro: Campus, 1995.
3. Miranda Hitti, "Recipe for Happiness in Marriage", *Web MD Medical News*, 22 de março de 2005. http://www.webmd.com/content/article/102/106708.htm. Pesquisa citada conduzida por Nick Powdthavee, na Universidade de Warwick, Coventry, Inglaterra.
4. Censo dos EUA em 2005. Idade média das mulheres para o primeiro casamento: 25.8 anos, para os homens: 27.1 anos. Centro Nacional de Estatísticas da Saúde, National Vital Statistics Reporst 52(3), 18 de setembro de 2003. A expectativa de vida média para homens e mulheres nos EUA é de 77 anos (em 2002).
5. E. McGrath, G. P. Keita, B. R. Sticklanc e N. F. Russo, *Women and Depression: Risk Factors and Treatment Issues.* American Psychological Association, 1990.
6. Estudo da socióloga Linda Waite, da Universidade de Chicago, citado em Tiffany Kary, "Don't Divorce, Be Happy: Miserable Unions that Morph Into Wedded Bliss", *Psychology Today,* novembro-dezembro de 2002.

Informações sobre os próximos lançamentos

Para receber informações sobre os lançamentos da EDITORA SEXTANTE, basta cadastrar-se diretamente no site www.sextante.com.br

Para saber mais sobre nossos títulos e autores, e enviar seus comentários sobre este livro, visite o nosso site www.sextante.com.br ou mande um e-mail para atendimento@esextante.com.br

EDITORA SEXTANTE
Rua Voluntários da Pátria, 45 / 1.404 – Botafogo
Rio de Janeiro – RJ – 22270-000 – Brasil
Telefone (21) 2286-9944 – Fax (21) 2286-9244
E-mail: atendimento@esextante.com.br